현대 고려인 인물 연구 6

강제이주 된 터전에서 1 : 카자흐스탄

지은이 **명 드미트리**

카자흐스탄 알파라비 카자흐국립대학교 한국학과 교수
러시아 모스크바국립대학교 정치학 박사
카자흐스탄 고려인의 역사를 연구 중이다.

옮긴이 **이병조**

카자흐스탄 알파라비 카자흐국립대학교 한국학과 교수
한국외국어대학교 문학박사(서양사)
카자흐스탄 고려인의 역사를 연구 중이다.

현대 고려인 인물 연구 6
강제이주 된 터전에서 1 : 카자흐스탄

초판 1쇄 인쇄 2022년 2월 18일
초판 1쇄 발행 2022년 2월 25일

지은이   명 드미트리
옮긴이   이병조
펴낸이   윤관백
펴낸곳   도서출판 **선인**
등 록   제5-77호(1998. 11. 4)
주 소   서울시 양천구 남부순환로48길 1(신월동163-1) 1층
전 화   02)718-6252/6257
팩 스   02)718-6253
E-mail   sunin72@chol.com

정가 31,000원
ISBN 979-11-6068-682-1 94900
ISBN 979-11-6068-676-0 (세트)

이 저서는 2016년도 대한민국 교육부와 한국학중앙연구원(한국학진흥사업단)의
해외한인연구사업의 지원을 받아 수행된 연구임(AKS-2016-SRK-1230003)

동국대학교 대외교류연구원 연구총서 13
동국대학교 인간과미래연구소 연구총서 11

현대 고려인 인물 연구 6

강제이주 된 터전에서 1 : 카자흐스탄

명 드미트리 지음 ǀ 이병조 옮김

간행사

'현대 고려인 인물 연구'는 2016년 한국학중앙연구원의 '한국학 특정 분야 기획연구 해외한인연구' 과제로 선정되어 3년 동안 러시아와 중앙 아시아 각국의 한인들이 "현재 어디에서 어떻게 살고 있는가"를 종합적으로 살펴본 결과물이다.

160여 년 전 궁핍과 지방 관료의 탐학을 피해 두만강 너머 러시아 연해주로 이주한 한인들의 후손인 고려인들은 지금 4, 5세대를 넘어 6, 7세대까지 이어지고 있다. 첫 이주 당시 13가구 40여 명으로 출발했던 고려인 디아스포라는 현재 50만여 명을 헤아리고 있다.

구소련 시기 소비에트 공민으로 독자적 정체성을 형성해 왔던 고려인 사회는 1991년 소련의 해체로 인해 대격변을 맞이했다. 소련은 해체되어 15개의 공화국으로 분리되었고 예전의 소련 공민들은 러시아 국민으로, 카자흐스탄 국민으로, 우즈베키스탄 국민 등으로 나뉘어졌다. 사회주의 사회에서 자본주의 사회로 변화하는 과정에서 이전의 생활환경이 송두리째 변화했다. 고려인들은 독립된 국가와 새로운 사회에 적응해야만 했다. 급격한 이주가 뒤따라왔다. 이전까지 자신들의 터전이라고 생각해왔던 집단농장과 도시의 직장을 뒤로 한 채 새로운 삶의 터전을 찾아 떠나기 시작했다.

모두가 고통스러운 시기였다. 구소련의 맏형이었던 러시아는 곧 모라토리움을 선언하고 기나긴 경제 침체로 접어들었고, 독립한 중앙아시아 국가들에서는 민족주의가 기승을 부리기 시작했다. 원래 그 땅의 주인이 아니었던 고려인들에게는 더욱더 고통스러운 시기였다. 냉전은 끝났지만 냉전의 그늘이 아직 드리워져 있어 역사적 고국으로부터의 충분한 도움도 기대하기 힘들었다.

하지만 변화와 고통은 누군가에게는 기회이기도 했다. 더구나 고려인들은 강제이주라는 극한의 고통을 슬기롭게 극복해낸 경험이 있었다. 시간이 흐르면서 러시아와 중앙아시아 각국의 고려인들은 서서히 자리를 잡아가며 그 국가와 사회의 각 분야에서 두각을 나타내기 시작했다. 정계에 입문하거나 관계에 자리를 잡기도 하고, 자본주의 사회에 적응하며 뛰어난 수완으로 괄목할 만한 경제적 성과를 이룩하기도 했다. 문화, 예술 분야에서 두드러진 성과를 내기도 하고, 올림픽과 세계선수권대회에서 메달을 획득하기도 했다. 구소련 시기에 이어 학계에서도 존경받는 학자들이 배출되었다. 이들은 각지에서 고려인협회 또는 고려인민족문화자치회 등을 조직하여 러시아와 중앙아시아 각국의 소수민족으로서 정체성을 확립해가고 있다.

이 학술총서는 오늘날 러시아와 중앙아시아 각국에서 두각을 나타내고 있고, 소수민족으로서 고려인 사회를 이끌어가고 있는 이들이 누구이며, 어디에서 어떻게 활동하고 있고, 그들의 미래는 어떠할 지를 연구한 결과물이다.

고려인들의 현재 모습을 종합적으로 연구하기 위해 지역적 특성과 세대적 특성으로 구분하는 연구방법을 동원했다.

지역은 다음과 같이 크게 8개로 나누었다.

① 러시아의 중심 – 모스크바와 유럽 러시아, ② 고려인의 고향 – 러시아 극동 연해주, ③ 중앙아시아로부터의 탈출구 – 시베리아 일대, ④ 새로운 삶을 찾아서 – 남부 러시아, ⑤ 강제동원의 땅 – 사할린, ⑥ 강제이주 된 터전에서 1 – 카자흐스탄, ⑦ 강제이주 된 터전에서 2 – 우즈베키스탄, ⑧ 재이산 – 대한민국과 유럽, 미주의 고려인.

세대는 다음과 같이 3세대로 나누었다.
① 은퇴한 원로들 – 선배세대, ② 왕성한 활동 – 기성세대, ③ 고려인의 미래 – 신진세대.

위와 같은 연구방법을 통해 3년 동안 연구한 결과물을 지역별로 1권씩 총 8권의 학술총서를 저술했다. 러시아로 작성된 총 7권의 학술총서는 고려인 디아스포라에 관심이 있는 연구자, 일반대중, 관련 기관들이 그 내용을 쉽게 이해할 수 있도록 한글로 번역했다.

총 8권의 학술총서는 동일한 연구방법과 서술체계를 갖추고자 했지만 지역적 특성의 차이, 고려인들의 지역별 분포의 차이, 공동연구원들의 서술 경향 등에 따라 각각 공통된 형식과 내용을 가지면서도 차별성도 가지고 있다.

본 사업단은 학술총서를 통해 고려인들의 정체성에 대한 이해를 높이고, 한국인과 고려인들의 상호관계를 정립하는데 기여하고, 더 나아가 한국과 러시아 및 중앙아시아 각국 관계의 미래에 기여하고자 했다. 그래서 본 사업단은 고려인과 관련하여 보다 많은 내용들을 조사하고 정리하여 서술하고자 했다.

그러나 러시아와 중앙아시아에 널리 분포되어 있으며, 끊임없이 유동하는 고려인 인물들을 객관적이면서 종합적으로 조사하고, 이를 총서로 작성하기에는 많은 한계가 있었다.

　나름의 성과와 기여에도 불구하고 내용의 부족, 자료의 부정확, 번역의 오류 등 학술총서의 문제점은 본 사업단, 특히 연구책임자의 책임이다. 이에 대한 질정은 앞으로 고려인 연구에 더 매진하라는 애정 어린 채찍질로 여기고 겸허히 받아들이고 한다.

2022년 2월
연구책임자

2020년 현재 CIS(독립국가연합, 과거 소련 지역)지역 고려인의 역사는 정확히 156년째를 맞이하고 있다(1864년 이주 원년을 기준으로). 150여 년 이주개척의 역사를 지니고 있는 CIS 고려인 공동체는 사회 각 분야에 걸쳐 짧지만 매우 역동적인 삶을 살아왔다. 그들의 삶은 "너무도 평범하지 않아서" 늘 주변의 주목을 받아야만 했다. 농지를 찾아 정착했던 70여 년 극동에서의 삶 속에서도 그랬고, 말도 안되는 "일본의 스파이 혐의"를 받고 강제로 정착한 중앙아시아에서도 그랬다. 유라시아 전역에 정착해서 고려인들의 삶이 시작된 곳에서는 어김없이 누구도 넘볼 수 없는 한민족만의 강한 그 무언가가 새롭게 형성되었고, 이는 곧 주변의 민족들에게까지 퍼져 나갔다.

고려인들의 삶은 언제나 결코 평범하지 않았다. 고난과 시련, 그리고 성공이라는 고진감래의 삶은 150여 년의 CIS고려인 공동체에서 하나의 매뉴얼처럼 반복되어 왔다. 동화될 듯, 동화된 듯 하면서도 결코 완전히 동화되거나 동화된 적이 없었던 고려인들은 150여 년을 지내왔고, 오히려 그 어떤 소수민족들에게도 뒤지지 않는 "군계일학"의 삶을 살아왔다. 그래서 그들은 그토록 모진 인고의 삶을 살아와야 했는지도

모른다. 고려인들은 분명 한민족 특유의 DNA(근면과 성실)를 갖고 있었고, 그 어떤 민족도 이를 넘어서는 민족은 없었다. 오늘날 카자흐스탄 고려인 공동체가 주목받는 민족으로 우뚝 설 수 있었던 것도 바로 그들의 몸속에 한민족의 끈끈한 피와 DNA가 분출되어 왔기 때문이다.

언급한대로, 카자흐스탄 고려인을 포함한 CIS 고려인의 삶은 짧지만 굵었고, 다이내믹한 삶 자체였다. 여러 편의 영화로 제작해도 손색이 없을 만큼의 "풍성한" 콘텐츠들이 정치와 경제, 사회, 문화와 예술, 교육 등 전반에 걸친 고려인들의 삶속에 내재되어 있다. CIS 고려인에 대해 처음으로 대하는 독자들의 이해를 돕기 위해 잠시 CIS 고려인의 150여 년 역사를 크게 4시기로 나누어서 간략히 훑어보자.

우선 강제이주 이전인 극동거주 시기(1864~1937)를 보자. 이 시기에 고려인(한인, 조선인)들은 러시아 당국의 재이주정책에 따른 불안전한 삶 속에서도 민족적 우수성을 입증하며 다양한 분야에서 이주개척의 역사를 써내려갔다. 고려인들은 농업개척 과정에서 농업전문가로서의 확실한 인정을 받았고, 의병운동(1910년 전후) 및 빨치산투쟁(내전기, 1918~1922)을 통해서 한민족의 근면성과 농업적 우수성, 극동의 권력수호를 위한 헌신성을 보여주었다. 또한 소련방 결성(1922년) 이후에는 블라디보스토크의 신한촌을 중심으로 적극적인 사회주의 건설 참여와 콜호즈 조직(1920년대 후반)을 통해 러시아 주류사회로부터 인정을 받았다. 뿐만 아니라, 언론활동(『해조신문』(1908), 『대동공보』(1908~1910), 『권업신문』(1912~1914), 『선봉』(1923~1937) 등)과 예술활동(조선극장, 1932 - 고려극장의 전신), 교육활동(한민학교, 명동학교, 제9호모범중학교(1924), 조선사범전문학교(1924), 고려사범대학(1931) 등) 등의 활동을 통해 한민족의 정신문화와 민족정체성을 보존 및 계승해 나갔다. 이 과정에서 다양한 형태의 역사문화자원들이 생산되었는데, 무엇보다 특히 구전전통과 식문화·세시풍속, 통과의례, 전통적 놀이·축제 등의 전통생활문화가 가장 선명하게 지켜지고 다음 세대로 계승되었다.

다음은 중앙아시아 거주시기(1937~1953)이다. 1937년 스탈린의 소수민족 탄압과 강제이주 정책은 고려인의 집거지를 중앙아시아로 송두리째 옮겨놓았다. 고려인들은 거주제한과 "불온한 민족", "일본의 스파이"라는 민족적 차별 하에서도 한민족의 정신을 유지하며 콜호즈 재건과 농·축산업(벼, 목화, 기타 작물, 가축 등) 분야에서의 괄목할 만한 생산성을 이루어 내었다. 콜호즈는 고려인들에게 단순히 하나의 행정단위가 아닌 생존근거지인 경제공동체이자 사회문화의 중심지로 고향과도 같은 곳이었다. 즉, 고려인 사회는 농업활동을 통해 2차세계대전 시기에는 후방지원의 선봉 역할을 하기도 했다. 또한 고려인들은 계속된 언론활동(『레닌기치』(1938~1991) - 1923년 창간된 『선봉』의 후신)과 예술활동(고려극장(1938~현재) - 1932년 조직된 조선극장의 후신/아리랑가무단(순회공연예술단)/소인예술단 등)을 통해 한민족의 정체성과 민족적 전통을 유지해 나갈 수 있는 토대를 닦아 나갔다. 고려인 사회는 점차 "신뢰받는 민족"으로 인정을 받아나갔다.

이어 스탈린의 죽음과 이어진 거주제한의 해제로 시작된 유라시아 대륙에서의 거주시기(1953~1990)이다. 1953년 스탈린의 죽음과 흐루쇼프의 등장은 중앙아시아 고려인 사회의 삶에 큰 전환점이 되었다. 고려인들의 삶은 유라시아 전역으로 확대되었다. 학생 및 청년층의 유학이나 고본질(계절농업) 등으로 타 지역 이주나 장기거주가 확대되며 콜호즈 체제에도 변화가 생겼고, 삶은 더 한층 여유와 풍요를 누려나가기 시작했다. 특히 이 시기에는 『레닌기치』와 고려극장 사업에서 큰 발전과 부흥이 이루어졌다. 『레닌기치』는 97년의 생명력을 유지해 오고 있는 해외 유일의 한글판 재외한인 민족신문으로, 한민족의 언어와 문학, 전통 등 다양한 분야에 걸쳐 귀중한 정보가 수록되어 있다. 고려극장 또한 88년의 전통을 자랑하는 해외 유일의 민족극장으로, 심청전과 흥부전, 양반전, 장화홍련전 등의 고전작품과 다양한 민요가 어우러진 공연활동을 통해 민족예술의 계승자 역할을 감당해 왔다. 물론 고려극장 외, 각지의 고려인 사회의 소인예술단들의 활약 또한 빼놓을 수 없다. 비록 소비에트 체제 말기부터는 삶의 질이 변화하여 한민족 전통생활문화의 계승성은 약해져 가지만 『레닌기치』와 고려극장, 각지의 소인예술단, 이주 1세대들의 노력으로 고려인 전통문화유산 자원들은 꾸준히 지켜지고 발전되어 나갔다.

마지막으로 소련 붕괴 이후부터 현재까지의 독립국가연합 시기(1991~현재)이다. 고려인 사회의 발전은 1991년 소련의 붕괴 이후에도 오늘날까지 계속되고 있다. 물론 소련 붕괴 직후 경제체제의 혼란과 중앙아시아 내 민족주의(특히 우즈베키스탄)와 내전(타지키스탄)의 발발로 어려움이 초래되기도 했다. 그 결과 적지 않은 중앙아시아 고려인들이 안정된 삶을 찾아 우크라이나(장코이 등), 러시아(볼고그라드주, 로스토프주, 연해주 등) 등지로 유랑의 길을 떠나기도 했다. 그럼에도 고려인 사회는 농업 분야를 넘어 정계와 재계, 법조계, 교계, 언론 및 공연예술 등의 분야에서도 당당히 자리를 잡아나갔다. 물론 소련 붕괴를 전후하여 설립되기 시작한 고려인협회나 고려인민족문화센터(고려민족센터 등), 기타 조직 및 단체들의 민족 언어와 전통의 부활, 민족정신 계승을 위한 노력을 빼놓을 수 없다. 무엇보다 탄압받은 민족의 명예와 복권에 관한 법령(1994)의 공표로 고려인의 과거사와 법적지위 문제가 해결되었고, 이는 고려인 사회의 민족적 부흥의 큰 동력으로 작용했다. 현재 CIS고려인 사회에서는 한국어와 전통문화 부흥, 소인예술단의 부활 등을 통해 젊은 세대에게 한민족으로서의 민족적 정체성을 심어주려는 노력을 지속해 나가고 있다.

언급된 CIS고려인의 4시기에 걸친 삶만으로도 뜨거운 열기와 역동성이 느껴진다. 그 기간 동안 여러 세대를 거치는 동안 고려인 사회에서는 무수히 많은 인물들이 영웅처럼 나타났다가 역사의 한 페이지를 장식하고 사라져갔다. 그들은 모두 소련 사회가, 카자흐스탄 사회가 인정한 고려인 '노동영웅들'이고 '공훈자들'이었다. 그들 고려인 영웅들은 당당하게 주류사회 속에서 활동했고, 소련의 사회주의 건설 과정에서, 이후에는 신생 독립국 카자흐스탄의 건설과정에서 눈부신 성과와 업적들로 국가에 충성하고, 다른 한편으로는 한민족 고려인 사회의 명성과 자긍심을 크게 제고시켜 주었다.

필자는 3년에 걸친 원고 집필 과정에서, 특별히 1937년 중앙아시아 강제이주 이후부터 현재에 이르기까지, 다양한 세대에 걸쳐 등장해 온 "카자흐스탄 고려인 공동체의 주요 인물들"을 중심으로 전개되어 온 고려인의 역사를 독자들과 나누어 보고자 한다. 이를 위해서 필자는 카자흐스탄 고려인 공동체를 3개의 세대 – 선배세대, 기성세대, 신진세대 – 로 구분하여 시기별로 이들의 활동상을 소개하고, 나아가 소속 거주국가-고려인공동체-한국 간의 전반적인 상황을 분석, 진단하고자 한다. 여기서 "선배세대 고려인"은 강제이주 이후부터 소련 붕괴 시점까지 고려인 사회의 지도적 역할을 담당하며 소련 땅에 고려인의 신화를 다시 재현해 온 세대이고, "기성세대 고려인"은 소련 붕괴 이후 독립국 카자흐스탄의 국가 건설 과정에서 고려인 사회와 카자흐스탄-국가에 헌신하며 고려인 사회를 반석 위에 세워놓은 세대이다. 마지막으로 "신진세대 고려인"은 앞의 선배세대와 기성세대가 이루어 놓은 터전 위에 향후 카자흐스탄 고려인 사회를 이끌어 나갈 신세대 고려인이다.

한 가지 미리 주지하고 싶은 것은, 본고에서 세대 간의 구분이 명확하지 않은 역사적 순간들이 적지 않다는 점이다. 즉 한 인간의 수명을 평균 70세로 보았을 때, 이들 3개의 세대들을 자로 잰 듯 구분하여 서술하기가 어렵다는 것이다. 부연하면, 1940~50년대에 출생한 인물이 소련 붕괴 이후에도, 많은 이들이 현재까지도 생존하고 있으며, 그 과정에서 소련시대에도, 소련 붕괴 이후 신생독립국 카자흐스탄에서도 활동이 이어져 오는 경우가 드물지 않았기 때문이다. 이를 감안하여 필자는 독자들의 혼란을 줄이기 위해 선배세대 고려인의 시기적 활동 범위는 강제이주 이후부터 소련 붕괴를 전후한 시점을 중심으로 삼았고, 기성세대 고려인의 시기적 활동 범위는 소련 붕괴를 전후한 시점부터 독립한 카자흐스탄 국가 건설기를 중심으로 했으며, 신진세대 고려인의 시기적 활동 범위는 기성세대와 유사하나 신진세대 고려인들의 미래지향적인 측면에 포커스를 두고 집필하고자 노력했다.

　이를 염두에 두고 필자는 본고를 크게 3부로 나누어서 집필했다.

　우선 제1부에서는, 강제이주의 아픔과 시련 속에서 불굴의 정신으로 소련 시기 극동에 이어 중앙아시아 땅에서 고려인 이주개척의 신화를 재현해 나간 선배세대 고려인들의 활약상을 다루었다. 선배세대의 노력으로 중앙아시아 땅에는 우선적으로 콜호즈가 재건되었고, 이를 발판으로 교육과 지식인 사회가 형성되었으며, 나아가 고려극장 재건이나 『레닌기치』의 재발행 등 고려인의 신화가 다시 재현될 수 있었다.

　이어 제2부에서는, 소련 시기를 거치며, 또 신생 독립국 카자흐스탄의 국가 건설기에 눈부신 활약으로 한민족 고려인의 명성과 자긍심을 드높여 놓은 기성세대 고려인들의 활약상을 소개하고 있다. 기성세대들은 선배세대들의 명성과 업적을 발판으로 정계와 재계, 문화예술, 교육 분야에서 특출한 능력을 발휘하며 카자흐스탄 국가 건설에 참여했고, 특히 카자흐스탄-한국 간의 새로운 국제관계 형성과 발전 과정에서 많은 역할을 했다.

마지막으로 3부에서는, 민족적 정체성의 보존과 동화의 사이에 서있는 신진세대 고려인들의 현재의 삶을 다루고 있다. 신진세대 고려인들의 현대적인 가족제도와 사회생활, 이민족 간 결혼에 대해서 다루고 있으며, 확실한 기반으로 기업 활동을 통해서 고려인 노동영웅의 신화를 재창조하려는 야심찬 신진세대 고려인들의 열정에 대해 언급하고 있다. 나아가 카자흐스탄의 국가적 차원의 국가 통합과 민족 간 단합 정책이 궁극적으로 민족적 정체성을 무디게 만들 수 있다는 우려 속에 동화의 기로에 서있는 신진세대 고려인들의 모습 또한 그리고자 하였다.

유익한 최근의 정보를 가능한 많이 수록하고자 했으나 여전히 부족한 점이 많다. 본고가 학술적인 연구자들에게 뿐만 아니라 일반 독자들에게도 일말의 기여를 할 수만 있다면 그보다 더 한 기쁨은 없을 것이다. 모쪼록 CIS고려인에 관심을 두고 있는 모든 분들에게 조금이라도 고려인 사회를 이해하는데 도움이 되기를 바란다.

2022년 2월
명 드미트리

목차

1부

새로운 땅 중앙아시아에서 계속되는 고려인 신화

– 선배세대 고려인들

제1장
다시 일어서는 선배세대 고려인들

1. 콜호즈의 재건과 민족적 신뢰 회복

소련이 붕괴되면서 닫혀있거나 묶여있던 많은 것들이 일반에 공개가 되었다. 덕분에 카자흐스탄의 경제적 발전에서 고려인 집단농장인 콜호즈와 쏩호즈의 기능과 역할을 보여 줄 수 있는, 즉 자료와 연구결과들을 일반에 보여줄 수 있는 기회가 생겼다.

1937년에 카자흐스탄으로 강제이주 된 고려인 사회는 이미 자신들만의 문화와 전통, 관습을 갖고 있었고, 특히나 사회적, 경제적 활동에 대한 능력을 보유하고 있었다. 공식 문서에 따르면 극동에서 이미 기능 중이던 104개 콜호즈와 95,000여 명이 카자흐스탄으로 이주되어 왔다고 한다.

국가 기관들의 지시문에 따르면, 고려인-이주자들의 농업경제 체제의 조직 문제와 조속한 생업활동 복귀 문제는 특별히 정치적이고 농업적(경제적)인 성격을 갖고 있었다. 억압을 당한 민족으로써 닥친 고난에도 불구하고 고려인들은 살아남아 자기 자신을 보존할 수 있었다. 이주 직후부터 고려인들의 콜호즈 재조직 활동이 본격적으로 시작되었다.

카자흐스탄 크즈즐오르다시 남쪽에 위치한 아방가르드(선봉) 콜호즈 모습; 현재는 카자흐식으로 '아크마야' 마을로 명칭이 변경

고려인 이주자들은 순수한 고려인으로 구성된 고려인 콜호즈를 조직하거나 이미 기능 중인 콜호즈에 편입되었다. 1938년까지 고려인 콜호즈의 구성 상황을 보면, 크즐오르다주에 28개, 알마티주 19개, 악토베주 4개, 북카자흐스탄주 5개, 남카자흐스탄주 2개, 카라간다주 5개, 쿠스타나이주 2개, 구리예프주에 3개의 고려인 콜호즈들이 기능을 하고 있었다. 기존의 콜호즈에 편입된 고려인 콜호즈들의 주별 분포상황은 다음과 같다: 북카자흐스탄주 1개, 카라간다주 5개, 서카자흐스탄주 33개, 알마티주 30개, 남카자흐스탄주 30, 크즐오르다주 74개, 코스타나이주 14개, 구리예프주 9개.

고려인 이주자들의 정착 초기 상황은 매우 어려웠다. 1939년 10월의 고려인 콜호즈들 내에서의 상황을 보면, 주거용 건물의 상태는 대부분의 콜호즈들에서 불만족스러운 것으로 밝혀졌다. 주거지에는 복원수리가 필요했고, 식수가 충분하지 않았다. 또 식수원을 찾는 작업이 매우 늦어졌고, 수질 또한 불만족스러운 상황이었다.

지방 정부 및 기관의 광범위한 조치와 주변 콜호즈들의 도움과 고려인들의 엄청난 노동의 결과로 고려인 콜호즈들은 1937~1940년 시기에 농업적 기반과 특히 주거 기반의 토대를 마련할 수 있었다. 특히 주변 카자흐민족들의 인도주의적 지원과 형제애는 고려인들의 생계문제에 큰 보탬이 되었다. 그로 인해 고려인들은 오늘날까지도 어려웠던 당시에 도움을 주었던 카자흐인, 러시아인 및 다른 소수민족들에 대한 따뜻한 추억을 간직하고 있다.

1941~1945년 제2차 세계대전 기간에는 파시즘에 대항한 전쟁승리를 위해 헌신했고, 이는 불온한 민족의 딱지를 떼고 신뢰를 회복할 수 있는 큰 기회가 되었다. 고려인들의 기부금으로 국방펀드에 수백만 루블이 들어왔고, 고려인들은 탱크, 전투기 등 전쟁물자 생산에 필요한 기부금도 기꺼이 소련 정부에 제공했다. 극한의 상황에서 고려인들은 모든 에너지와 재능을 쏟아 부었다. 고려인들에 의해 옥토로 변한 황무지와 늪지대, 꽃이 만발한 정원, 쌀과 면화 농장, 잘 정비된 마을들 - 고려인 1세들에게 영웅적인 활동에 대한 감사의 기념비가 꼭 필요하다. 고려인들의 눈부신 노동활동은 소련 정부에 의해 평가되었다. 소련 시기에 카자흐스탄 농업 분야의 고려인 68명에게 사회주의 노동영웅 칭호가 수여되었으며, 수천 명에게 훈장과 메달이 주어졌다. 아주 짧은 기간 내에 고려인 콜호즈들은 벼농사와 채소 및 축산 분야에서 1인자로 등극하기 시작했고, 소련 전역에 명성을 떨치기 시작했다.

특히 1942년에 높은 쌀 생산량(헥타르당 150첸트네르 이상 수확)으로 아방가르드(선봉)콜호즈의 김만삼(Ким Ман Сам)이 세계 기록을 세우며 소련 전역을 놀라게 했다. 김만삼은 1942년의 어려운 전쟁 시기에 5헥타르 땅에서 150첸트네르의 쌀을 수확하며 세계 기록을 세웠고, 해당 기간에 개인적으로 "크즐오르다 콜호즈원"이라는 탱크부대 조직을 위해 105,000루블을 국가에 기부하기도 했다. 1941년에 그는 이미 '명예의 배지' 훈장을 수여받았고, 1945년과 1946년에 '노동붉은기' 훈장을 수상했다. 김만삼의 농업생산성 향상을 위한 벼품종 개발 및 실험은 계속되었고, 주변에 벼농사 재배 기술을 끊임없이 전수해 나갔다. 주변의 카자흐인이 이끌었던 크즐투콜호즈의 대표였던 자하예프 이브라이의 경우 김만삼의 벼농사 제자로도 잘 알려져 있다. 1947년에 김만삼은 선진농법을 도입했고 국가로부터 소련 국가상을 수상했으며, 1949년 5월 20일에 소련 최고회의 간부회 지시로 '사회주의 노동영웅' 칭호를 수여하는 등 소비에트 정부는 김만삼의 업적을 높게 평가했다.

작업반원들과 함께 들판에 나가는 김만삼의 모습; 1940년대

앞서 언급했듯이 제2차 세계대전 시기에 소련의 전쟁 승리를 위해 바친 고려인들의 희생과 헌신은 매우 크다. 그들은 새로운 땅을 개척하고 파종 면적을 늘리고 높은 생산성으로 후방지원을 했고 전쟁승리에 일조했던 것이다. 이 과정에서 소련 전역의 고려인 콜호즈들에서 훈장과 메달, 감사장을 받은 많은 고려인 영웅들이 탄생했다. 1948년 3월 28일에 소련 최고 상임위원회 명령으로 탈듸쿠르간주의 고려인 28명에게 '사회주의 노동영웅' 칭호가 수여되었다. 또 많은 이들이 훈장과 메달을 받았다.

한편 1949년 5월 21일에 훈장과 메달을 수여받은 크즐오르다주의 92명 중 52명이 고려인이었다. 52명 중 16명이 레닌훈장, 20명이 노동적기 훈장, 그리고 특히 14명이 받기 어려운 '사회주의 노동영웅' 칭호를 수여받았다. 이것은 극동에서 강제이주를 당한지 10년 후에 일어난 일로, 고려인 사회가 "일본의 첩자", "불온한 민족"의 오명을 벗고 신뢰를 완전히 회복하고 있음을 보여주는 매우 의미 있는 사건이라 할 수 있다.

카자흐스탄에서 고려인들의 성공은 농업 분야에서 시작되었다. 농업적 성공을 바탕으로 고려인들의 성공신화는 확대되어 나갔던 것이다. 농업영웅들이 있었기에 회복된 신뢰를 바탕으로 정치, 경제, 문화, 교육, 체육 등의 모든 분야로 확대되어 나갈 수 있었다.

2. 주류사회(정계)로 진출하는 고려인들

고려인 선배세대들은 카자흐 땅에 이주된 이후 빠르게 극동에서의 부와 명예를 다시 회복해 나갔다. 그 과정에서 1941~1945년 기간의 제2차 세계대전이라는 가장 힘든 시기를 거쳤고, 노동군 참전과 콜호즈에서의 눈부신 생산 활동으로 국가에 일조하기도 했다. 그런 한편으로 민족의 정체성을 잃지 않고 한민족의 전통과 문화를 다음 세대에 계승시키는 노력을 계속해 나갔다.

농업 분야에서의 성공과 제2차 세계대전 기간의 민족적 헌신은 선배세대 고려인 사회에 대한 민족적 신뢰로 이어졌다. 1953년 스탈린 사후부터는 공식적으로 중앙아시아를 벗어나 유라시아 전역에서 농업 이외에 정치와 경제, 교육, 예술, 체육 등 모든 분야에 진출할 수 있는 가능성과 기회로 이어졌던 것이다.

고려인 선배세대들 중 무수히 많은 인물들이 카자흐사회주의공화국(현재 카자흐스탄)의 정부 및 여러 국가기관들에서 큰 발자취들을 남겼다. 사실 당시 소련 땅에 있는 기관이나 단체들 중 민간의 성격을 갖고 있는 것은 거의 없었다. 사회주의 체제에서 모든 것은 국가의 통제와 지시 하에 운영되었기 때문이다. 지금도 크게 다르지 않다. 그렇기 때문에 고려인들이 몸을 담은 조직이나 활동이 그 자체로 국가 운영활동에 참여하게 되는 것으로 동일시될 수 있다.

강제이주를 겪은 선배세대들이 국가 기관이나 단체 등에서, 그것도 고위직에서 활동할 수 있게 되었다는 것은 경천동지라는 표현이 결코 과하지 않다고 본다. 선배세대들은 소련 및 카자흐사회주의공화국 최고위원회(최고소비에트) 위원직을 포함해서 정계와 재계, 학계, 교육계 등에서 민족적 역량과 우수성을 유감없이 발휘했다. 가령 22년 동안 재무부를 이끌었고, 카자흐사회주의공화국 최고위원회 위원이었으며, 카자흐스탄 공산당 중앙집행위원회 위원으로 활동했던 김 일리야 루키치(Ким Илья Луки)(경제학 대박사, 교수)가 대표적인 한 예라고 할 수 있을 것이다.

소련 시기 정부 조직에서 활동한 선배세대 고려인들 중 주요 인물들을 일부 간략하게 열거해 보자. 김 아파나시 그리고리예비치(Ким Афанасий Григорьевич)는 청소년, 관광 및 스포츠부에서 활동을 했고, 김 이반 바실레비치(Ким Иван Васильевич)는 지역산업부에서, 박 겐나디 니콜라예비치(Пак Геннадий Николаевич)는 식품산업부, 황 블라디미르 이바노비치(Хван Владимир Иванович)는 육류 및 유제품산업부, 허가이 알렉세이 유리예비치(Хегай Алексей Юрьевич)는 도로교통부, 박 알렉세이 안드레이비치(Пак Алексей Андреевич)는 카자흐스탄 가금산업부에서 장차관이나 국장급 등의 고위직을 지냈다. 이외에도 니 블라디미르 바실레비치(Ни Владимир Васильевич)는 소련 붕괴 이후에 카자흐스탄 대통령 행정실장으로 활동하기도 했다.

김 유리 알렉세예비치(Кмм Юрий Алексеевич)도 언급하지 않을 수 없다. 그는 카자흐스탄 최고위원회(13차)의 국가 건설 및 지역 정책위원회 위원장과 독립 이후에는 중앙선거위원회 위원장이자 카자흐스탄 헌법위원회 위원장을 지냈다. 그는 선배세대와 기성세대를 아우르는 고려인 사회를 빛낸 대표적인 인물 중의 한 명이라 할 수 있다. 김 게오르기 블라디미로비치(Ким Георгий Владимирович)도 소련 시기를 거쳐 카자흐스탄의 독립 이후에는 카자흐스탄 국가정책위원회 의장(국가 정책부 장관), 법무부 장관, 카자흐스탄 대통령 고문, 법무부 대의원, 부검찰총장 등을 역임했고, 현재 카자흐스탄 상원의원으로 활동 중이다. 물론 이외에도 소련 시기에 카자흐스탄의 정계에서 고위직으로 활동한 선배세대 고려인들은 적지 않다.

선배세대 고려인들이 주류사회에 두각을 보이기 시작한 분야는 역설적이게도 정계였다. 이는 고려인들이 과거의 정치적 탄압의 어둠에서 확실하게 벗어나고 있다는 상징이기도 하다. 1950년대부터 선배세대 고려인들의 정계 진출과 활동은 이미 시작되었다. 탈듸쿠르간 지역 우시토베의 가금류 농장의 책임자였던 김 엘라 이바노브나(Ким Элла Ивановна)의 경우 소련 최고위원회 위원으로 선출되어 활동했고, 김 니콜라이 이바노비치(Ким Николай Иванович), 김 로자(Ким Роза), 리정한(Ли Тен Хан), 염경철(Рем Ген Чер), 장 올가(Тян Ольга), 황 니콜라이 그리고리예비치(Хван Николай Григорьевич), 허 크세니야(Хегай Ксения), 신 베라 바실레브나(Шин Вера Васильевна), 천 모이세이 알렉세예비치(Чжен Моисей Алексеевич) 등도 카자흐사회주의공화국 최고위원회 위원으로 선출되어 활동했다. 이들의 자리는 소련 붕괴 이후에는 고려인 기성세대로 카자흐스탄 국회의원으로 활동한 김 유리 알렉세예비치(Кмм Юрий Алексеевич), 쉐르 라이사 페트로브나(Шер Раиса Петровна), 최 유리 안드레예비치(Цхай Юрий Андреевич), 최 빅토르 예브게니예비치(Цой Виктор Евгеньевич), 김 게오르기 블라디미로비치 및 김 로만 우헤노비치(Ким Роман Ухенович) 등으로 이어졌다(2016년 3월 20일에 실시된 국회의원 및 지방단체 선거에서 선출된 인물들 중 26명이 고려인 기성세대 및 신진세대였음).

정계에서 이름을 날린 인물들 중 학계에 기반을 두고 활동한 고려인들이 적지 않았다. 이들은 실제적인 지식과 지적능력을 바탕으로 중요한 국가사업에 부름을 받았고, 이는 결과적으로 고려인 사회의 위상 제고로 이어졌다. 한 예로, 법학 대박사 김 블라디미르 알렉산드로비치 교수를 들 수 있다. 소련 시기에 저명한 고려인 학자로 활동했고, 1995년에는 카자흐스탄 헌법의 초안을 기획한 인물 중 한 명으로 잘 알려져 있다.

철학 대박사 한 구리 보리소비치(Хан Гурий Борисович) 교수 또한 소련 시기 명성있던 선배-기성세대로서 카자흐스탄 대통령 산하 기강징계위원회 위원이자 카자흐스탄 대통령 후보자인 나자르바예프 대통령의 대리인이었다(한 구리 보리소비치는 1대 알마티 고려민족센터 회장과 전소고려인협회 부회장으로도 활동). 김 블라디미르 알렉산드로비치와 한 구리 보리소비치는 이후 학계에 남아 연구와 후학 양성에 전념했는데, 전공 지식이 국가의 일에 필요한 경우에는 우선적으로 국가경영에 참여하곤 했다.

고려인들은 카자흐스탄 민족의회 이사회에서도 많이 진출하여 활동하고 있다. 각 지역 고려민족센터 회장들이 카자흐스탄 민족의회의 회원들이 될 수 있다. 고려극장(공식명칭: 국립고려아카데미음악코메디극장)의 극장장 니 류보피 아브구스토브나(Ни Любовь Августовна)는 카자흐스탄 민족의회 부의장으로도 활동했다(카자흐스탄 민족의회 의장은 카자흐스탄 대통령임).

이들 모두는 카자흐스탄의 고려인 사회의 정치문화의 수준과 지적 수준을 제고시켜주는 역할을 해왔다. 또한 정치와 다양한 정치행위 과정에 참여함으로써 고려인 사회의 역량과 우수성을 같이 입증해 왔다는 점에서도 매우 의미가 있다고 할 수 있다.

현재에도 카자흐스탄의 국가나 정부 기관, 학문, 교육, 문화 등 고려인들이 참여하지 않는 분야가 없다. 국회의원에서 장차관, 은행장, 대기업 회장 및 사장, 저명한 학자, 군장성 및 고위 간부 등 다양하다. 얼마 전 카자흐스탄에서는 국가권력 관계에서 큰 변화가 일어났다. 그로 인해 정치엘리트 사회에서도 새로운 지배층이 나타나는 등 변화가 일어나고 있다. 고려인 사회에서도 기존에 그래왔던 것처럼 새로운 지배 권력에 협력하고, 소수민족 고려인 사회의 이익과 목소리를 대변해 줄 고려인 엘리트를 지원해나갈 필요가 있다.

카자흐스탄에서 고려인들은 자신들의 모든 재능과 근면성을 국가를 위해 사용하고자 노력해 왔다. 이는 카자흐스탄의 국가적 자의식 형성에 큰 도움이 되었고, 동시에 국제무대에서 국가적 권위를 얻고 해외에서 높은 이미지를 창출하는 데 기여했다. 일상적인 일에서 고려인들은 국가에 대한 무한한 봉사를 해왔고, 이는 고려인 사회에 진정한 조국의 노동자, 애국자의 이미지를 심어주었다.

3. 사회주의 노력영웅과 훈장

"난세가 영웅을 만든다"라는 표현이 있다. 비유가 적절할지 모르겠지만, 어쩌면 강제이주 이후 중앙아시아에 정착한 고려인 선배세대들에게 어울리는 표현일지도 모르겠다. 초기 정착과정에서의 어려움과 2차 세계대전기 육체적, 물질적 헌신, 고려극장과 『레닌기치』를 통한 한민족 정체성 유지와 보존을 위한 몸부림 속에서 극동에서와 같은 부와 명예, 그리고 국가의 신뢰를 회복해 나갔다. 오늘날 150여 년의 CIS 고려인 이주개척사가 대내외적으로 주목을 받는 것은 여러 세대에 걸쳐 일구어 낸 "빛나는 업적과 성과"가 있었기에 가능하다. 세대를 거치며 무수히 많은 영웅과 인물들이 오늘날 고려인 사회에서 뿐만 아니라 거주국가 내에서도 "고려인"이라는 이름을 드높여 주었다. 소련 시기를 통해 정치, 경제, 교육, 예술, 그리고 농업 등 사회 각 부분에서 많은 사회주의 노력영웅과 국가상 수상자들이 배출되었고, 카자흐사회주의공화국 최고위원회 영웅명부에 그 이름이 기록되었다.

선배세대 고려인들은 극동에서 그랬듯, 새로운 땅에서도 과거의 부와 영광을 다시 쌓아나갔고, 그 시작은 바로 극동에서 그랬던 것처럼 농업이었다. 농업은 고려인 사회가 CIS 땅에 뿌리 내리고 생존할 수 있는 근원이었는데, 그 근원의 중심에는 강제이주 직후에 재조직된 각처의 고려인 콜호즈들이 있었다. 콜호즈는 흔히 집단농장으로 번역되지만, 콜호즈는 단순히 집단농장이 아닌 하나의 마을로서의 행정단위이자 경제 및 생활공동체였다.

사회 각 분야에서 고려인 사회의 민족적 명성을 드높인 몇 명의 영웅들을 언급해 보자. 우선 농업 분야에서, 앞서 언급한 아방가르드(선봉)콜호즈의 벼재배 영웅 김만삼을 우선적으로 꼽을 수 있다. 그는 크즐오르다주 치일리지구(군) 내에 있던 아방가르드(선봉)콜호즈의 벼재배 작업반 책임자로 탁월한 농업 기술 개발과 기록적인 벼생산으로 사회주의 노력영웅 칭호와 크레믈린에서 스탈린상을 받았다. 그가 소속되어 있는 아방가르드(선봉)콜호즈의 문화회관 건설에 기부하고 콜호즈 발전에 무수히 많은 기부와 헌신을 한 것은 일일이 기록할 수 없을 정도로 많다. 현재도 아방가르드(선봉)콜호즈에는 김만삼의 기부금으로 세워진 문화회관이 남아있는데, 내부에는 김만삼의 사진과 활동내용을 담은 안내판이 눈에 띄게 걸려있으며, 누구나 그를 기억하고 그와 마을의 역사를 자랑스럽게 생각하고 있다(카자흐스탄 독립 이후 아방가르드(선봉)콜호즈는 "아크마야"라는 카자흐어 명칭의 평범한 마을로 변경되었다). 김만삼 외에도 이후 1941~1945년 제2차 세계대전 시기를 거치며 눈부신 농업생산과 국가에 대한 헌신을 높이 인정받아 수십 명의 고려인 노동영웅들이 전후에 노동영웅과 훈장 등을 부여받았다.

농업 분야 만큼이나 주목받는 곳이 바로 예술 분야이지만, 이 부분은 다음 장들에서 다루게 될 것이다. 농업 분야에서의 눈부신 성과와 성공을 바탕으로 비농업 분야에서도 걸출한 인물들이 나오게 되는데, 고려인 건축가 김 블라디미르 니콜라예비치(Ким Владимир Николаевич)

를 꼽을 수 있다. 1962년에 모스크바 건축대학교를 졸업한 김 블라디미르는 1962~1974년 시기 동안 "Alma-Atagiprogor" 국가설계대학에서 메인 건축가로 근무했다. 그는 레빈스키(Репинский Н.И.)., 초보토프(Чхоботовый Л.Л.), 라투쉰(Ратушиный Ю.Г.) 등과 함께 한 설계로 레닌 궁전(1970년 '공화국 궁전'으로 개칭), 푸쉬킨 국립도서관(1972년 "국립도서관"으로 개칭)이 건축되었다. 그 공로로 김 블라디미르는 소련 국가상을 받았다.

블라디보스토크 출신의 김 니콜라이 니콜라예비치(Ким Николай Николаевич) 또한 소련 국가상 수상자(1989년)이자 카자흐사회주의공화국 최고위원회(1990년) XII차 대회 대의원이다. 1955년에 톰스크공과대학교 지질탐사학과를 졸업한 그해부터 우스티-카메노고르스크에 있는 동카자흐스탄 지질관리국에서 마스터와 현장소장, 수석기술자로 근무했다. 1969년부터 즈랴노브스키주 지질탐사대 책임자를 지냈고, 1990년부터 카자흐사회주의공화국 최고위원회 산업, 교통 및 통신위원회 위원장을 지냈다. 그는 공로를 인정받아 노동적기훈장과 공훈메달들을 수차례 받았다.

김 니콜라이와 유사 분야에서 리 비탈리 가브릴로비치(Ли Витали Гаврилович)도 큰 훈장을 받았다. 그는 1915년 하바롭스크 출생으로 지질광물학 대박사(1970)이자 교수(1976)이다. 1941년에 카자흐 채광야금대학교를 졸업한 그는 '사약' 광물산지의 발견자이기도 하다. 리 비탈리는 구리와 여러 철광석이 매장된 산지의 탐사를 지도하기도 했다. 그의 학술 연구물들은 주로 야금학에 관련된 것들로 국가의 철광산업 발전에 큰 공을 세웠고, 그 공로로 카자흐사회주의공화국 표창장(1972) 뿐만 아니라 소련 정부로부터 주는 국가상(1985, 훈장과 메달)을 수여 받았다.

니 레오니드 파블로비치(Ни Леонид Павлович) 또한 기술학 대박사(1968)이고 교수(1969)이다. 또한 그는 카자흐스탄 학술원 회원이며 카자흐스탄 공훈학자(1971)이며 국가상(1980) 수상자이다. 1946년에 카자흐사회주의공화국 채광야금대학을 졸업한 그는 물리 화학 및 알루미늄 가공기술, 용액의 성질에 대한 기본연구 및 이질적 과정에 대한 연구에 집중했다. 그는 알루미늄 원료 가공과 관련된 많은 문제들을 해결했고, 알루미늄(산화 알루미늄) 생산의 주요 과정을 개선하고 강화하기 위해 중요한 결과들을 만들어 내었다. 니 레오니드 파블로비치는 알루미늄 업계 전문가들과 함께 저품질 보오크사이트 가공의 새로운 방법을 개발하여 소련의 국가상을 수여 받기도 했다. 그는 12권의 단행본과 100개 이상의 저작권, 프랑스와 캐나다의 여러 특허를 포함하여 500개가 넘는 연구 및 결과물을 생산하고 보유하고 있다. 뿐만 아니라 그는 미국, 독일, 헝가리, 체코슬로바키아, 폴란드 및 기타 국가들에서 개최된 국제회의에서 발표를 하기도 했으며, 40명 이상의 박사(candidate)와 4명의 대박사(doctor)를 양성해내는 등 카자흐스탄 국가발전에 큰 공을 세웠다.

축산 분야에서도 훌륭한 인물들이 많이 배출되었는데, 박 다비드 니콜라예비치(Пак Давид Николаевич)가 그중 한 명이다. 1905년 연해주 포시에트지구 출신으로, 농학 대박사(1964)이자 교수(1970)로 활동했고, 소련 국가상 수상자(1951)이며, 카자흐사회주의공화국 공훈학자(1983)이다. 그는 1932년에 사라토프 축산대학교를 졸업했고, 이어 1936년에 소련축산학술연구소 대학원(All-Union Scientific Research Institute of Animal Husbandry) 석·박사를 졸업했다. 박 다비드는 큰 유각가축의 알라타우 품종 개발과 변화하는 사회경제적 요인과 선택방향을 고려한 품종의 변형에 대한 과학적 연구기반을 마련하는데 큰 공을 세웠다. 나아가 그는 또한 형질적 특성에 따른 큰 유각 가축의 품종과 계통의 결합능력에 대한 상황을 공식화하여 훈장과 메달을 수여 받았다.

박 다비드와 마찬가지로 최 라브렌티 이바노비치 (Цой Лаврентий Иванович)도 유사 분야에서 큰 공을 세워 국가의 인정을 받은 인물이다. 연해주 핫산군 시지미 마을 출생(1916년생)인 최 라브렌티는 동물학자이자 농학 대박사(1972)이며 교수(1974)이다. 그는 1944년에 알마티 축산대학을 졸업했고, 1954년에는 레닌농업학동맹아카데미 카자흐스탄 분교의 석·박사과정을 졸업했다. 그는 소련 국가상 수상자이고 카자흐사회주의공화국 공훈학자이다. 주 논문은 양의 종축개량 및 번식 분야에 대한 것이었다. 남카자흐스탄 메리노양 품종의 양번식 및 품종개량 및 개발 작업에 참가했고, 목양업에서 상업적 교배와 번식의 효과성을 입증하여 국가상(1970)을 받았으며, 이후에도 동분야 우수 석·박사생들을 양성해 냄으로써 축산업 발전에 큰 공적을 남겼다.

의학 분야에서도 국가상 수상자들이 있다. 물론 이들은 일부일 뿐이다. 최 이고리 길레노비치(Цой Игорь Гиленович)(1949~2012)는 첼리노그라드(현재 아스타나 지역), 의학 대박사(1988)이자 교수(1990)이며, 카자흐스탄 국가상 수상자(2008)이다. 1972년에 첼리노그라드 의대를 졸업한 그는 1976~1988년 시기에 보건부 중앙기구에서 근무했고, 1988년부터는 소련 AMS 영양지역문제학술센터 연구 분야 부소장을 역임했다. 최 이고리는 임상면역학 및 알레르기 분야 전문가로 활동하며 많은 공헌을 했는데, 그에 의해 임상감염면역학 대학이 세워졌으며, 그의 지도를 받은 후학들에 의해 많은 석·박사 논문들이 발표되었다.

유사 분야의 유 발렌티나 콘스탄티노브나 (Ю Валентина Константиновна)도 국가상 수상자이다. 그녀는 우즈베키스탄 출생

(1955년생)으로 화학 대박사이자 교수이며, 카자흐스탄 국가상 수상자이다. 유 발렌티나는 나바이 사마르칸드주립대 화학과를 졸업했으며, 의약품국제등록부와 카자흐스탄 및 러시아 필수의약품등록부의 공식출판물에 포함된 진통제 "Prosidol" 제조자 중의 한 명이다. 뿐만 아니라 부분 마취제 및 부정맥치료제로 임상시험 2단계 진행용 "Kazkain"의 제작자이기도 하다. 국제과학재단들(CROF, INTAS, ISTC)의 지원으로 유 발렌티나는 많은 연구프로젝트를 수행했으며, 그녀의 연구 결과물들에는 100여 편의 논문과 국내 및 미국과 벨기에, 이탈리아, 러시아, 멕시코 및 기타 국가에서 열린 국제학술회의에서 발표된 보고서 초록들과 발명 저작권 서류들이 포함되어 있다.

예술 분야에서도 소련 시기에 고려인의 예술적 감각과 능력을 널리 알린 인물이 있다. 최국인(Цой Гук Ин)(1926~2015)은 함경북도 김책군 출신으로, 1958년에 모스크바 국립영화제작대학교 연출학과를 졸업했다. 그는 1934년에 부모와 같이 중국에 이사를 했고 그곳에서 초중학교를 다녔다. 1945~1948년 시기에는 중국인민해방군에서 복무했고, 1948~1952년에는 평양영화촬영소에서 근무했다. 이후 소련으로 건너 온 최국인은 1958~1990년까지 "카자흐필름"촬영소에서 영화감독 보조, 영화감독, 연출자로 근무했다. 그는 '신혼부부'(1962), '그 날에'(1965), '숲 발라드'(1973), '메달의 세번째 면'(1975), '검은 산의 보물'(1978), '용의 해'(1982), '초칸 발리하노브' 4편(1987), '만주식 버전'(1988) 등 수많은 작품 제작에 참여했다. 1987년에 최국인은 예술영화 '초칸 발리하노프' 제작 공로를 인정받아 문학, 예술, 건축 분야에서 카자흐사회주의공화국 국가상을 수상했다.

마지막으로 채 알렉산드르 알렉세예비치 (Цхай Александр Алексеевич)도 소련 시기 자연과학 분야에서 고려인의 위상을 드높인 국가상 수상자이다. 1941년에 아크몰린스크주 마킨스크 출생인 그는 기술학 대박사이자 교수이며, 카자흐사회주의공화국 국가상 수상자이다. 1970년에 키로브 카자흐국립대학교(현재 알파라비 카자흐국립대학교) 화학과를 졸업한 그는 전기 투석장비를 만드는데 있어 전자파 기술 분야의 최고전문가이다. 1990년대 초반에 노보시비르스크 학자와 함께 석유산업 및 원자력 분야에서 큰 관심을 갖는 전기분해 용액 분리 관련 일련의 큰 성과를 거두었다. 그가 개발한 전기 투석장비는 카자흐스탄 및 CIS국가의 450개가 넘는 현장 뿐 아니라 한국, 브라질, 오만 등의 나라들에서도 사용되었다. 소개된 인물들 모두 거주지역인 카자흐사회주의공화국, 혹은 소련 중앙정부 국가상(훈장, 메달, 감사장 및 표창장 등) 수상자들이다. 물론 이들 외에도 국가상을 받은 인물들은 무수히 많다.

제2장

교육 및 지식인 사회의 형성과 발전

1. 중앙아시아로 이어진 교육의 열정

과거부터 한민족은 교육을 중요시했다. "스승의 그림자도 밟지 않는다"라고 하여 스승에 대한 깊은 존경을 표현한다. 그래서 오랜 시간 동안 교육은 이러한 정서에 기초하고 있었으며, 비록 교육시스템에서도 다른 분야와 마찬가지로 변화가 있었지만 여전히 그러한 정서는 전통으로 유지되고 있다.

지난 수십 년 동안 카자흐스탄의 고려인 사회에서는 많은 것이 성취되었고, 교육 분야에서도 많은 성과와 결실이 맺어졌다. 카자흐인의 언어와 풍습을 모른 채 강제이주 되어 오던 1937년 당시로 잠시 돌아가 보자. 그때 할아버지와 아버지들이 언젠가는 후손들이 문맹을 퇴치하고 유능하고 인정받는 민족으로 우뚝 설 수 있을 것이라 생각할 수 있었을까? 그때 그들의 소원은 한결같이 하나였을 것이다. 즉 후손을 위해서 살아남아야 한다는 것이었다. 강제이주 1세대들은 많은 고통을 겪었다. 하지만 다음 세대의 교육문제에 있어서만큼은 단호했고, 자식세대의 교육에 헌신했다. 1세대 고려인의 꿈은 2세대와 3세대, 그리고 4세대에 이르러 이루어졌다.

통계청에 따르면 카자흐스탄의 고려인은 11만 명(0.6 %)으로 전체 인구의 9위를 차지한다. 이렇게 많지 않은데도 불구하고 고려인들은 사회에서 적지 않은 영향력을 발휘한다. 카자흐스탄에 거주하고 있는 소수민족 비교 평가에서 고려인들의 교육 수준은 선도적인 위치를 차지한다. 고려인 지식인들은 카자흐스탄 교육 분야에서도 주요한 역할을 해왔다. 중간 세대들은 일선의 초중등 학교와 대학교에서 학장, 학과장 및 교수, 교장, 우수 교사로서 성공적인 활동을 해왔다.

통계를 보면, 고등교육을 받은 고려인의 수는 전국평균 수준의 두 배가 넘는다. 카자흐스탄 국민 중 15세 이상 1,000명 중 126명이 학교를 졸업했다면, 고려인들은 1,000명 중 262명이 이에 해당한다(1999년 인구 조사 기준). 박사급 인력의 숫자는 500명이 넘는데, 이는 1,000명 중 5명 비율로 세계적으로도 높은 지수에 속한다.

극동에서 이주한 고려인들은 적어도 1953년까지는 공식적으로 소련 땅에서 이동이 금지되었다. 뿐만 아니라 젊은이들의 대학교 입학에도 제한이 있었다. 오늘날 카자흐스탄을 포함한 CIS소련 고려인들이 교육 부분에서도 중흥기를 맞을 수 있었던 요인은 강제이주 이전 극동 시기에서부터 그 원인의 토대를 찾아볼 수 있다.

고려인들의 교육발전에 있어 큰 역할을 한 것은 1920년대 초에 블라디보스토크에 세워진 제8호모범중학교(1924)나 우수리스크의 조선사범전문학교(1924), 그리고 우리가 잘 알고 있는 블라디보스토크에 설립된 극동국립고려사범대학교(고려사범대, 1931)이다. 대표적으로 고려사범대학은 나중에 크즐오르다에 옮겨졌는데, 크즐오르다 고골 고려인사범대학교로 불렸으며, 한국어와 러시아어로 강의가 이루어졌다. 덕분에 한국어 교육의 기초가 놓이게 되었으나, 나중에 한국어로 수업하는 것이 줄어들었고, 고려인 젊은이들이 점차 러시아어로만 공부하기 시작하며 결국은 러시아어가 모국어가 되었다. 소련 지배 하에서 한국어는 성장하고 출세할 가능성을 제공해 줄 수 없는 언어였고, 그래서 고려인들에게는 러시아어를 아는 것이 더 권위 있고 유리했던 것이다.

고려인 역사를 살펴보면, 과거 고려인 교사들이 고려인들에게 모국어를 전하기 위해 얼마나 많은 헌신을 했는지 발견할 수 있다. 그중의 한 명으로, 여러 권의 한국어 교재 저자이며 러시아어에서 한국어로 교재를 번역한 극동국립고려사범대학교 부총장 니 파벨 필리포비치(Ни Павел Филиппович)를 언급할 수 있다. 그는 1896년에 연해주에서 태어났으며, 1915년에 옴스크사범학교, 1918년에 사범대학을 졸업했다. 대학교 졸업한 후 그는 블라디보스토크에서 교사로 근무했다. 그는 1923년에 활동 지역의 고려인학교 교육 분야 전권대표로 활동했고, 니콜스크-우수리스크(현재 우수리스크) 고려사범전문학교 교학부장이었다. 1929년부터 모스크바에 있는 게츠첸 레닌그라드사범대학교 박사과정을 밟았고, 1934년에 고려인들 중 최초로 교육학 논문으로 박사학위를 받으며 조교수(도첸트) 칭호와 함께 학자로서 인정을 받았다.

한편 이 파벨은 1933년부터 극동 고려사범대학의 부총장을 지냈는데, 크즐오르다에 이주 된 후에는 부총장, 자연과학부장, 화학과 학과장을 지냈다. 이어서 그는 1946-1966년 시기에는 아바이 카자흐사범대학교 자연과학부장, 화학학과 학과장으로 근무했다. 그의 자녀들도 아버지의 길을 따랐는데, 아들 니 레오니드 파블로비치(Ни Леонид Павлович)도 카자흐스탄의 뛰어난 학자 중의 한 명으로, 카자흐스탄 국립학술원 회원이자 교수이다. 손자 니 알렉산드르 레오니도비치(Ни

Александр Леонидович)는 모스크바 물리기술대를 졸업했고 물리기술학 조교수이다.

1954년에 '고려인 고전문학 리얼리즘 전통'이라는 주제의 철학분야 박사논문을 쓴 고려인 여성 텐 안나 니콜라예브나(Тэн Анна Николаевна)도 고려인 교육사에 주요 인물 중 한 명이다. 그녀는 나중에 철학 대박사가 되었고, 카라간다 대학교 언어학과 교수가 되어 인재 양성에 큰 기여를 했다.

이외에도 소련 시기에 카자흐스탄의 국민교육과 경제를 위한 고급인재 육성 분야에서 큰 역할을 한 고려인 학자 및 교육자들은 많다. 강 게오르기 바실레비치(Кан Георгиий Васильевич)와 리가이 마리아 알렉세예브나(Лигай Мария Алексеевна), 리 니콜라이 니 콜라예비치(Ли Николай Николаевич), 리 블라디미르 알렉산드로비치(Ли Владимир Александрович), 리 세르게이 바실레비치(Ли Сергей Васильевич), 명 드미트리 월보노비치(Мен Дмитрий Вольбонович), 김 블라디미르 알렉산드로비치(Ким Владимир Александрович), 김 알라 미하 일로브나(Ким Алла Михайловна), 한 나탈리야 니콜라예브나(Хан Наталья Николаевна), 김 나탈리야 파블로브나(Ким Наталья Павловна), 리 타티아나 블라디미로브나(Ли Татьяна Владимировна) 등이 그들이다.

2. 고려인 디아스포라 문학의 태동과 발전

한국에서는 고대부터 문학 수준이 한 사람의 전반적인 문화 수준의 척도가 되었고, 나아가 국가 일을 할 수 있는 능력 소유 여부의 기준으로 삼았다고 한다. 소련 시기에 소수민족의 모국어 언어교육이 자유롭지 못했던 시기에 특별히 두드러지진 활동을 보인 분야 중의 하나가 바로 문학 분야이다. 물론 고려극장의 희극작가들(한진(Хан Дин), 리길수(Ли Гир Су), 리기영(Ли Ги Ен), 연성용(Ен Сен Нен), 채영(Цай Ен) 등)이나 선배세대 문학인들의 경우 한글로 작품 활동을 하기도 했으나 대부분은 러시아어로 문학활동을 했다. 고려인들의 기성세대와 신진세대(젊은 세대)의 경우 러시아어로 생각하고 러시아어로 말했기 때문이다. 소련 시기에 역사적 모국의 언어로 교육 받을 기회도 없었고, 조국과 오랫동안 관계가 없었으며, 문학가와 작가들도 러시아어로 작품을 쓸 수밖에 없었기 때문이다. 그래도 고려인 시인과 작가들의 작품은 독자들에게 인기를 끌었다. 국내외에서의 세미나와 심포지움 활동과 문학계에서의 인정과 문학상 등이 그것을 보여 준다.

기성세대의 창의적인 작품들 중에서 가장 눈에 띄는 것은 김 아나톨리(Ким Анатолия Андреевич), 양원식(Ян Вон Сик), 맹동욱(Мен Дон Ук), 신진세대 중에서는 강 겐리에타 막시모브나(Кан Генриетту Максимовна), 박 미하일(Пак Михаил), 강 알렉산드라(Кан Александр), 리 스타니슬라프(Ли Станислав) 등이 있다.

누구보다 먼저 김 아나톨리의 작품 세계에 주목할 필요가 있다. 김 아나톨리의 첫 번째 작품은 1976년에 쓰여진 '푸른 섬'인데 그것은 이 땅에서 생활하고 일하고 있는 사람들에 대한 이야기이다. 이외에 '네가지 고백', '나이팅게일의 메아리', '민들레에 대한 인사', '양파밭', '새벽에 먹은 슬로의 맛', '잊혀진 역', '시내에서 산책', '아버지의 이야기', '뻐꾸기 우는 소리' 등 많은 작품들이 출간되었는데, 이들 작품들은 저자에게 큰 명예를 가져다주었다. 그의 단편, 중편소설을 바탕으로 독자들은 소련 고려인 사회의 현실을 알 수 있었다. 카자흐스탄 독자들은 아우에조프(Ауэзов М.)의 소설 '아바이'(Abai)의 새로운 번역에 대해서도 김 아나톨리에게 감사하고 있다.

박 미하일 또한 고려인 사회에서 매우 잘 알려진 작가이자 화가이다. 1949년에 태어난 그는 과거 소련 및 카자흐스탄 작가협회 회원이자 러시아 화가협회 회원이다. 박 미하일은 카자흐스탄에서 활동을 시작했는데, 인간 마음의 기술자같은 사람이었으며 현재 모스크바와 한국에서 활동하고 있다. 그는 알마티에서 카자흐스탄 고려인 작가협회장(1991~1999년까지)으로, 또 『고려일보』직원으로도 활동했다. 그는 카자흐어와 한국어로 번역된 8권의 책을 출판했다. 그의 '안개가 사라지기 전에', '잠자리가 날아다니는 것을 꿈 꿔라'라는 작품은 고려극장 무대에 올려지기도 했다. 박 미하일은 'Korean Expatriate Literature' 잡지상, 한국펜클럽상, '카타예브'상, 쿠프린 '석류팔찌'상, KBS방송국상, 한국작가협회상 등의 수많은 상을 수여받았다: 그는 또한 화가로서 서울, 일산, 모스크바, 프랑스 및 알마티 등에서 개인 전시회도 열었다. 높은 창의력을 발휘하고 기여한 공로로 그는 러시아 지역개발부 명예표창장을 받았다.

강 알렉산드르도 고려인 문학계에서 주목받는 인물이다. 그는 1960년에 평양에서 태어났고 작가이자 러시아 작가협회 회원이다. 1983년에 모스크바 전자기술대학교, 1987년에 모스크바 문학대학교 석사과정과 1995년에 동대학교 박사과정을 졸업했다. 1993~2015년 시기에 '가족의 세기', '태어나지 않은 사람들의 꿈', '의상업자', '숨겨진 섬', '귀신의 기원', '발견된 무당', '삼각형 땅', '일광 책', '달을 떠나는 골렘', '조국' 등 소설집 및 작품들이 출간되었다. 그의 작품에는 소련 고려인의 한계적 의식과 민족의 실존주의 문제에 대한 고민들이 담겨있다. 그는 모스크바, 베를린, 서울, 아인아보르, 베르크리 등지에서 있었던 산문, 수필 및 극문학 국제대회의 수상자이기도 하다. 그의 작품은 영어, 독일어, 불어, 스웨덴어 및 한국어로도 번역되어 나왔다.

강 겐리에타 막시모브나(1943~1994)는 우시토베 출신이며 소련 작가협회 회원이다. 1967년에 알파라비 카자흐국립대학교 언론학과를 졸업했고, 카자흐방송국에서 근무했으며 주로 어린이 프로그램을 담당했다. 또한 고려인 신문사 『친한 아이들』과 교류했고, '롬봄의 선물', '호수의 모험', '곰의 노래를 찾는다', '사과도시에서'와 같은 어린이 도서를 많이 출간했다. 고려극장에서 그의 작품 '안녕하세요, 인삼 형제'(고려인 민속을 바탕으로 한 동화), '가을에 벚꽃이 피지 않는다'가 무대에 올려지기도 했다. 1990년에 나온 소련 고려인 작가 소설집 '음력장'의 저자 중 한 명이다.

시인 리 스타니슬라프는 아스타나 출신(1959)으로 고려인 시문학계에서 영향력있는 인물이다. 그는 잠불기술대학교(경공업 및 식품공업) 알마티 분교를 졸업했고, '이랑', '별들은 재속에서 간혹 노란색을 띤다' 등의 시집이 있다. 시집 '한줌의 빛', '모프르 마을 기억'은 한국어로도 출간되었고, 고대, 중세 및 현대 한국시를 러시아어로 번역 출간하기도 했으며, 시인 고은의 '까만색 두루미도 하늘에서 내려왔다'가 그에 의해 번역서로 출간되기도 했다. 그는 '아리랑' 수상자이고, 모스크바 국제시인대회 '러시아의 황금펜' 우승자이며, 문학 및 문학번역 국제컨퍼런스 및 세계 시페스티벌 참가자이기도 하다.

고려인 사회의 문학 발전에 중요한 역할을 한 것은 1962년에 창립된 카자흐스탄 작가협회 산하의 고려인 분과였다. 김준(Ким Дюн), 맹동욱, 한진, 박 미하일, 양원식 등이 여러 해에 걸쳐 고려인 문학을 이끌었다. 작가 박 미하일은, "중앙아시아에 거주하는 동안 18권의 책을 출간할 수 있었다. 작가가 어떤 언어로 말할 것인지는 중요하지 않다고 생각한다. 뭔가를 표현할 필요가 있다면 펜을 들고 자신이 알고 있는 언어로 말을 하면 된다"고 말했다. 중앙아시아의 고려인 작가들의 작품을 해외에서, 그중에서도 무엇보다 역사적인 모국에서 출판하는 것이 최근 새로운 추세가 되고 있다. 독일, 핀란드, 미국 및 한국의 연구자들이 이미 자신들의 책에 소련 고려인 시인들의 특정 시들을 포함시키고 있다. 1990년대 중반 이후에 김 아나톨리와 한진, 양원식, 박 미하일, 리 스타니슬라프의 시집이 한국어로 출간되어 나왔다.

언급된 이들 모두 소련 시기에 활동했던 고려인 사회의 문학인들이고 지식인들이었다. 이들이 있었기에 고려인 사회의 정신문화는 굳건하게 지탱될 수 있었으며, 언어 보존 및 고전이 그 맥을 이어나갈 수 있었다.

3. 고려인 지식인 사회의 형성

카자흐스탄의 고려인 지식인(엘리트) 사회는 강제이주가 시작된 순간부터 형성되기 시작했다. 거슬러 올라가면 러시아 극동에서 1920~30년대에 형성되기 시작했고, 강제이주 이후인 1940~1950년대를 거치며 카자흐스탄에서 집중적으로 발전해 갔다.

고려인 지식인 사회는 1931년 블라디보스토크에 건립되었던 고려사범대학교가 그 상징적인 시작이라고 할 수 있다. 해당 대학에서는 몇 개의 학과를 두고 있었고, 강의는 한국어로 진행되었다. 1934년에 최초의 졸업식이 열렸으며 이후 당시 극동 고려인 사회 지식인 그룹의 토대가 될 217명의 자격을 갖춘 전문가가 배출되었다.

강제이주 이후에도 중앙아시아 땅에 고려인 지식인 사회는 형성되어 나갔다. 고려극장과 『레닌기치』, 그리고 고려인라디오 방송, 그리고 학술계를 중심으로 고려인 지식인들이 활동했다. 언제나 그렇듯 고려인들은 완전한 문해력을 갖춘 민족으로 인정받았고, 소련 시기를 거치며 정계와 재계, 교육 및 학계, 문화 등의 분야에서 주요한 위치를 차지해 나갔다. 양적인 팽창에서 벗어나 점차 질적인 성장을 이루었고, 정치인, 학자, 의사, 예술인, 작가, 화가, 배우 등 모든 분야에서 인물들이 배출되어 나갔다. 가령 1960년대에 고려인 역사를 "용감하게" 출간했던 김승화 같은 학자도 소련 시기 고려인 지식인 그룹에 우선적으로 포함시킬 수 있을 것이다. 지식인들은 소련 체제에서 뿐만 아니라, 독립된 카자흐스탄 국가 엘리트로서도 인정을 받았고, 국가의 현대화와 개혁에 적극적으로 참여해 왔다. 그들의 그런 활동은 한편으로 고려인 민족의 자긍심과 민족의식을 일깨워 주는데 가장 큰 역할을 했다.

독립된 카자흐스탄 사회에서 시장경제 체제로 전환되며 지식인들 중 일부는 비즈니스계로 이동하는 경우가 적지 않았다. 어찌되었든 높은 지식과 전문성을 지닌 고려인 지식인 그룹 고려인 디아스포라의 부활을 이끌며 카자흐스탄 사회에도 많은 긍정적인 영향을 끼쳤다.

고려인 지식인 사회를 들여다보면, 특히 학계에서 정계 진출을 통해 주류 사회의 정점까지 올라가는 사례들을 드물지 않게 볼 수 있다. 가령 경제학 대박사이자 교수로서 카자흐스탄 재무부 장관을 지냈던 김 일리아 루키츠를 예로 들 수 있다. 그는 이미 소련 시기부터 소련의 권력집단 내에서 활동한 인물로서, 한때 소련 정부의 명령에 따라 수석 경제고문으로서 국가 경제발전 첫 5개년 계획 수행 일환으로 정부위원회 일원으로 아프가니스탄에서 활동하기도 했었다. 법학 대박사였던 김 블라디미르 알렉산드로비치 교수의 경우도 유사하다. 그는 카자흐스탄 헌법의 주요 입안자 중의 한 명으로 카자흐스탄의 헌법의 기초를 놓는데 큰 역할을 했다. 저명한 학자였던 한 구리 보리소비치도 소련 시기를 거쳐 국가 정치권력의 정점에서 활동했던 인물이다. 그는 대통령 산하 기강징계위원회 위원이자 카자흐스탄 대통령 후보자였던 나자르바예프 대통령의 대리인으로 활동했다(카자흐스탄 고려인협회 초대 회장이었음).

재계나 문학이나 예술계, 언론계 등의 분야는 이후에도 계속 언급될 것을 감안하여 교육계·학계의 극히 일부 인물들에 대해서만 언급을 했다. 이들 모두가 소련 시대를 거치며 활동해온 고려인 지식인 그룹의 사람들이다. 고려인 지식인 그룹은 소수민족으로 작지만 강했고 강력한 존재 이미지를 소련과 카자흐스탄 사회에 심어주었다. 이는 오늘까지도 강한 고려인의 이미지 형성의 근원이 되어오고 있다.

제3장

중앙아시아로 이어지는 한민족 정신문화

1. 한민족 예술문화의 계승자-고려극장

오늘날 CIS 고려인 사회의 보물로 간주되는 것 중의 하나가 약 90년 역사의 "고려극장"(공식명칭: 국립고려아카데미음악코메디극장)이다. 이는 CIS에서 뿐만 아니라 역사적 조국인 한반도의 모든 한민족의 귀한 자산이기도 하다. 카자흐스탄의 고려극장과 같은 해외극장은 세계 어디에도 없기 때문이다. 고려극장이 역사적으로 가치 있는 보물로서 여겨지는 근본적인 이유는 극장의 공연(연극이나 노래, 춤)을 통해서 한민족의 고전이 구현되고 계승되어 왔기 때문이다.

한민족의 공연예술은 고대부터 시작되었다. 민속 악기와 함께 연주되는 이야기가 담긴 독창적인 노래와 춤을 바탕으로 드라마 극장이 등장했다. 그것을 표현하는 것은 가면극, 무언극, 곡예 광대 및 연극 민속 축제이다. 19세기 말 이래로 한반도에서 이주가 시작되었고, 농민들뿐만 아니라 예술인들도 함께 들어오게 되었다. 20세기 초인 1920년대 초반에 연해주 블라디보스토크와 고려인 정착촌들에는 수십 개의 연극 클럽이나 동아리가 생겨났다. 그 예술인 클럽이나 동아리에서는 차후 조선극장을 이끌어 나갈 극작가, 배우, 무용가 등이 활동하며 극동 고려인 사회의 예술문화를 이끌어 나가고 있었다.

자발적으로 활동하는 이러한 예술인 클럽들의 급속한 발전과 성장은 질적인 변화로 이어졌고, 마침내 1932년 9월 9일에 소련 정부의 결정에 따라 블라디보스토크에 조선극장이 조직되었다. 극장의 기초는 예술 서클들에서 활동하던 재능있는 참가자들로 구성되었는데, 그 이름들은 나중에 고려극장의 창립자들이자 극장 역사의 전설이 되었다. 카자흐스탄 인민예술가 김진(Ким Дин), 인민예술가 리함덕(Ли Хан Дек), 인민예술가 리 니콜라이(Ли Николай П.), 공훈예술가 최봉도(Цой Бон До), 공훈예술가 리길수(Ли Гир Су), 공훈예술가 리경희(Ли Ген Хи), 공훈예술가 박근섭(Пак Гун Себ), 공훈예술가 김호남(Ким Хо Нам), 공훈예술가 태장춘(Тхай Дян Чун), 공훈예술가 채영(Цай Ен), 공훈예술가 연성용(Ен Сен Нен)과 그 외 공훈예술가들이 바로 그들이다.

1932~1937년 시기에 조선극장, 즉 고려극장이 인기가 높아지고 유명해진 특별한 계기는 연성용이 감독하고 리정님(Ли Ден Ним)이 출연한 '춘향전'의 개봉이었다. 극장 원로들에 따르면, 바로 그 해가 고려극장이 디아스포라 전통문화의 중심으로 자리 잡은 해라고 한다.

1937년, 극동의 고려인 사회가 강제이주를 당할 때에 고려극장 배우단도 연해주에서 중앙아시아 카자흐스탄으로 이주되었다. 이는 극장 활동의 역사에서 침체기를 의미한다. 고려극장 직원들도 뿔뿔이 흩어지게 되었고 고려인 이주민들은 낯선 땅에서 살아남아야 하는 과제를 떠안게 되었다. 그러나 정신적 가치에 대한 열망이 너무 강했고, 얼마

안 있어 카자흐스탄의 크즐오르다와 우즈베키스탄의 타시켄트에서 두 개의 독립적인 고려인 뮤지컬 및 드라마 극장이 형성되었다. 그렇게 두 개의 고려극장은 카자흐스탄의 고려극장으로 통합될 때까지 각자의 지역에서 활동을 해나갔다.

강제이주 직후인 1937년부터 1942년까지 카자흐스탄의 고려극장은 크즐오르다에 위치하고 있었다. 이 시기에는 고려인 뿐만 아니라 주변의 많은 민족들도 영광적인 큰 호응을 해주었고, 따라서 러시아의 고전작품들도 함께 무대에 올려졌다. 대표적인 것으로 흥행했던 작품들을 보면, 트레네프 콘스탄틴(Тренев К.)의 '야로바야 사랑'과 고르키 막심(Горький М.)의 '예고르 불르쵸프', 시모노프 콘스탄틴(Симонов К.)의 '러시아 사람들'이었으며 소련 배우들의 공연도 포함되었다.

특히 파종기와 수확기 중 고려인 콜호즈들을 중심으로 수행되는 고려극장 순회공연단의 공연은 언제나 만원이었고 대성공이었다. 순회공연단의 공연은 강제이주로 인해 침체되어 있던 고려인들의 마음을 위로하고 달래주었고, 민족적 정서가 분출되는 뜨거운 시간들이 되어 주었다.

1942년 1월 13일에 카자흐사회주의공화국 인민위원회 소비에트의 결정으로 크즐오르다에 있던 고려극장은 탈디쿠르간주 카라탈군의 우시토베로 이전되었다. 제2차 세계대전 수행기였기에 배우단의 삶도 극도로 어려웠던 시기였다. 1941~1945년의 대조국전쟁(제2차 세계대전) 기간 동안 극장단원들은 소련의 모든 민족들과 함께 "전선을 위한 모든 것, 승리를 위한 모든 것!"이라는 슬로건 아래 힘겨운 삶을 이어갔다. 그럼에도 공연은 계속되었다. 전쟁과 관련된 노래와 시, 풍자적인 스케치, 사이드쇼 등 콘서트 프로그램을 구성하여 배우들은 병원에서 부상당한 병사들 앞에서, 때로는 도로에서 대피하며 카타예프(Катаев В.)

의 '파란 손수건', 시모코프(Симоков К.)의 '낮과 밤', 태장춘의 '삶의 흐름' 등을 공연했다.

1946년에 조정구(Те Ден Гу)(공훈예술가)가 고려극장의 극장으로 취임하면서 고려극장은 새로운 전환점을 맞이했다. 극장은 거의 40년 가까이 조정구의 지휘 하에서 발전의 발전을 거듭해 나갔다. 그의 헌신적인 노력 덕분에 고려극장은 한민족의 문화예술의 중심지로 발전해 나갔고, 그의 적극적인 참여로 1950년에 타시켄트와 탈드쿠르간 우시토베에 있던 고려극장은 "탈드쿠르간 조선인음악연극극장"으로 통합되어 극장의 위상이 커지고 창작 구성에 있어서도 크게 강화되었다.

이 당시의 레퍼토리에는 소련과 외국 극작가의 작품들도 일반적으로 같이 무대에 올려졌는데, 무스레포프(Мусрепов Г.)의 '코즈-코르페시와 바얀-술루', 히크멧 (Хикмет Н.)의 '사랑에 대한 전설', 고골의 '감찰관', 셰익스피어의 '오델로', 쉴러의 '간계와 사랑' 등과 같은 작품들이었다. 이 무렵에는 재능 있는 작곡가 정추(Тен Чу)와 텐인문(Тен Ин Мун), 김 빅토르(Ким Виктор), 극장화가 강 게오르기(Кан Георгий)(공훈예술가)와 박 콘스탄틴(Пак Константина Е.) 등도 전국에 알려지게 되었다.

한편 극장장 조정구는 극장 발전을 위해 다각도로 극장사업을 수행해 나갔다. 그는 전문인력을 보강하며 체계를 갖춰나갔다. 우선 그는 보구쉐프스키 에두아르드(Богушевский Эдуард)를 극장의 수석지휘자로, 파쉬코프 알렉산드르(Пашков Александр)를 극장의 수석감독으로, 그리고 극장의 문학 분야 책임자로 작가, 극작가를 초빙했다. 이 거장들의 창작활동은 소련 전역과 국제연극무대에 고려극장이 진출하는데 크게 기여했다. 이 무렵 극장에서 가장 빛나는 작품 중 하나는 한진 작품(파쉬코프 감독, 보구쉐프스키 작곡, 김 림마(Ким Римма)

알마티에 위치하고 있는 고려극장의 최근 모습; 2019

안무) '토끼 이야기' 공연이었다. 이 공연은 수년간 관객들의 극찬과 카자흐사회주의공화국 연극계에서 호평이 이어졌고, 오랫동안 회자되었다.

1959년 5월 30일, 카자흐사회주의공화국 내각 결정으로 고려극장은 크즐오르다로 이전되었고, "크즐오르다 조선음악연극극장"으로 개칭되었다. 이어 이듬해인 1960년에 2세대 예술가들이 극장에 배치되었다. 이들은 오스트로프스키 타시켄트극예술대학교를 졸업한 젊은 예술가들이었다. 2세대 배우들은 얼마 지나지 않아 극장의 주연배우가 되었고, 공화국 전체에 이름을 떨치게 되는 유명 예술인들이 되었다. 당시 배출된 2세대 배우단원들은 다음과 같다: 김 블라디미르 예고로비치(Ким Владимир Егорович)(이후 카자흐사회주의공화국 인민예술가), 박 소피아(Пак София)(공훈예술가), 손 올가(Сон Ольга)(공훈예술가), 림 로자(Лим Роза)(공훈예술가), 문 알렉산드르(Мун

Александр)(인민예술가), 김 이오시프(Ким Иосиф)(배우, 감독, 극작가), 텐 아나톨리(Тен Анатолий)(배우, 감독), 박 바실리(Пак Василий), 틴 표트르(Тин Петр), 김 니키포르(Ким Никифор)이다. 같은 해에 미래의 공훈예술가들이 되는 박 마야(Пак Майя), 텐 에두아르드(Тен Эдуард), 틴 페도르(Тин Федор), 박 나제즈다(Пак Надежда), 김 안톤(Ким Антон) 등 재능있는 젊은이들이 고려극장에 보충되었다.

1968년 1월 8일은 고려극장 역사에서 특별한 날이었다. 카자흐사회주의공화국의 결정으로 고려극장은 "국립조선음악코미디극장"의 지위로 격상되었고, 이어 수도인 알마티로 이전되었다. 수도로 이전된 고려극장은 폭넓은 관객들과 극장평론가들과 접할 수 있게 되었고, 극장의 위상을 더 한층 격상시키는 계기가 되었다. 이 시기에 무대에 올려진 작품들로, 포고딘(Погодин Н.)의 '크렘린의 시계'(모스크바에서 온 노보히쉰(Новохишин М.) 감독)과 아우에조프(Ауэзов М.)의 '카라고즈'(김 이오시프 감독), 아이트마토프(Айтматов Ч.)의 '엄마의 들'(김 이오시프(Ким Иосиф) 감독, 맘베토프(Мамбетов А.) 연극 컨설턴트이자 소련 인민예술가) 등을 들 수 있다.

1968년 8월 28일, 레르몬토프 러시아연극극장 무대에서 극장 콘서트 그룹을 기반으로 만들어진 팝앙상블 '아리랑'이 초연되었다. 아리랑의 기획자 겸 예술 감독은 재능있는 성악가 김 블라디미르 알렉산드로비치(Ким Владимир Александрович)(공훈예술가)였다. 이때 이 공연에 안무가 김 림마(인민예술가)가 이끄는 발레 무용수들의 웅장한 춤과 함께 예술가이자 사회자인 김기봉(Ким Ги Бон)의 뛰어난 재능이 많은 주목을 받았다. 그리고 김 블라디미르, 박 니콜라이(Пак Николай)(키르기스사회주의공화국 공훈예술가)와 손 게오르기(Сон

Георгий)(문화계 공훈근로자), 리 베니아민(Ли Вениамин)(명예예술가), 김 조야(Ким Зоя)(공훈예술가), 반 타마라(Пан Тамара), 최 라리사(Цой Лариса), 김홍륭(Ким Хон Нюр), 조균화(Дё Гюн Хва), 니가이 고마(Нигай Кома 등의 예술인들의 뛰어난 연기력으로 '아리랑'은 큰 성공을 거두었고, 소련땅에 고려극장의 존재를 확대시키는데 큰 계기가 되었다.

고려극장 내에서 보구쉐프스키가 지휘하는 팝오케스트라 앙상블은 특별한 지위를 누리고 있었다. 그는 카자흐사회주의공화국 내에서 최고로 인정받았고, 엄격한 경쟁과 선발을 거친 후에야 이 오케스트라의 음악가가 될 수 있었다. 이후 보구쉐프스키가 떠난 뒤에는 이들 음악가 중 최고 중의 한 명인 한 야코프(Хан Яков)가 극장의 수석지휘자 자리에 올랐다. 한 야코프는 극장의 오케스트라를 더 한층 발전시켜 놓는데 큰 공을 세웠다. 그는 작곡가 겸 국제재즈음악페스티벌의 주최자로서, 그리고 극장에서 민속그룹 "사물놀이"의 조직자로서 전역에 알려지게 되었다. 그의 지도 아래 "사물놀이"는 유럽과 대한민국의 여러 예술축제에 참가했고, 여러 차례 수상을 하기도 했다. 카자흐스탄 고려인협회 지부들의 예술활동의 중심이 될 정도로, 그리고 모든 축제 행사 때마다 등장할 정도로 "사물놀이"의 인기는 매우 높았다. 현재 고려극장의 수석지휘자는 재능있는 작곡가이자 음악가, 배우(공훈근로자)인 윤 게오르기(Юн Георгий)이다. 그는 극장의 성악가들로부터 인기를 얻고 있는 "프리미엄" 4중주단을 조직 운영하고 있다. 윤 게오르기가 작곡한 음악은 공연과 콘서트 프로그램에서 공연작품의 성공에 주요한 역할을 하고 있다.

고려극장 발레 예술의 전통은 '도스틱-Ⅱ급 훈장' 보유자인 수석 안무가 김 라리사(Ким Лариса)에 의해 발전되어 나가고 있다. 극장 발레 무용수들의 화려하고 수준 높은 기술이 더해진 공연은 관객들을 항상 흡족하게 만들어 주고 있다.

한편 1975년부터는 무스레포프 카자흐청소년극장의 주 연출자로 활동했던 감독 겸 극작가, 작가이자 공훈예술가인 맹동욱이 고려극장의 수석 감독이 되었다. 이어 그 해에 알마티에 있는 쿠르만가즈 음악대학교 연극과를 졸업한 그의 졸업생들이 3세대 배우들로 극장에 새롭게 투입되었고, 그로 인해 고려극장은 3세대가 함께 활동하는 창작공간으로 변모되었다. 당시에 3세대 배우단으로 들어 온 미래의 인민예술가 혹은 공훈예술가들은 다음과 같다: 김한영(Ким Хан Нен)(김진상 수상자, 공훈예술가), 리 메리(Ли Мэрий)(김진상 수상자, 문화계 공훈근로자), 진 블라디미르(Дин Владимир), 김 류드밀라(Ким Людмила), 안 알렉산드르(Ан Александр), 김 올레그(Ким Олег)(배우, 감독), 오가이 스타니슬라프(Огай Станислав)(몇 년 동안 극장의 후원자로 활동), 허가이 알렉산드르(Хегай Александр), 박 알렉산드라(Пак Александра), 김 갈리나(Ким Галина)(문화계 공훈근로자, 김진상 수상자, '도스틱-Ⅱ급 훈장' 보유자), 리 올레그(Ли Олег)(공훈예술가, 감독, 김진상 수상자, '쿠르메트' 훈장 보유자, 소련 문학 및 영화 분야 KGB상 수상자).

20세기 고려극장의 마지막 배우단 충원은 1984년에 알마티 주립극장 예술대학교 졸업생들에 의해 이루어졌다. 박 안토니나(Пяк Антонина)(김진상 수상자, 공훈근로자), 최 타티아나(Цой Татьяна)(공훈예술가), 최 로만(Цой Роман)(김진상 수상자, 문화계 공훈근로자), 박 에두아르드(Пак Эдуард)(김진상 수상자, 문화계 공훈근로자), 박 세르게이(Пак Сергей), 김 그리고리(Ким Григорий), 한 에릭(Хан Эрик), 리 마르가리타(Ли Маргарита)가 그 주인공들이다.

한민족 행사 중인 고려극장 배우들의 모습; 2019.5

1990년은 고려극장의 역사에서 다시 한 번 전환점이 되었던 해이다. 1990년부터 고려극장은 역사적 조국의 극장들, 특히 한국의 극장들과 직접적인 친선교류를 하기 시작한 것이다. 1990년 4월에 고려극장은 북한의 평양에서 개최되는 '4월의 봄' 축제에 참가했다. 그 행사에서 독주가 김 조야가 수상을 했다. 그런데 그해 12월에 극장 지도부의 초청으로 서울에서 대한민국국립극장협회 김근희 협회장과 무용가 서순경이 알마티에 와서 한 달 동안 발레 무용수들에게 민족무용을 가르쳤다. 이는 한국과의 공식적인 교류의 물꼬가 트인 상징적인 사건이라 할 수 있다.

한편 카자흐스탄 고려인협회 지도부 또한 민족문화예술의 보존과 발전의 중요성을 깨닫고 디아스포라 문화예술의 중심지로서 고려극장에 대한 종합적인 지원을 아끼지 않았다. 또한 각 지방의 카자흐스탄 고려인협회 지부들의 예술활동의 발전과 대중화에도 적극적으로 기여했다(모든 고려인 단체들은 고려인협회의 산하 조직으로 활동하고 있음).

1992년에 카자흐스탄 고려인 협회는 카자흐사회주의공화국 인민예술가 김진의 이름을 딴 연극상을 제정하였는데, 이 상은 그 해 최고의 창조적 결실을 얻은 예술가들에게 수여되는 상이다. 고려인협회는 고려극장 사업과 함께 전국 고려인 미술축제를 기획하고 정기적으로 개최하기도 한다.

1999년에 고려극장에는 새로운 인적 변화가 생겼는데, 극장의 새 주인이 바뀐 것이다. 극장이 어려웠던 1999년에 카자흐스탄 고려인협회 이사회의 발의와 카자흐스탄 문화부의 승인으로 니 류보피 아브구스토브나(카자흐스탄 명예근로자)가 고려극장의 새 극장장으로 임명되었다. 니 류보피는 극장의 모든 사업을 파악하고 효과적인 발전방향을 잡았으며, 현재 20년 동안 고려극장을 운영해 오고 있다.

새로운 극장장의 시대와 함께 고려극장의 사업들도 더욱 활기를 띠었다. 극장의 예술가들은 국제 축제와 대회에서 많은 상을 받았다. 민속단체 "사물놀이"-유럽과 대한민국 예술축제 수상(1999~2004); 발레무용수들-국제스페인무용축제 '전통상' 2등 수상(알마티, 2000); 성악가들-텐 일로나(Тен Илона), 리 비탈리(Ли Виталий), 김 엘레나(Ким Елена), 리 스타니슬라프(Ли Станислав)-모스크바, 비슈케크, 아스타나, 알마티 국제성악축제수상(2002~2006); 배우들 - 최 로만, 박 에두아르드 - '유머와 웃음' 국제축제 수상(알마티, 2000); 배우 김 갈리나(Ким Галина)- '미르 이사베코바' 국제연극제 '여우주연상' 수상(알마티, 2012).

이 기간 동안에 또한 고려극장에서는 다음의 인물이 활동을 했다: 한국에도 작품이 잘 알려진 시인 리 스타니슬라프; 작가이자 극작가, 영화 감독 송 라브렌티(Сон Лаврентий); 언론인, 작가 겸 극작가이며 연극예술에 공헌이 큰 최영근(Цой Ен Гын). 또한 송 라브렌티와 리 스타니슬라프는 작곡가 한 야코프 및 극장 수석감독 리 올레그(Ли Олег)와 공동으로 카자흐스탄으로 강제 이주된 후 고려인들의 생애 기간을 담은 연극 '기억'을 제작하여 무대에 올렸고, 이 연극은 관객들의 많은 심금을 울렸으며, 이후 아스타나와 한국 내 연극제에서 상을 받기도 했다.

최영근의 청소년 마약중독 문제를 다룬 연극 '젊은 나이에 죽지마세요'도 많은 관객들의 관심과 호응을 얻었다. 극장장 니 류보피 아브구스토브나의 노력으로, 작가이자 극작가인 저명한 작가 김 아나톨리의 대본으로 제작된 영화 '나의 언니 루샤'와 '복수'가 국제영화제에서 상을 받았고, 그리고 극장에서는 그의 희곡으로 만든 '뻐꾸기 울음소리'와 '정원의 요정 길'이 카자흐스탄 내에서 관객과 연극 전문가들로부터 높은 호응과 평가를 받았다. 한편 김 아나톨리는 리 스타니슬라프와 수석감독 리 올레그와 협력하여 극장 내에 연기스튜디오를 개설했고, 스튜디오의 예술감독이 되어 활동했다. 이어 1년 후에 극장장 니 류보피는 주르게노프 카자흐국립예술아카데미 연극학과에 고려인 강좌를 개설하는데 협력을 얻어냈고, 극장 내 스튜디오에서 공부하는 학생들이 해당 대학에서 고려인 강좌를 듣게 하고, 졸업 후에는 극장의 배우단에 출연시켰다. 김 엘레나(Ким Елена), 서가이 안토니나(Шегай Антонина), 남 비탈리(Нам Виталий), 신 이고리(Шин Игорь), 유가이 보리스(Югай Борис), 김 마리나(Ким Марина), 리 나탈리아(Ли Наталья)가 바로 그 졸업생들이다.

1990년 한국 극장들과의 교류가 열리기 시작 한 후 고려극장장의 임무 우선순위 중의 하나는 한국연극협회와의 창조적 유대관계를 강화하고 더욱 발전시키는 것이었다. 주카자흐스탄 한국대사관의 도움으로

니 류보피는 이 중요한 문제를 성공적으로 해결해 나갔다. 현재는 고려극장이 정기적으로 한국 국제연극제에 참여하고, 또 극단의 배우들이 한국 극장에서 인턴쉽을 하고 있으며, 반대로 한국 연극단체들은 매년 알마티에 들어와 고려극장과 교류를 나누고, 한편으로는 한국 감독과 배우들이 고려극장 연극 제작에 참여하기도 한다.

극장장 니 류보피의 세심한 사업 수행의 결과, 2002년 9월에 고려극장 창립 70주년을 기념하기 위해 한국 문화예술위원회 이용진 위원장, 한국 문화예술위원회 비서실장 이진배, 국립극장장 김명곤, 정해섭 부극장장, 배우 유수장과 이영태로 구성된 대표단이 한국에서 알마티에 왔다. 그 결과 매해 한국으로부터 고위직 인사들의 고려극장 공식방문이 이어졌고, 방문자들은 고려극장 구성원들의 높은 전문성에 감탄하며 한반도에서 멀리 떨어진 카자흐스탄에서 민속전통과 문화예술을 보존하고 발전시켜 준 것에 대해 감사를 표하곤 했다.

2000년대 들어서 고려극장의 활발한 공연활동은 변함없이 지속되었다. 러시아에서 '카자흐스탄의 해'로 선포한 2003년에 고려극장은 러시아의 톰스크, 크라스노야르스크, 노보시비르스크, 모스크바 등지에서 카자흐스탄을 대표하는 극장으로 많은 공연활동을 수행했다. '다색의 카자흐스탄' 프로그램이 관객들을 위해 마련되었는데, 이 프로그램을 두고 언론에서는 '카자흐스탄 예술가들의 수준 높은 재능의 풍부한 팔레트'라고 보도를 하기도 했다.

2006년에는 러시아에서 '한국 문화의 날'이 열렸다. 로스토프-나-도누, 볼고그라드, 모스크바의 관객들이 극장의 예술가들을 반갑게 맞이했는데, 한민족의 민족예술이 인기가 높아졌다는 것을 느낄 수 있었다. 한편 2007년에는 카자흐스탄 고려인협회와 함께 고려극장이 카자흐스탄 거주 70주년과 고려극장 75주년을 기념하는 '디아스포라의 길'과

'회상의 기차'라는 대규모 프로젝트를 진행했다. 극장의 순회 경로는 블라디보스토크에서 시작해 하바롭스크, 우수리스크를 거쳐 카자흐스탄 지역들을 통과하는 여정이었다. 그리고 전 노선을 지나는 동안 고려인 사회에서는 카자흐스탄 디아스포라의 민족문화와 예술의 중심이 된 극장의 창시자들에게 경의를 표하며, 카자흐스탄뿐만 아니라 CIS 전반에 걸쳐 극장 사명의 중요성과 필요성을 강조했다.

2020년 현재 창립 88주년을 맞이하는 고려극장은 모든 고려인 사회의 전폭적인 지원과 지지 하에 민족 문화와 예술의 보존과 계승을 위해 달려가고 있다.

2. 민족언어(한글)의 보존자 - 『레닌기치』

CIS고려인 사회에는 고려극장에 버금가는 보물이 또 하나 있다. 바로 『선봉』과 그 뒤를 이은 『레닌기치』, 『고려일보』 신문이다. 『레닌기치』, 『고려일보』의 전신은 1923년 극동에서 발간되기 시작한 『선봉』 신문이다. 물론 극동의 한인사회에서는 보다 더 이른 시기에 한글 신문들 - 『해조신문』(1908), 『권업신문』(1912) 등 - 이 있었으나 재정문제와 특히 일제의 집요한 방해공작으로 단명하고 말았다.

최초의 한글신문인 『선봉』은 1937년 강제이주 이후인 이듬해 1938년 5월, 카자흐사회주의공화국(현재 카자흐스탄)의 크즐오르다에서 『레닌의 기치』로 제호가 변경되어 재발간되기 시작했다. 이어 『레닌의 기치』는 1940년에 크즐오르다주 신문의 지위를 획득했고, 소련이 참전한 제2차 세계대전 기간에는 타블로이드판 2판, 주 3회 발행체제로 전환되었다. 이후 1954년 1월 3일부터는 다시 타블로이드판 2판 4면,

레닌기치 신문의 모습

주 5회 발행체제로 전환되었고, 아울러 제호가 『레닌의 기치』에서 우리가 잘 기억하고 있는 『레닌기치』로 변경되었다. 이때부터 『레닌기치』는 카자흐사회주의 공화국 전체에 보급되는 전국 신문으로 출간되었다. 그러나 신문의 지위는 여기에 멈추지 않고 계속해서 격상되어 나갔다. 『레닌기치』는 1961년에 소련 전역을 대상으로 하는 공화국 간 신문으로 격상되었던 것이다.

그런데 신문의 지위에서만 변화가 생긴 것은 아니었다. 1977년에는 본사가 크즐오르다에서 알마티로 이전된 것이다. 여기에는 몇 가지 이유가 있는데, 낙후된 인쇄기기나, 라디오, 혹은 전신 및 우편을 통해 수집해야 하는 취약한 기반의 정보취합 여건, 그리고 낙후된 통신체계 등이 그 원인이다. 알마티로 이전 된 후 신문사는 10여 년 정도 활동하다가 본래 장소에서 멀지 않은 곳으로 재이전되었다. 당시 신문사는 '카자흐스탄 공산당 중앙위원회 출판사 청사(9층 건물)'의 3층에 위치해 있었는데, 여기에는 『레닌기치』사 외에, 위구르어 신문 『꼼무니슴 뚜기』, 독일어 신문 『프로인드사프크』 등도 함께 있었다.

소련이 붕괴된 1991년 첫 호부터 『레닌기치』는 제호가 다시 현재의 『고려일보』로 개칭되었고, 국영에서 민영으로 전환되었다. 아이러니하게도 소련 시기 유일한 한글판 신문이 소련 붕괴 이후에는 러시아어판도 함께 출간하기 시작한 것이다. 이는 한글을 모르는 젊은 세대 고려인들을 염두에 둔 것이면서, 동시에 독자층을 확보하기 위한 고민의 결과라고 할 수 있다.

1991년부터 『고려일보』는 한글판 주 3회, 러시아어판 주 1회 발행을 시작했고, 2000년부터 카자흐스탄 고려인협회 산하 조직으로 운영되고 있다. 1980년대 초반 최전성기에는 발행부수가 2만 부까지 이르렀으나 이후 한글 독자의 감소, 독립국가연합 내 공동우편망 붕괴, 재정적 어려움 등으로 규모가 크게 축소되었다. 2002년 말부터 『고려일보』는 발행부수가 3,000부 규모로 주 1회(러시아어판 8면, 한글판 4면) 출간되고 있다.

한편 2000년 4월경에 『고려일보』 신문사는 알마티 시내에서 다시 한 번 이전을 했다. 임대비와 유지비 등 재정적인 어려움이 주요 이유였다. 새로운 이전지에서 신문사는 현재의 건물(코리안 하우스)로 완전히 이전될 때까지 활동을 했다.

『고려일보』는 재정난과 제작, 출판의 여러 가지 어려움 속에서도 『선봉』, 『레닌기치』의 맥을 이어오고 있다. 또한 현지 고려인 사회에서 한글 보존과 교육, 역사와 전통문화 전달 및 계승, 한국소식 전달 등의 커다란 역할을 해오는 등 진정한 "보물"의 역할을 감당해 나가고 있다.

3. 고려인의 입-고려인라디오 방송

『레닌기치』, 『고려일보』 못지 않게 카자흐스탄 고려인 사회에서 중요한 역할을 해 온 언론 분야가 있다. 바로 "고려인라디오" 방송이다. 카자흐스탄 고려인라디오 방송의 역사는 고려인 역사에서 특별한 의미를 갖고 있다.

카자흐스탄에서 고려인 방송의 송출이 가능해진 시기는 1950년 초반이다. 고려인의 밀집거주지역인 크즐오르다에서 처음으로 고려인 방송을 구축할 수 있다는 허가가 나왔다. 이때 고려인들은 모국어 방송을 하루에 15분 가량 진행할 수 있었다. 『레닌기치』신문과 함께 크즐오르다에서 고려인라디오 방송의 송출은 고려인 사회에 상징하는 바가 매우 컸고, 신문과 더불어 고려인 사회 통합과 정신문화의 중심이 되었다. 그런데 당시 고려인 방송은 『레닌기치』신문사의 직원들 덕분에 살아남을 수 있었다. 그 이유는 그 당시에 한국어를 말할 수 있는 라디오 진행자가 없었는데, 그 진행자의 역할을 모국어가 가능한 신문기자나 고려극장 배우들이 수행했기 때문이다.

고려인 방송의 설립자는 텐철송(Тен Чел Сон), 리길수, 김원봉(Ким Вон Бон), 주동일(Дю Дон Ил), 그리고 오숙희(О Сук Хи)였다. 1972년부터 1978년까지 고려인 방송을 유명한 공훈예술가인 리길수가 이끌었다. 오랫동안 고려인 방송의 아나운서로 오숙희가 활동했는데, 라디오 방송이 예술적 경험을 지닌 사람들에 의해서 준비가 되고, 제공되는 자료가 청취자들에게 잘 전달이 되었기 때문이다. 아나운서에 의한 문학적 표준언어의 준수와 높은 수준의 내용 전달은 모국어 발전과 부흥에 큰 공헌이 되었다.

라디오 프로그램들의 주제는 주로 그 지역에 살고 있는 고려인의 생활에 대한 것이었다. 알고 있듯이, 크즐오르다 지역의 고려인들의 주요 활동은 쌀농사였기 때문에 프로그램의 주제는 노동자들의 농사에 대한 것이 대부분이었다. 소련 시기에 고려인 방송의 우선적인 임무는 당과 정부의 지침을 알리고 준수하는 것이었다.

1956년에 고려인라디오 방송과 협력하게 된 첫 번째 나라는 조선민주주의인민공화국(북한)이었다. 그렇게 크즐오르다 고려인라디오 방송은 지원을 받을 수 있었다. 그 당시 평양중앙TV라디오 위원회는 한글 음악음반과 라디오 프로그램을 제공해 주었는데, 담긴 내용들은 1989년까지도 아무런 변화없이 북한에서 계속 유지가 되었다.

그 시대의 상황에 따른 것으로 조선민주주의인민공화국이 제공한 음반은 완전히 정치화된 것이었다. 민요조차도 공산주의 사상의 정신이 깃든 내용이었고, 노래 가사도 원본과 크게 달랐다. 그 당시 모든 노래는 하늘의 태양과 비교하는 훌륭한 지도자에 대한 사랑을 표현한 노래들이었다.

한편 남한의 노래방송은 엄격히 금지되었다. 그 이유는 남한의 노래들은 밝은 미래를 약속하며 조국에 대한 그리움을 발휘하는 "퇴폐"(decadence)에서 영감을 얻은 것으로 간주되었기 때문이다. 당시 한국의 음악 테이프들은 관광객들을 통해 제3국을 통해 카자흐스탄으로도 불법 수입되었다. 1998년 서울올림픽 이후 소련은 한국이라는 나라의 존재를 알게 된 다음에도 한국노래 방송을 소련 국가TV라디오위원회 산하 국제관계과에서 금지시켰다.

1979년에 크즐오르다에서 고려인라디오 방송국이 문을 닫았다. 그 이유는 고려인 디아스포라가 점차적으로 자기의 언어와 문화, 자국의 역사에 대한 관심을 잃기 시작했기 때문이다. 한국어에 대한 수요가 점점 없어지기 시작했고, 러시아어의 중요성이 높아졌다. 즉 러시아어로 대학교육을 받고 전문적 성장을 하는 데 있어 러시아어는 절대적으로 필요한 것이었지만, 모국어 고려인 방송은 이러한 문제를 해결해주지 못했다. 고려인 방송국이 문을 닫게 된 또 하나의 이유는 유능한 젊은 전문가의 부재 때문이었다. 고려극장과 『레닌기치』 신문편집부가 수도인 알마티로 이전한 후 공화국 차원의 전국적 규모의 고려인라디오 방송국의 개원 필요성이 생겼다.

1982년에 최영근 기자가 공산당 중앙위원회의 선전부로 고려인라디오 방송국 설립요청에 대한 요청서를 보냈다. 1983년에도 항일독립운동가 황운정(Хван Ун Ден)과 고려문화민족센터 센터장인 교수-생물학 대박사 황 마이(Хван Май Унденович), 그리고 문화교육운동 사회활동가 김국천(Ким Гук Чен)이 당기관들에 반복적으로 허가 요청서신을 보냈었다.

고려인라디오 방송국이 설립되는 데 결정적인 계기가 된 것은 당시 카자흐스탄의 지도자 쿠나예프(Кунаев Д.А.)에게 개인적으로 보내졌던 한 통의 서신이었다. 1984년 카자흐스탄 공산당 3월 총회에서 쿠나예프 지도자는 고려인라디오 방송국 설립을 공식적으로 허용했다. TV 라디오위원회가 이 소식을 긍정적으로 받아들였으며 장소와 인력을 제공해 주었다. 1984년 5월 16일에 30분짜리 첫 프로그램이 방송되었다. 첫 라디오 방송은 문학적 표준어로 방송되었고, 김옥례(Ким Ок Не) 아나운서가 진행했다.

당시 방송시간은 30분밖에 안되었으며 1주일에 2번 방송되었다. 라디오의 주요 목적은 국내와 해외뉴스, 한반도 소식, 고려인 생활 소식, 디아스포라의 역사와 문화 등에 대한 것이었다. 1986년 설문에 따르면 40.26%가 정기적으로 듣고, 34.41%는 가끔, 그리고 25.32%가 거의 듣지 않는다는 설문 결과가 나왔다.

고려인라디오 방송 또한 고려인 신문 매체가 그러했던 것처럼 청취자 층의 반응에 대해 변화를 모색해 나가야 했다. 한국어를 모르는 젊은 세대를 의식해야 했고, 더 넓은 청취자를 확보해야 한다는 과제도 안고 있었다. 바로 1980년대 말에 한국에서 개최된 아시안게임과 서울올림픽은 고려인라디오 방송이 한 단계 도약하고 변화하는데 좋은 계기가 되어 주었다.

4. 고려인 스포츠 영웅들

카자흐스탄 스포츠 역사에서도 고려인들의 발자취는 결코 작지 않다. 카자흐스탄 고려인들은 스포츠 분야에서도 큰 성공을 거두었다. 한국에서도 잘 알려진 피겨스케이팅 선수 텐 데니스(Тен Денис)를 비롯하여 소련 시기부터 많은 고려인들이 이름을 날렸다. 그리고 소련 붕괴 이후에는 카자흐스탄의 스포츠계에서 활동하며 눈부신 성과들을 보여주었고, 한편으로는 고려인 사회의 위상을 드높여 주었다.

소련 시기 카자흐사회주의공화국 출신의 전설적인 체조 선수 김 넬리 블라디미로브나(Ким Нелли Владимировна)를 우선 소개할 수 있다. 김 넬리는 5번의 올림픽 챔피언과 세계챔피언을 지낸 소련의 스포츠 영웅이다. 그녀는 마루운동과 리프트 점프에서 가장 높은 10점을 받은 올림픽 역사상 최초의 인물이다. 소련 시절 김 넬리는 뮌헨과 멕시코 올림픽 체조챔피언으로 세계적으로도 잘 알려져 있다. 그녀는 스포츠 분야에서의 업적으로 소련과 카자흐스탄의 최고 국가상을 받았다. 1998년부터 알마티에서는 김 넬리컵 체조대회가 열리고 있으며, 이를 통해 젊은 인재들이 육성 발굴되고 있다. 그녀는 현재 국제체조심판위원회의 일원으로 미국에서 거주하고 있다.

김 아나톨리 그리고리예비치(Ким Анатолии Григорьевич)도 소련 시기 카자흐사회주의공화국 스포츠 영웅-지도자 중의 한 명이다. 그는 카자흐스탄이 인정한 공훈코치 칭호를 받은 인물로, 국가 대표팀 및 알마티농구팀 CSKA의 수석 코치를 역임했으며, 카자흐스탄 농구협회 부회장을 지냈다. 1989년 김 아나톨리의 지휘 하에 CSKA 팀이 USSR컵에서 우승하기도 했다. 그리고 독립 이후인 1996년에는 카자흐스탄 국가대표팀이 군인들 사이에서 개최된 세계선수권대회에서 명예로운 4등을 차지한 바도 있다.

니 알렉세이(Ни Алексей)도 역도 분야에서 소련 시기 카자흐사회주의공화국의 공훈코치이며 국가 대표팀 코치를 역임했다. 그의 지도 아래 우수 선수들이 많이 배출되었는데, 지도받은 선수들 중 올림픽, 세계선수권, 카자흐스탄 내 선수권 챔피언들도 많이 나왔다. 선수들 중 일리야 일린(Илья Илин)은 베이징과 런던에서 두 차례 올림픽 챔피언이 되었고, 네 차례나 세계챔피언이 되었다. 또한 포도베도바 스베틀라나(Подобедова Светлана), 마이네자 마이야(Майнеза Майя), 추샨로 줄피야(Чушанло Зульфия) 등이 베이징 올림픽 챔피언들이다.

이외에 소련 시기 카자흐사회주의공화국 공훈코치 채 유리 안드레예비치(Цхай Юрий Андреевич)도 카자흐스탄 복싱 발전에 큰 공헌을 했다. 그의 지도 선수들이 올림픽과 세계선수권대회와 유럽, 소련 및 카자흐사회주의공화국 선수권에서 상을 받았다. 그중의 한 명인 코낙바예프 세릭(Конакбаев Серик)은 유럽챔피언이자 모스크바 올림픽 은메달리스트이기도 하다. 채 유리는 카자흐스탄 고려인협회 회장을 역임했고, 카자흐스탄 상원의원을 지내기도 했으며, 기업인협회 "카자흐스탄-한국"을 창설한 인물이기도 하다.

항일독립운동가 황운정의 아들 황 마이 운데노비치(Хван Май Унденович)도 스피드 스케이팅 분야에서 이름을 알렸다. 25세의 젊은 나이에 그는 스피드 스케이팅에서 소련의 '공훈코치' 칭호를 받았다. 그의 코칭 활동 동안에 올림픽 메달 수상자와 세계선수권, 소련 및 카자흐스탄 챔피언 등 100여 명의 정상급 선수들이 배출되었다. 황 마이는 20년 이상 카자흐스탄 스피드 스케이팅협회 회장을 맡았으며, 전소

코치협회 위원이자 협회 간부회 상임위원을 역임하기도 했다. 그는 카자흐스탄 스포츠관광아카데미 교수로 활동하고 있으며, 꾸준하게 유망주 발굴과 육성에도 관심을 기울이고 있다.

천일성(Чен Ир Сон)(1921~1984) 또한 흔하지 않은 이력의 스포츠인으로 소련 사회에 고려인의 이름을 알린 인물이다. 블라디보스토크에서 태어난 그는 우즈벡사회주의공화국의 공훈코치 칭호를 받았다(1966). 그는 크룹스카야 쉼켄트사범대학교 역사학부를 졸업했고, 1952년에 모스크바 국립체육대학교를 졸업했다. 앞서 천일성은 1944~1957년 시기에 알마티 디나모 축구팀에서 활동했으며, 팀 주장으로, 나중에는 코치로도 활약했다. 한편 1958~1960년 시기에 그는 북한 축구국가대표팀 고문으로도 활동하며 16명의 스포츠 마스터들을 양성하기도 했다. 평양에서 돌아온 그는 1961~1965년 시기에는 카자흐스탄 국립농업기술대학교 체육교육학과에서 근무했으며, 1965~1966년 시기에는 타시켄트 지역의 폴릿달젤콜호즈 축구팀의 수석 코치로 활동했다. 계속해서 1967~1968년 시기에는 카자흐사회주의공화국의 우스티-카메노고르스크의 "보스톡"팀의 수석코치로, 1968~1970년 시기에는 첼리노그라드 "첼렌닉" 축구팀의 수석코치로, 1971~1972년 시기에는 "카이라트"팀의 수석코치로 활동했다. 이후 천일성은 키로프 카자흐국립대학교(현재 알파라비 카자흐국립대학교) 체육교육학과에서 수석강사로 교편을 잡기도 했으며, 1980년부터는 베냉 공화국(서부 나이지리아)에서 축구 자문으로 활동하는 등, 소련 전역에 고려인의 이름을 알리는데 큰 기여를 했다.

제4장
선배세대 고려인들 : 주요인물 약사

이하 소개된 인물들은 모두 선배세대 고려인들이다. 이들은 모두 극동에서 강제이주 되어 온 강제이주 1세대 고려인들과 어린 시절 부모들(선배세대)과 함께 강제이주 되어 온 1.5세대 고려인들이다. 또한 여기에는 강제이주 이후 중앙아시아를 포함한 소련 지역에서 1960년대 이전에 출생한 고려인들도 선배세대로 포함되어 소개되고 있다. 소개된 선배세대 고려인들은 정치, 경제, 사회, 교육, 문화, 예술 및 체육 등 사회 전반에 걸쳐 활동했던 사람들이다. 이들은 강제이주 이후 소련 시기에, 혹은 소련 붕괴 이후 독립된 카자흐스탄 사회에서 눈부신 활약으로 카자흐스탄에서 뿐만 아니라, CIS전역에서 소수민족 고려인의 민족적 위상과 자긍심을 고취시켰던 인물들이다. 소련 정부와 소련 붕괴 이후 카자흐스탄 정부에서 이들 고려인들은 각자의 분야에서 사회주의 노력영웅, 공훈예술가, 공훈근로자, 공훈학자 등의 칭호를 받거나 표창장과 감사장, 훈장과 메달 등을 받음으로써 그 공을 인정받았다.

◎ 강 게오르기 바실레비치(Кан Георгий Васильевич)[1]

1956년에 남카자흐스탄 바이좐사이 마을에서 출생했다.

역사학 박사이고 교수이며, 알마티고려민족센터 부회장이다. 아바이 사범대학교 역사학과를 졸업했으며, 해당 대학에서 교수로 활동했다.

1987년 박사 학위(candidate)를 취득했고, 알마티 당고급학교에서 잠시 근무를 했다. 이후 1996년에 대박사 학위를 통과했고, 이후 교수 직위를 받았다. 강 게오르기는 아바이 사범대학교 역사학부 학장과 동방학과 학과장, 그리고 르스쿨로프 카자흐경제대학교 철학역사 학과의 학과장과 "아딜레트" 법학교의 교수로도 근무했다. 그는 15년 간 카자흐스탄 고려인협회의 부회장을 지냈고, 카자흐스탄 민족의회 활동과 학술 자문위원회 자문위원으로 활동 중이다. 강 게오르기는 청소년들 간의 인종 관계 문제에 많은 기여를 했는데, 러시아 모스크바 국립대학교에서 '카자흐스탄 민족 간 관용 모델'을 주제로 특강을 했으며, 그리고 일본 도쿄에 있는 중앙아시아 및 캅카스연구소에서도 특강을 발표했다. 1998년에는 '국민 화합과 국가 역사의 해' 행사를 준비하는 카자흐스탄공화국 준비위원으로 활동했고, 2005년에는 카자흐스탄 대학용 역사 기본프로그램 집필사업에도 참가했다. 한편 2010년에는 카자흐스탄 국가단합독트린 준비사업에 참가했고, 준비위원회 위원으로도 활동했으며, 카자흐왕국 550주년 준비 및 수행위원회에서도 활동했다.

잡지 『영원한 나라』의 편집위원이고, 국내에서 200편이 넘는 학술 연구물과 10권의 단행본, 7권의 대학 교재를 발간했다. 그의 카자흐스탄 역사 교과서는 카자흐스탄 교육부 추천으로 5회나 발행이 되었고, 로모노소프 모스크바국립대학교 역사학부에서 교재로 사용되기도 했

---

1) 출처: "카자흐스탄 고려인들: 그들은 누구인가?", 알마티, 2005; "카자흐스탄의 고려인들" 백과사전. 알마티, 1992.

다. 그는 이외에 카자흐스탄 민족의회 역사를 다룬 '카자흐스탄 민족의회: 역사적 개요'(2010)와 '카자흐스탄 민족의회: 20년사'(2015)의 집필 및 발간에 참여하기도 했으며, 2010년에 출판된 '카자흐스탄 첫 대통령의 민족 간 화합의 모델'의 저자이기도 하다.

2002년에 카자흐스탄공화국의 명예감사장과 2015년에 '카자흐스탄공화국 독립 20주년' 메달, 카자흐스탄 민족의회 '비르리키' 금메달, '카자흐스탄 민족의회 20주년' 메달, '쿠르메트' 훈장 등을 국가로부터 수여받았다.

◎ 계 니콜라이 데니소비치(Ге Николай Денисович)[2]

1955년에 카자흐사회주의공화국 크즐오르다에서 출생했다.

항일독립운동가 계봉우(Ге Бон У) 선생의 손자이며, 알마티 독립유공자협회 회장을 지냈다.

계 니콜라이는 테니스 코치와 소련 역도 선수권자 출신으로, 1973년에 카자흐체육대학을 졸업했다(전공: 역도). 1974년에 군제대 후 1993년까지 크즐오르다 농업생산엔지니어대학교에서 코치와 강의활동을 했고, 학과장으로서 체육과를 이끌었다. 1991년에는 역도 기술 교수법 및 기술적인 훈련법과 관련된 주제로 박사논문을 발표했다. 그의 교육 비디오 프로그램들은 1993년에 그리스 올림피아 개최되었던 국제 심포지엄과 1995년의 이스탄불 세계선수권대회 등에서 선보이기도 했으며, 체육대학교 학생들을 위한 4개의 방법론이 전문잡지에 소개되기도 했다. 이 기술교육 비디오 프로그램은 러시아, 우크라이나, 벨라루스, 몰도바 등 세계 여러 나라들에도 판매가 되었고, 1992~1997년 시

---

2) 출처: "카자흐스탄 고려인들: 그들은 누구인가?", 알마티, 2005; "카자흐스탄의 고려인들" 백과사전. 알마티, 1992.

기에는 역도선수 연습용 새기술을 스페인(발렌시아)과 웰스에서까지 도입하여 사용하기도 했다.

◎ 권 류드밀라 알렉산드로브나 (Квон Людмила Александровна)[3]

1931년에 연해주 포시에트 지구 노보키예프스크 마을에서 출생했다. 경제학 박사이며, 알마티고려민족센터 위원이고, 센터 산하 "친선" 클럽 회장이다.

권 류드밀라는 1954년에 카자흐국립대학교 철학경제학부(경제과)를 우수한 성적으로 졸업했으며, 1954~1957년 시기에는 카자흐사회주의공화국 학술원 산하 경제대학교의 박사과정을 마쳤다. 이어 1957년 카자흐농업대학교 정치-경제학과에서 교편을 잡았다. 그녀는 1963~1990년까지 카자흐사회주의공화국 학술원 산하 경제대학교에서 인구 및 노동자원 학과의 학과장으로, 1993~1997년 카자흐사회주의공화국 노동사회보호부의 노동고용연구소의 과장 및 부소장을 역임했으며, 1997년 11월~2001년 6월까지는 카자흐스탄공화국 교육부의 경제연구소에서 대학원분과 선임연구원 및 과장으로 근무했다. 그녀의 주요 연구방향은 경제, 인구 및 노동통계와 관련이 있었고, 정치경제 분야 교수로서 연구적 관심은 방법론과 거시경제학의 이론, 인구와 인구통계, 고용형성과 노동시장 기능의 개발을 위한 개념적 기초 연구와 관련되어 있었다. 뿐만 아니라 그녀는 '고용에 관한 법률' 설계개발 전국노동위원회 실무팀에서도 활동했고(1991년), 카자흐스탄공화국 마질리스(하원) 실무위원회(1996)에서도 활동을 했다. 권 류드밀라는 카자

---

3) 출처: "카자흐스탄 고려인들: 그들은 누구인가?", 알마티, 2005; "카자흐스탄의 고려인들" 백과사전. 알마티, 1992.

흐스탄공화국 국가통계위원회와 30년 동안 일을 하면서 그중 15년을 학술평가위원회 위원으로 활동했는데, 국가 및 지역별 노동자원 균형 방법론, 고용 타협 방법, 개인 고용과 실업, 노동 비용 계산과 관련된 국가업무에 함께해 왔다.

20여편의 공동 단행본을 포함해서 총 50여편 이상의 학술저작물이 실적으로 있다. 1976~1990년 기간동안 박사논문 심사위원회 서기로 활동하며 200명의 예비 경제학자들을 준비시키는 일 또한 그녀의 큰 업적 중의 하나이다. 권 류드밀라는 단행본 '카자흐스탄의 소비에트 고려인들'(알마티, 1992)의 공동저자이기도 하고, 공동으로 '전환기 카자흐스탄의 사회경제적 상황과 고려인 디아스포라'(1998), '카자흐스탄 고려인협회'(알마티, 2000), '고려인의 카자흐스탄 과학, 기술, 문화 속에서'(알마티, 2002) 등이 발행되기도 했다.

◎ 권 세르게이 승구비치(Квон Сергей Сым-Гувич)[4]

1923년에 출생했다.

소련공산당의 당원이며, 광산학 분야 전문가이고 기술학 대박사 (1971), 교수(1973)이다.

권 세르게이는 1948년에 모스크바 광산대학교를 졸업하고, 1950~1967년 시기에 카라간다에 있는 "Karagandagiproshakht" 설계연구소의 설계사, 설계연구소 부수석 엔지니어로 근무했고, 1967년부터 카라간다 기술대학교 조교수로 재직했다. 11개의 연구 단행본과 40여 개의 발명저작권을 포함하여 145개의 연구결과물들을 보유하고 있다. 주요 연구는 석탄광산 설계와 관련된 기본연구 분야이다.

---

4) 출처: "카자흐스탄 고려인들: 그들은 누구인가?", 알마티, 2005; "카자흐스탄의 고려인들" 백과사전. 알마티, 1992.

그는 '1960~1985년 시기 기존 광산 기금의 재건, 카라간다 분지 탐사 및 개발 종합 설계'의 저자이며 '광산의 영예' 훈장을 보유하고 있다. 대표 연구물로는 '광산 제로를 여는 새로운 연구방식과 합리적인 방법'(모스크바, 1972, 공저), '석탄 광산기술 제도의 최적화'(알마티, 1974, 공저)가 있다.

◎ 김 게르만 니콜라예비치(Ким Герман Николаевич)[5]

1953년에 카자흐사회주의공화국 탈딕쿠르간 우시토베에서 출생했다. 역사학 대박사이자 교수이며 카자흐스탄공화국의 공훈 교수이다.

1990년 '카자흐스탄 고려인의 사회-문화 발전(1946~1966)'이라는 주제로 박사 학위를 받았고, 1999년에 '19세기 후반~1945년 시기 한인 이민사'(전공: 세계사) 주제로 대박사 학위를, 그리고 2000년에 교수 지위를 받았다. 1999년부터 알파라비 카자흐국립대학교 동방학부 한국학과에서 재직 중이며, 많은 석박사생을 배출하며 카자흐스탄의 한국학 분야에 기여해 오고 있다. 2016년 출판된 '디아스포라학 입문'을 비롯, '한국 종교 역사' 등 대학교재들을 카자흐어와 러시아로 출간했다. 1999년부터 카자흐스탄 고려인협회 부회장이고, 2015년부터는 한국 민주평통 자문위원으로, 그리고 카자흐스탄 외무부 산하 대외정책 전문가위원회 위원과 학술원 학술전문가협회 회원으로 활동했으며, 동시에 대한민국 국무총리 산하 재외동포 자문위원으로도 활동했다.

그동안의 공로를 인정받아 김 게르만 교수는 카자흐스탄 및 한국으로부터 공로상을 수상했다. 그는 2007년에 '카자흐스탄공화국 공훈학자'상, 2009년에 '카자흐스탄공화국 학문 발전 및 공로' 배지를 받았고,

---

5) 출처: "카자흐스탄 고려인들: 그들은 누구인가?", 알마티, 2005; "카자흐스탄의 고려인들" 백과사전. 알마티, 1992.

2014년에 '단합' 금메달을 수상했다. 그리고 2014년에는 KBS방송국이 주관한 해외 한인 '인문사회과학 분야 우수업적상'을 수상받았으며, 2015년에는 대한민국 '국민포장훈장'과 '카자흐스탄 민족의회 20주년' 메달을 받았다.

◎ 김 게오르기 블라디미로비치(Ким Георгий Владимирович)[6]

1953년에 카자흐사회주의공화국 알마티에서 출생했다.

김 게오르기는 법무부 3급 국가고문이며, 정치가, 카자흐스탄 세나트(상원) 의원, 외교, 국방 및 보안위원회 위원, 카자흐스탄 법무부 소장, 법률학 박사이다.

그는 1974년 내무부 카라간다 고급대학교를 졸업했다. 그의 경력을 보면, 1974~1977년에 카라간다 주집행위원회의 내무관리국 예심판사, 내무부 카라간다 고급대학교 연구원, 교수, 강사(1977~1985), 내무부 카라간다 고급대학교 알마티 학부 전임강사(1985~1990), 카자흐사회주의공화국 대통령위원회 고문(1990~1991)을 지냈다. 독립 이후에는 카자흐스탄공화국 대통령 및 내각 국가-법률부 수석보고자(1991~1992)와 카자흐스탄공화국 헌법재판소의 판사(1992~1995), 카자흐스탄공화국 국가정책 국가위원회 위원장(1995~1997), 카자흐스탄공화국 세나트 국회법률 부서 부국장(1997~1998), 카자흐스탄공화국 법무부 차관(2000~2001), 카자흐스탄공화국 대통령 고문(2001~2002), 카자흐스탄

---

6) 출처: "카자흐스탄 고려인들: 그들은 누구인가?", 알마티, 2005; "카자흐스탄의 고려인들" 백과사전. 알마티, 1992.

공화국 법무부장관(2002~2003), 카자흐스탄공화국 대통령 직속 공무원 직업윤리준수 및 부패 투쟁 위원회 위원장(2003~2004), 카자흐스탄공화국 대검찰청 부총장 - 카자흐스탄공화국 대검찰청 법적 통계 및 특별 회계 위원회 위원장(2004~2009), 카자흐스탄공화국 대법원 부속 법정 관리 위원회 위원장(2009~2010), 카자흐스탄공화국 법무부 판결 집행위원회 위원장(2010~2011), 국가 개인집행관회의 위원장(2012~2013) 직책을 수행했다. 김 게오르기는 대통령이 믿고 맡긴 각 직책들에 시스템을 재구성하여 법률 제도발전에 큰 기여를 하였다. 이 외에 그는 독립된 카자흐스탄공화국을 건설해 나가는데 적극적인 참여를 했으며, 카자흐스탄공화국 헌법 기본법 법안개발 위원으로도 활동했다.

그는 '모두를 위한 고귀한 행동'이라는 책의 저자이며, 공로를 인정받아 국가로부터 2급, 3급 '최우수근로자', '아스타나', '카자흐스탄공화국 검찰 명예일꾼' 등의 메달을 수여받았다.

◎ 김 로만 우헤노비치(Ким Роман Ухенович)[7]

1955년에 카자흐사회주의공화국 우시토베에서 출생했다.

카자흐스탄 하원의원이며, 고려인협회 제1부회장이자 카자흐스탄 중소기업연합회 회장이다.

1972년 고등학교 졸업 후 살고 있는 지역에 위치한 가내 공장에서 일을 시작했으며, 그 다음 해인 1973년에 수의학대에 입학했다. 졸업 이후 조달부 내 기관의 부장으로, 그리고 1993년에는 관리부 부국장에 임명되었으며, 이후 마케팅 관리국장이 되었다. 이어 1995년부터는 규

---

7) 출처: "카자흐스탄 고려인들: 그들은 누구인가?", 알마티, 2005; "카자흐스탄의 고려인들" 백과사전. 알마티, 1992.

모가 큰 주식회사의 제1부사장을 지냈고, 1999년 3월부터 2002년까지 카라탈 지구(군) 군수를 역임했다. 김 로만은 2002년부터 카자흐스탄 고려인협회의 제1부회장과 카라탈 지구의 군수로 활동하며 적극적으로 사회 및 정치 활동을 펴나갔다. 카자흐스탄이 어려운 시절을 겪고 있었을 때 카라탈 지구의 군수로서 지역 발전에 큰 기여를 했으며, 군수 직을 수행하는 동안 산업과 농업 기관들이 안정된 상황에서 일을 추진해 나갈 수 있도록 직원들에게 정기적인 급여 지급을 함으로써 직원들의 사기와 능률을 크게 올려놓기도 했다. 또한 고려인 사회의 협회들 간의 체계 및 시스템을 조정하고, 카자흐스탄 고려인협회의 조직 시스템 개선에 큰 기여를 했다.

2001년에 '카자흐스탄 독립10주년 기념 메달'을 수상했다.

◎ 김 림마 이바노브나(Ким Римма Ивановна)[8]

1946년에 우즈벡사회주의공화국(현재 우즈베키스탄) 타시켄트 근교의 폴릿닫젤콜호즈에서 출생했다.

그녀는 타시켄트 발레학교를 졸업한 후 (1964), 아람타에 있는 고려극장에서 활동을 시작했으며(1967), 이후 발레 수석 안무가로 큰 역할을 했다. 그녀는 이후 카자흐사회주의공화국 문화부의 지원으로 러시아음악드라마극장 예술대학교에서 교사-발레안무가 전공으로 유학을 하기도 했다(1982). 김 림마는 그동안의 공로를 인정받아 카자흐사회주의공화국

---

8) 출처: "카자흐스탄 고려인들: 그들은 누구인가?", 알마티, 2005; "카자흐스탄의 고려인들" 백과사전. 알마티, 1992.

인민예술가 칭호를 받았다(1982). 그녀는 독립 이후 카자흐스탄에서 처음으로 "비둘기" 춤앙상블을 설립했으며(1989), 예술 감독 및 안무가로 계속 활동하며 북한에서 있었던 '4월의 봄' 축제에서 우승을 하기도 했다(1994). 그녀는 또한 알마티 시대의원을 지냈고(1990), 카자흐스탄공화국의 인민예술가 칭호를 다시 받기도 했다(1995). 고려극장에서 수석 안무가로서 극장 콘서트 프로그램과 연극공연 춤-안무 감독으로 많은 공헌을 했다. 퇴직 이후도 그녀는 "비둘기" 춤앙상블의 지도자로서 젊은 단원들에게 한국 춤을 가르치고 있다(2006).

◎ 김 바실리 아나톨레비치(Ким Василий Анатольевич)[9]

1950년에 카자흐사회주의공화국 알마티주 발하쉬 지구 쿠이간 마을에서 출생했다.

그는 기술과학 교수이며 대박사이고, 카자흐스탄공화국의 국가상 수상자이다.

소년기에 쿠이간 마을에 있는 보즈좌노프 학교를 졸업했고, 1968~1973년에 데미르타우 도시의 고등공업학교의 화학-야금 학부에서 비철야금 전공으로 공부했으며, 졸업 이후 카라간다에 있는 카자흐사회주의공화국 학술원 산하 화학-야금연구소로 배치되어 근무했었다. 2002년부터 연구소에서 부소장을 지냈다.

김 바실리는 용광로 작업과정 이론 분야와 고온실험 장비 분야에서 인정받는 학자이다. 복잡한 다성분 금속시스템과 금속 슬래그 시스템의 평형 연구, 금속 슬래그의 물리 화학적 특성의 복합체에 대한 체계화된 데이터를 얻는데 성공했으며, 또한 용광로에서 실리콘과 유황의

---

9) 출처: "카자흐스탄 고려인들: 그들은 누구인가?", 알마티, 2005; "카자흐스탄의 고려인들" 백과사전. 알마티, 1992.

변화 메커니즘에 대한 심층적인 지식을 얻어냈다. 공로를 인정받아 김 바실리는 다른 야금 학자들과 함께 국가상을 수상했다. 그의 연구들은 주식회사 "ICPATKARMED"에서 성공적인 테스트를 거쳐 증명되었다. 그의 개발된 연구방법론은 야금 전공 대학생들의 학습자료로, 그리고 과학실험실 연구사례로 이용되고 있다. 이외에도 김 바실리는 동료들과 더불어 금속 연료 및 환원제 생산기술을 개발했다. 기술은 성공적으로 산업테스트를 통과했고, 연구 자료를 바탕으로 보일러 설비의 재구성이 완료되고 특수 코크스의 생산을 위한 합작회사가 설립되었다.

110편 이상의 연구논문 및 자료와 2권의 연구단행본, 10건의 저작권 및 특허가 등록되었다.

◎ 김 블라디미르 알렉산드로비치 (Ким Владимир Александрович)[10]

1922년에 러시아 연해주 나호드카에서 출생했다.

1957년부터 소련공산당 회원이었으며, 법학 대박사(1963)이자 교수(1967년)이며, 카자흐사회주의공화국 내무부의 공훈근로자 칭호를 받았다.

김 블라디미르는 1946년에 전소련법과대학 알마티 분교를 졸업하고, 알마티법학교에서 강의를 시작했다. 1952년에는 카자흐사회주의공화국 학술원 산하 국가 및 법연구소 대학원을 졸업했고, 그해부터 선임연구위원, 1957년부터는 해당 연구소의 정치학과 학과장을 역임했다. 계속해서 김 블라디미르는 1970년부터 카자흐사회주의공화국 내무부의 카라간다 고급학교(경찰학교) 부교장, 1976~1981년에 카라간다 종합기술대학교의 과학공산주의학과 학과장, 1982년부터 키로프

---

10) 출처: "카자흐스탄 고려인들: 그들은 누구인가?", 알마티, 2005; "카자흐스탄의 고려인들" 백과사전. 알마티, 1992.

카자흐국립대학교(현재 알파라비 카자흐국립대학교)의 소련국가법학
과 학과장을 지냈으며, 소련 인민대의원소비에트 발전 문제와 사회주
의적 민주주의 향상, 카자흐사회주의공화국 헌법의 이론적 기초발전에
관한 문제를 다루었다.

공로를 인정받아 김 블라디미르는 '처녀지 개발', '레닌 탄생 100주
년 기념, 용감한 노력' 메달이 수여되었다. 연구물로는, '북한의 국가구
조'(모스크바, 1955), '민족들의 사회주의로의 이동 형식과 방법'(알마
티, 1950, 공저), '소련의 학문을 위한 제도적 장치-카자흐사회주의공화
국의 국가 및 법 역사'(알마티, 1960) 등이 있다.

◎ 김승화(Ким Сын Хва)[11]

1915년 2월 4일에 러시아 연해주 네쥐
노-나제쥐딘스키 마을에서 출생했다.

김승화는 역사학 대박사이며(1971), 소
련 시기 고려인 관련 첫 연구 논문의 저자이
기도 하다.

1945~1956년 시기에 그는 북한에서 당
및 국가사업 활동을 한 바가 있으며, 알마티
에 돌아온 이후에는 소련공산당의 중앙위원
회 부속 사회과학아카데미에서 공부했으며, 1960년에 카자흐사회주의
공화국 학술원 산하 역사-고고학 및 민족학연구소의 대학원을 졸업하며
'19세기 말-20세기 초 러시아 극동 지방의 고려인 농민들'이라는 주제
의 논문을 발표했다. 이후 김승화는 해당 연구소의 수석연구원이 되었고,

---

11) 출처: "카자흐스탄 고려인들: 그들은 누구인가?", 알마티, 2005; "카자흐스탄의
고려인들" 백과사전. 알마티, 1992.

소련 시기 고려인 연구에서 많은 업적을 쌓았다. 카자흐스탄에서 10월 혁명의 역사나 소련권력의 형성 등과 문제에도 연구를 했다.

북한에서 3개의 훈장과 메달을 수여받았고, 소련 '명예 배지' 훈장과 '레닌 탄생 100주년 기념, 용감한 노동' 메달 등이 수여되었다. 그의 묘지는 알마티 시립공동묘지에 위치하고 있다.

◎ 김 알렉산드르 세르게예비치(Ким Александр Сергеевич)[12]

1951년 카자흐사회주의공화국 알마티주 쿠이간 마을에서 출생했다.

기술학 대박사이며 카자흐스탄 국가상 수상자이다.

1974년 카라간다 금속콤비나트 산하 공업학교를 졸업하고(1974), 아비쉐브 화학 및 금속 연구소의 선임연구원으로 근무를 시작했다. 2003년 슬래그 안정화 도입 기술을 만들어 국가상 수상자가 되었고, 2009년 악수 합금철공장에서 망간과 크롬 광석 응집기술을 도입했다. 소콜로브-사르바이 광업 및 가공생산협회에서 철광석 펠렛의 품질을 향상하는데 큰 기여를 했다. 또한 김 알렉산드르는 카자흐스탄 광물 자원 펠렛, 강철, 구리, 납 생산의 고급 기술과정을 창조하기 위해서 물리화학적 상호작용 법칙 연구로 많은 기여를 했다.

2개 연구 단행본과 170편 연구결과물 및 12편의 저작권 및 특허를 보유하고 있다.

---

12) 출처: "카자흐스탄 고려인들: 그들은 누구인가?", 알마티, 2005; "카자흐스탄의 고려인들" 백과사전. 알마티, 1992.

◎ 김영광 인수고비치(Ким Енгван Инсугович)[13]

1911년에 러시아 연해주 하산지구 시디미 마을에서 출생했다.

물리학-수학 대박사(1959년)이자 교수(1960년)이고, 카자흐사회주의공화국 학술원 통신 회원이며(1962년), 공훈학자이다(1981년).

김영광은 일찍이 1932년에 니콜스크-우수리스크 사범기술학교를 졸업했으며, 1937년에 모스크바 국립대학교를 졸업했다. 강제이주 이후 그는 1937~1945년 시기에 크즐오르다 사범대학교에서 강사, 전임강사, 학과장과 학장 및 부총장을 역임했다. 1945~1951년 시기에는 키로프 카자흐국립대학교에서 학과장, 1951~1953년 로스토프 국립사범대학교에서는 학과장, 학장 및 조교수로 활동했다. 1955~1956년 시기 김영광은 소련 학술원 산하 수학연구소에서 박사과정을 마쳤고, 1956~1964년에는 하리코프 기술대학교의 학과장을, 1957~1964년에는 하리코프 사범대학교의 교수로 근무했다. 계속해서 김영광은 1964~1987년에는 카자흐사회주의공화국 학술원 수학 및 기계학연구소 실험 실장과 키로프 카자흐국립대학교 학과장을 역임했고, 1988년부터 다시 카자흐사회주의공화국 학술원 산하 수학 및 기계학연구소 실험실 책임연구원을 지냈다.

기본 연구물은 '전기 접촉에서 열전도 공정의 수학적 모델'(알마티, 1997, 공저) 등 다수가 있다.

---

13) 출처: "카자흐스탄 고려인들: 그들은 누구인가?", 알마티, 2005; "카자흐스탄의 고려인들" 백과사전. 알마티, 1992.

◎ 김 조야 빅토로브나(Ким Зоя Викторовна)[14]

1951년에 카자흐사회주의공화국 탈듸쿠르간주 우시토베에서 출생했다.

그녀는 카자흐스탄공화국의 인민예술가로서, 아버지(김 빅토르)는 작곡가이고 어머니(박 예카테리나)는 고려극장의 배우와 가수로서 활동했었다.

어려서부터 재능이 있었던 김 조야는 다양한 보컬경연대회와 축제들에서 수상했는데, 상트 페테르부르크에서 대학 공부를 하는 동안 2번(1971, 1975)이나 '봄의 샘물' 청년보컬경연대회 1등을 차지하였으며, 이 중 첫 번째는 '에피르-71' 텔레비전 보컬대회에서 우승한 것이다. 그녀는 마린스키 극장의 솔로이자 러시아사회주의공화국(현재 러시아)의 공훈예술가인 쉬프린에게 교육을 받기도 했다. 1971~76년까지 김 조야는 딕시랜드 다비드 골로쇼긴 및 체부쉐바-이그나테바, 블라디미르 체바 라디오 및 TV 오케스트라, 바드헨 콘서트 오케스트라 등, 상트 페테르부르크에서 잘 알려진 연주단과 같이 활동을 했다. 중앙 TV에서 얼마간 공연 활동 후, 김 조야는 고려극장에 제안을 받았고 현재까지 이어지고 있다. 고려극장 무대 데뷔 시작부터 그녀는 관객들의 큰 인기를 얻었다. 김 조야는 연극공연의 사운드 트랙을 녹음하고 공연 과정에서 동시통역으로 제공한다. 김 조야의 음악이 들어간 공연작품들로는 한진의 '토끼의 모험', 채영의 '소녀 심청의 전설' 등 아주 많다. 한편 1989년에는 북한 평양에서 개최된 국제페스티벌에서 수상하며 참가자들의 높은 평가를 받았으며, 당해 가을에도 "아리랑" 가무단 일원으로 한국의 5개 도시에서 수행된 방문공연에서 많은 관심과 사랑을 받았다.

---

14) 출처: "카자흐스탄 고려인들: 그들은 누구인가?", 알마티, 2005; "카자흐스탄의 고려인들" 백과사전. 알마티, 1992.

1991년에는 성공적으로 미국 공연을 마쳤다. 이후 김 조야는 1993년에 서울 국립극장에서 6개월 동안 연수할 기회를 가졌고, 한국 가수들과 다양한 음악회와 라디오, TV 방송에서 같이 공연하는 등 많은 경험과 더불어 교류의 폭을 넓혀 나갔다. 귀국 후 그녀는 고려극장에서 '삼북' 춤을 새로운 작품으로 올렸는데, 이 춤은 이후에도 고려극장의 유명한 춤 중의 하나로 큰 인기를 얻었다. 1997년에는 '사랑의 곡'이라는 제목으로 독주회와 앨범도 출간되었다. 그리고 2000년에는 송 게오르기와 같이 공동음악회를 진행했고, 2002년에도 예술활동 25주년을 맞이하여 '색다른 노래'라는 제목으로 독주회를 했다.

1996년 카자흐스탄공화국은 그동안의 공로를 인정하여 '공훈예술가' 칭호를 수여했고, 2002년에는 '에렌 에벡'훈장이 수여되었다.

◎ 김 프리드리흐 니콜라예비치(Ким Фридрих Николаевич)[15]

1930년에 러시아 연해주 포크로프 지역 시넬니코보 마을에서 출생했다.

농학 박사이자 조교수(도첸트)이고, 생물학 분야 학술원 회원을 지냈다.

김 프리드리흐는 1953년에 카자흐농업대학(유압엔지니어 전공)을 졸업했으며, 수자원 통합 관리와 하수오염 방지 및 보호, 농촌 정착 물 공급 및 위생, 식염수의 담수화 방법, 바이오 가스와 비료의 생산을 위한 하수처리, 개량 및 관개 분야 전문가로 활동했다. 1961~1963년에 카자흐사회주의공화국 수자원 종합사용 및 보호위원회에서 근무하였으며, 1979~1990년 시기에는 수자원부 산하 수자원연구소를 이끌며

---

15) 출처: "카자흐스탄 고려인들: 그들은 누구인가?", 알마티, 2005; "카자흐스탄의 고려인들" 백과사전. 알마티, 1992.

동시에 카자흐농업대학교 유압 및 물공급학과의 조교수를 지냈다. 연구 단행본 3권을 포함하여 100여 편의 연구자료들을 출판했다.

한편 그는 민족 문화와 풍습, 전통 부활을 위한 고려인운동에도 적극적으로 참여했으며, 알마티 고려민족센터 회원이다. 소련 정부로부터 '붉은기' 훈장, '처녀지 및 유휴토지 개발' 메달을 수여받았으며, 카자흐사회주의공화국 수자원부 '명예일꾼목록'에 등록되었다.

◎ 명 드미트리 월보노비치(Мен Дмитрий Вольбонович)[16]

1943년 3월 6일에 카자흐사회주의공화국의 우시토베에서 출생했다.

정치학 대박사이자 교수이며, 카자흐스탄 한국학 연구 1세대 핵심 연구자 중 한 명이다.

1948~1957년 시기에 명 드미트리는 당국의 지시로 북한으로 파견근무를 떠나는 아버지(명월봉)와 함께 북한에 갔으며, 그곳에서 10년 간 북한을 경험했다. 이후 소련으로 돌아온 명 드미트리는 1960년에 타시켄트에서 중등학교를 졸업하고 1960~1963년 시기 소련군에서 군복무를 했고, 1963~1964년 시기에 잠시 타시켄트 "Tashselmash" 공장에서 프레이즈공으로 근무했다. 1964~1969년 시기에 명 드미트리는 키로프 카자흐국립대학교 철학학부를 졸업했으며, 세미팔라틴스크 고기유제품산업기술대학교에서 4년 동안 강의활동을 했다. 이어 그는 1973~1976년에 모교인 키로프 카자흐국립대학교에서 박사과정을 마쳤고, 잠시 1976~1978년 시기에 카자

---

16) 출처: "카자흐스탄 고려인들: 그들은 누구인가?", 알마티, 2005; "카자흐스탄의 고려인들" 백과사전. 알마티, 1992.

흐사회주의공화국 중등특수교육부의 사회과학교육관리국의 장학사로 활동했다. 이후 1978년에 명 드미트리는 박사 학위를 받았고, 일정 기간 알마티 농업대학교에서 연구와 강의활동을 했다. 명 드미트리는 계속해서 1986~1988년에 키로프 카자흐국립대학교에서 과학공산주의학과의 조교수로, 1988~1991년에는 카자흐스탄 공산당 역사연구소의 국제관계과에서 근무했다. 계속해서 1991~1998년 시기에는 르스쿨로프 카자흐경제아카데미 정치사회학과에서 조교수로, 1998~2012년에는 아바이 카자흐사범대학교 석박사 연구소에서 교수로 재직했다. 2009년에는 '정치 과정 속의 카자흐스탄공화국과 대한민국: 새로운 현실과 상호관계' 주제로 대박사 학위를 받았다(지도 교수: 카자흐스탄 학술원 교수 아브샬타로프 에르.베). 한편 명 드미트리는 1990년 초, 2000년 초에 알마티고려민족센터 부회장을 역임하기도 했다. 그는 2012년부터 현재까지 알바라비 카자흐국립대학교 동방학부 극동학과(한국학과) 교수로 재직 중이다. 나아가 그는 카자흐스탄에서 한반도 통일과 한국 및 카자흐스탄간 국제관계, 카자흐스탄 고려인의 역사 등의 주제로 처음으로 연구를 시작한 1세대 한국학 연구자 중의 한 명이다.

10개의 단행본을 포함하여 카자흐어, 러시아어, 한국어, 영어, 일본어로 출판된 한국학, 철학, 사회학, 국제관계학 분야의 300여 편의 학술업적물들이 있다.

◎ 명월봉(Мен Вор Бон)[17]

1913년 1월 7일에 러시아 극동에서 출생했고 타시켄트에서 사망했다(1991).

---

17) 출처: "카자흐스탄 고려인들: 그들은 누구인가?", 알마티, 2005; "카자흐스탄의 고려인들" 백과사전. 알마티, 1992.

1910년에 명월봉 가족은 한반도에서 러시아 연해주로 이주했고, 이때 형제 중 2명은 사망하고, 명월봉을 포함 3명의 형제들은 부모님과 함께 중앙아시아로 강제이주되었다. 명월봉은 1935년에 블라디보스토크에 있는 고려사범대학 어문학부에 입학했으나 얼마 안있어 크즐오르다로 강제이주되었고 1939년에 대학교를 졸업했다. 이후 우시토베에서 교직생활을 하다가 결혼했다(1940)(아내-김 올가 아파나시예브나, 1919). 우시토베에 있는 도스티줴니예콜호즈 내 학교에서 교사와 교감직을 수행했다. 하지만 북한 정권 건설기인 1948년에 그는 가족과 함께 당국에 의해 북한으로 보내졌다. 그곳에서 명월봉은 김일성종합대학의 교수 직위를 받았으며, 러시아학과 학과장과 학장으로 근무했다. 당시 김일성종합대학에서 같은 처지의 김승화, 박일 표트르 알렉산드로비치, 텐(정) 유리 다닐로비치, 김영수 등도 함께 활동하고 있었다. 1950~1953년 한국전쟁 시기에 명월봉은 당시 1955년까지 존재했던 『소비에트 공보』의 직원으로 근무했는데, 이 신문은 한글로 출간되었고, 소련에 북한의 정치 및 경제적인 정보들을 알려 주는 역할을 했다. 1955~1957년 시기에는 대령 계급으로 조선인민군의 『인민군』 신문의 부편집장으로 활동했고, 이후 조선인민군 군사아카데미 러시아어과 학과장으로 근무했다. 1957년에 명월봉은 소련으로 귀환했고, 학생 자격으로 바로 타시켄트고급당학교로 보내졌다. 1960년에 졸업한 명월봉은 우즈벡사회주의공화국 당역사대학교에서 근무했으며, 이후 『레닌기치』 신문사에서 산업농업분과장으로 재직했다. 이어 1973~19991년 시기에 명월봉은 니자미 타시켄트사범대학교에서 조선어와 문학을 가르쳤으며, 1991년에는 대한민국 교육부 초청으로 한국을 방문하기도 했고, 사망 1년 전인 1990년에 '행복한 에세이'가 한국어로 한국에서 출판되기도 했다.

◎ 문공자(Мун Гон Дя)[18]

1947년 러시아 사할린에서 출생했다.

카자흐스탄공화국의 공훈예술가이다.

문공자는 1975년에 숨가이트 음악학교의 보컬학과를 졸업했다. 그녀는 타시켄트 고려인 앙상블 "가야금"에서 활동을 했고, 이후 알마티에 있는 고려극장에서 활동을 시작했다(1981). 또한 그녀는 아제르바이잔 공화국 음악대회의 우승자이고(1973), 전소련레닌콤소몰대회에서 상을 받기도 했다(1980). 뿐만 아니라 문공자는 1회 국제페스티발 '아시아 다우스' 결승진출권자이고, 한국에서 개최된 예술축제경연에 여러 차례 참가를 한 경력을 갖고 있다.

카자흐스탄과 대한민국의 문화 및 예술 관계발전에 기여한 공로를 인정받아 한국정부로부터 '대한민국 국민장' 훈장을 받았다.

◎ 문 그리고리 알렉세예비치(Мун Григорий Алексеевич)[19]

1954년에 카자흐사회주의공화국 알마티에서 출생했다.

과학기술학회 "과학"의 회장이고(2014) 화학공학 대박사이며 교수이다.

1977년에 키로프 카자흐국립대학교 화학학부를 졸업하고, 이후 모스크바국립대학교 박사과정을 마쳤다. 이어 문 그리고리는 키로프 카자흐국립대학교에서 연구원, 수석연구원, 수석강사를 거쳐 조교수로

---

18) 출처: "카자흐스탄 고려인들: 그들은 누구인가?", 알마티, 2005; "카자흐스탄의 고려인들" 백과사전. 알마티, 1992.
19) 출처: "카자흐스탄 고려인들: 그들은 누구인가?", 알마티, 2005; "카자흐스탄의 고려인들" 백과사전. 알마티, 1992.

근무했다(1988). 그는 현재 해당 대학에서
학과장으로 재직 중이며, 박사학위 심사위
원회 위원으로, 카자흐스탄 국립공학아카데
미 회원으로 활동 중이다(2009). 뿐만 아니
라 카자흐스탄 정부 산하 고등과학기술위원
회 위원이며, 그동안 고분자 화학, 물리학,
화학 공학, 고분자 재료과학 및 나노 기술
분야에서 많은 연구물들을 생산해 내었다.
그동안 14명의 박사와 5명의 대박사를 배출해 내었다.

여러 편의 저작권과 특허를 보유하고 있으며, 이를 포함 총 450편의
연구물(단행본, 논문 등)을 생산해 왔다. 그는 카자흐스탄에서 가장 높
은 논문 인용률을 보유한 학자이기도 하다.

◎ 박 넬리 세르게예브나(Пак Нелли Сергеевна)[20)]

1942년에 카자흐사회주의공화국 우시토베에서 출생했다.

철학 대박사이며 아블라이한 카자흐국제관계 및 세계언어대학교 한
국학과 학과장이다.

박 넬리는 1964년에 알마티 외국어대학교 독일어 학부를 졸업했고,
1964~1972년 시기에 쉼켄트 문화대학교 전임교원으로 활동했다. 한편
1972년에 대학원을 졸업한 후에는 알마티에너지대학교 외국어학과 조
교수를 역임했고, 1998년부터 아블라이한 카자흐국제관계 및 세계언
어대학교에서 동양학과를 이끌며 한국어 및 한국어 이론에 대한 과목
들을 가르치고 있으며, '외국어', '언어학' 분야에 있어 카자흐스탄 국가

---

20) 출처: "카자흐스탄 고려인들: 그들은 누구인가?", 알마티, 2005; "카자흐스탄의
   고려인들" 백과사전. 알마티, 1992.

표준체계 확립에도 힘쓰고 있다. 한편으로 박 널리는 1980년에 '비교 역사 및 유형 언어학' 전공으로 박사 학위를 받은 후 트빌리시 주립대 학에서 인도-유럽 언어학 연구를 계속해 나갔고, 2003년에는 '인도-유 럽 언어의 언어적 접두사의 기원'이라는 주제로 대박사 논문을 발표했 다. 박 널리는 1989년부터 연구 분야를 한국학으로 변경하며 소련시대 고려인들의 언어를 연구하고 있다. 미국 학자인 로스 킹(R.King)과 사 라져 가는 육진 사투리 사전 편성 작업을 하기도 했으며, 1993~1997년에 카 자흐스탄공화국 학술원 산하 동양연구센터 한국학 수석연구원으로 근 무했다. 고대슬라브어, 독일어, 언어의 비교역사 유형 언어학, 고려말 방언 연구 분야에 있어 50여 개의 연구논문을 발표했으며 1993년 SOAS 영국대학교 초청교수로, 1995년에는 베를린 언어학 연구소 초 청 교수로 초대되었다. 베를린대학교, 서울대학교, 서울 한국어 아카데 미의 초청으로 소련 고려인들의 언어에 대한 강의를 한 바 있고, 영국 학술원 외국연구한국재단으로부터 연구지원을 받기도 했다. 현재도 아 블라이한 카자흐국제관계 및 세계언어대학교 한국학과에서 한국학 발 전에 힘쓰고 있다.

◎ 박 다비드 니콜라예비치(Пак Давид Николаевич)[21]

1905년에 연해주 포시에트 지구 파타쉬 마을에서 출생했다.

1964년에 농학 대박사 학위를 받았으며 1970년에 교수가 되었다. 그 는 1983년에 카자흐사회주의공화국 공훈학자 칭호를 받았고, 1951년 국가상 수상자이기도 하다. 1932년에 박 다비드는 사라토프 수의대 졸 업 이후 1936년에 전소목축업연구소 대학원을 졸업했다. 1938~1942년

---

21) 출처: "카자흐스탄 고려인들: 그들은 누구인가?", 알마티, 2005; "카자흐스탄의 고려인들" 백과사전. 알마티, 1992.

에는 카자흐목축업연구소 목축업과 과장, 1947~1948년 전소레닌농업아카데미 산하 카자흐사회주의공화국 목축업 분야 과장, 1954~1977년 카자흐사회주의공화국 목축업연구소 가축사육학과 과장을 역임했다. 1978년부터 카자흐사회주의공화국 목축업연구소 연구소의 고문이자 교수직을 맡고 있으며 가축 사육 분야로 기본연구를 진행해 왔다. 박 다비드는 알라타우 소품종 개량 및 변형의 과학적 기반을 세웠고 형질 발달과 성격에 따른 소품종 및 혈통의 호환성 기본연구 법칙을 구축했다.

그는 이러한 과학적 업적을 인정받아 '명예 배지' 훈장과 메달을 수여 받았으며. 그의 대표 연구로는 '소의 번식 형성 진화'(알마티, 1962), '알라타우 품종 대량 목축'(알마티, 1978)이 있다.

◎ 박 알라 자수노브나(Пак Алла Дясуновна)[22]

1945년 카자흐사회주의공화국 우시토베 출신이다.

경제-통계전문가이며, 알마티 통계관리국장을 지냈다.

박 알라는 1968년에 엔지니어-경제 전공으로 알마티 국민경제대학교를 졸업했으며, 이후 국가 통계기관에서 말단에서 시작하여 고위직에 오른 인물이다. 그녀는 경제 및 통계, 인구통계학 분야에서 카자흐스탄 내 최고의 전문가이다. 1968~1985년 시기에 국가전산센터에서 근무했으며, 1986년부터는 오랫동안 지역 통계관리국들 중 가장 중요한 알마티 통계관리국을 이끌었다. 오랜 근무 기간 동안 박 알라는 소련 정부와 카자흐사회주의공화국, 그리고 알마티 시청으로부터 국가통계위원회 표창장과 훈장 및 메달을 수차례 받았으며, 1986~1992년 시기에는 민족 의원들의 협의회의 시 및 지역 대의원으로도 활동했다.

---

22) 출처: "카자흐스탄 고려인들: 그들은 누구인가?", 알마티, 2005; "카자흐스탄의 고려인들" 백과사전. 알마티, 1992.

그녀가 받은 훈장과 메달로는 '소련 통계 우수자' 배지(1988), '명예 배지' 훈장(1990), '에렌 엔베기 우신' 메달(1999), '카자흐스탄공화국 10주년' 메달(2002) 등이 있다.

한편 박 알라는 1990년 3월에는 카자흐스탄 고려인 1차 대회에서 카자흐스탄 고려인협회의 감사위원회 의장으로 선출되었고, 5월에는 전소고려인대회(모스크바)에 참가하여 전소고려인연합회 감사위원회 위원으로도 선출되는 등, 고려인 사회에서도 적극적으로 활동했다. 출판물로 '카자흐스탄 고려인의 인구 통계-부록'(1992) 등이 있다(단행본 '카자흐스탄의 소련 고려인들'(1992) 내에 부록으로 수록).

◎ 박 이반 티모페예비치(Пак Иван Тимофеевич)[23]

1930년에 연해주 부덴노브스키 지구 티완고우 마을에서 출생했다.

기술학 대박사이며 교수이다. 카자흐사회주의공화국 과학기술 공훈 학자이자 러시아 학술원 외국인 회원, 국제정보 학술원 회원, 국제자연 사회 학술원 회원이다.

박 이반은 1954년에 키로프 카자흐국립대학교 물리수학과를 우등 생으로 졸업하였고, 1952~1954년에는 알마티 23번 학교에서 물리학을 가르쳤다. 그는 또 1954~1965년에는 카자흐사회주의공화국 학술원 주니어 연구원, 기계 및 전산수학 학술서기로 근무했고, 1990~1993년에는 카자흐사회주의공화국 학술원 부국장, 1965부터 오랫동안 카자흐 사회주의공화국 학술원 수학 및 역학 연구소(현재 카자흐사회주의공화국 학술원 수학 연구소) 주니어 연구원, 연구 소장, 연구소 부국장을 역임했다. 뿐만 아니라 그는 1984~1991년에는 카자흐 산업기술대학교,

---

23) 출처: "카자흐스탄 고려인들: 그들은 누구인가?", 알마티, 2005; "카자흐스탄의 고려인들" 백과사전. 알마티, 1992.

IBM 학과 학과장으로도 근무했다.

그의 중요 연구 분야는 생산성 제고와 계산기기의 정확성 보장을 위한 새로운 기술 솔루션 개발을 목적으로 하는 비전통적 형태의 컴퓨터 프로그래밍 개발이다. 그는 복소수의 컴퓨터 산술을 제시하고 실체화한 최초의 사람이며 140여 개의 학술논문을 발표했다. 그중 6개의 대표 논문(공저)은 다음과 같다: '복소수 기계 산술의 기초'(알마티, 1970), '정보 프로세스에서의 규칙적인 메시지 흐름 배포'(알마티, 1980), '복잡한 평면에서의 병렬 컴퓨터'(알마티, 1984), '디지털 정보 컨베이어 처리의 모듈 구조'(민스크, 1992), 'Theoretical Bases of computingarithmetic'(서울, 2000), '산업 수학'(1997)'. 박 이반의 독창적인 연구는 잉글랜드, 미국, 일본, 프랑스, 독일, 이탈리아, 스위스 등에서 17개 저작권 및 20개 해외 특허를 받았다.

1995년에 그는 카자흐사회주의공화국 과학기술 공훈학자 칭호를 받고 러시아 학술원 외국인 회원으로 선임되면서 박 이반의 성공적인 과학 연구들이 인정되었다. 그의 업적은 컴퓨터 기술의 과학-조직화에 큰 기여를 하였다. 그는 새로운 정보 기술을 기초로 하여 학술원 전산화 문제를 지도하였으며, 1992~1998년 시기에 박사논문 심사위원회 회원 및 부의장, 고려인 과학기술학회 "과학" 회장, 1995~1999년에는 카자흐스탄 고려인협회 부회장을 동시에 역임했다. 박 이반 교수는 그간의 과학 연구 활동을 인정받아 국가상을 받았다.

박 이반은 제2차 세계대전 시기에 노동전선에 적극적으로 참전했고, 그 공로로 '1941~1945 대조국전쟁 용감한 노동상'을 수상했으며, 대한민국 정부로부터 '동백장'을 수상하기도 했다.

◎ 박일; 박 표트르 알렉산드로비치
(Пак Ир (Петр Александрович))[24]

1911년에 포시에트 지구 얀치혜 마을에서 출생했고 2001년에 생을 마감했다.

철학 박사이자 조교수(도첸트)이다.

사범전문학교를 졸업한 이후 학교 선생으로 근무하였으며, 인-코레이스코에 마을 학교의 교무부장을 지냈다. 1940년에는 레닌그라드 사범대학교를 졸업했고, 이후 오쉬 사범대학교에서 마르크스-레닌주의 교사, 우즈센시 중등학교 교장, 프룬제시 중등학교 교장, 그리고 1944년에는 키로프 카자흐국립대학교 철학과 강사를 지냈다. 한편 박일은 1946년~1948년 기간에는 북한 평양 대학 총장 대리, 주 북한 소련군 본부 산하 야간대학 마르크스-레닌주의 강사, 1948~1960년, 1968~1987년에는 카자흐국립대학교 철학과 부교수, 1961~1968년에는 구르마니가스 알마티 국립음악대학교 학과장, 1987년에 조선문학 카자흐사회주의공화국 작가연합 위원회 명예 회장 등을 역임하며 카자흐스탄 한국학 설립과 발전에 일생을 헌신하였다.

역사와 철학이라는 주제로 50개 이상의 저서를 발간하였으며 그중 1998년 출판된 '세계 문학 속의 한국문학—지난 오천년 간의 문학 평론'은 대표 연구 저서 중 하나이다. 박일은 러시아어와 한국어, 그리고 한자에 능통하였으며, 시를 썼고 문학과 역사의 주요 기본 자료들을 잘 알고 있었다. 이러한 박일의 깊이 있는 지식 덕에 그의 강의는 늘 청중들의 마음에 공명을 일으켰다. 그의 가르침 아래 많은 한국학, 철학, 역사학자들이 배출되었으며 제자들을 위해서라면 지원을 아끼지 않았으며

---

24) 출처: "카자흐스탄 고려인들: 그들은 누구인가?", 알마티, 2005; "카자흐스탄의 고려인들" 백과사전. 알마티, 1992.

항상 바른 길을 인도하려 노력했다. 그가 보여준 관대함과 인류애는 그의 진정한 인간성과 가치관을 보여주고 있다.

◎ 배 유리 블라디미로비치(Пя Юрий Владимирович)[25]

1957년에 카자흐사회주의공화국 잠불에서 출생했다.

카자흐사회주의공화국 노동영웅이며 '국립과학심장수술 센터'의 이사회 의장이다. 제2회 모스크바 N.I.Pirogova 국립의학대학교 졸업생, 심장외과 국제의사, 카자흐스탄 보건부 프리랜서 수석 심장외과의사이자 의학 대박사이다.

배 유리는 1981년 툴라 시립병원에서 인턴을 했으며 1982~1984년에는 프룬제 소아과 3번병원, 1985~1994년 키르기스스탄공화국 보건부 산하 국립심장센터에서 의사로 근무했다. 이어 그는 1984~1985년 시기에는 키르기스스탄공화국 보건부 산하 국립심장외과센터에서 임상 레지던트를 졸업했고, "사니 코누코글루" 터키 의료센터에 의사로 근무했으며, 심장 수술 분야 발전을 위해 카자흐스탄으로 초청되었다. 2003년에 그는 바쿨레프 모스크바 심장혈관외과의학센터에서 의료 과학분야 박사 학위를 받았으며, 2010년에는 러시아 의학 대박사 학위를 받았다. 배 유리는 카우나스 메디컬 센터에서 최신 의료 기술을 연마했으며, 모스크바 바쿨레브 센터, 아스타나 카자흐 의학아카데미, 이스라엘 스나이터 어린이 의료센터, 프라하 임상 및 실험의학연구소에서도

---

25) 출처: "카자흐스탄 고려인들: 그들은 누구인가?", 알마티, 2005; "카자흐스탄의 고려인들" 백과사전. 알마티, 1992.

연수를 했다. 이외에도 그는 빌리뉴스에서 심장 이식훈련, 독일 프라이부르크대학 외과훈련 프로그램, 벨기에 밸브 복구훈련, 미국 심부전의 치료 교육, 아스타나에서 열린 다양한 워크샵 등의 연수과정과 공중위생 전문의 과정도 이수하였다. 2010년부터 배 유리는 나자르바예프 대학 국립과학심장수술센터 이사회 의장직을 역임하고 있다.

그동안의 많은 공적을 인정받아 그는 2006년에 '카자흐스탄공화국 우수 보건상', 2011년 '보건 분야 기여상', 2012년 카자흐스탄공화국 '파라사트' 훈장을 수여받았다. 또한 2012년에는 '올해의 애국자' 상을 받았으며 2012년에는 '올해의 사람-알틴 아담' 국가상을 받았고, 2015년에는 카자흐스탄공화국 '노동영웅'상을 받았다.

◎ 송 라브렌티 자주노비치(Сон Лаврентий Дядюнович)[26]

1941년에 카자흐사회주의공화국 탈듸쿠르간 카라탈 지구에서 출생했다. 극작가이자 작가, 공훈예술가이다.

그의 장편 영화 시나리오로는 '평소와 다른 날', '가족 앨범', '선택', '소금', '고백'(타라지 아.와 공동작)', '세릭쿨의 날과 시간', '추가 질문', '달 분화구의 가장자리', '나스챠에 대한 열정과 서울로 가는 길'이 대표적이며 '오르막과 내리막을', '소금', '고백', '계부', '아담을 인정해라!' 등의 장편 영화의 연출 감독자이다. '봄 바람', '메모리', '생일'(황 유.와 공동작), '분노의 죽음', '교통사고'(나름베토프 에스.와 공동작), '사볼리니', '요정의 죄 많은 땅에서의 모험', '마을 바보의 결혼', '아빠' 등의 각본을 썼으며 '비행기는 어디로 날아가요?', '삼각형의 지역', '돈 바실리오', '음악수업', '백학의 비행', '레오-멘쉐스킨드' 등의 저자이기도 하다.

---

26) 출처: "카자흐스탄 고려인들: 그들은 누구인가?", 알마티, 2005; "카자흐스탄의 고려인들" 백과사전. 알마티, 1992.

1989년 "너와 나"라는 작가, 학자, 영화 제작자로 구성된 협회를 설립했다. 이 협회는 소련의 소수민족의 역사, 문화에 대한 다큐멘터리 영화를 만드는 일을 했고, 그는 여기서 아트 디렉터이자 프로듀서, 작가, 감독과 편집자로 일했다. 1991년에 "너와 나" 협회는 "SONG CINEMA"로 개편되었다. "SONG CINEMA"의 약 30여 개의 다큐멘터리 영화들이 베를린, 베른, 파리, 리마, 헬싱키, 서울 등의 국제다큐멘터리 영화제에서 상을 수상했다. 그의 대표 작품 중 하나인 다큐멘터리 '체험'은 1990년 서울국제TV영화제에서 3위를 수상했으며, '교장'이라는 다큐멘터리 영화는 2002년 제4회 프랑스 빌 쉬르 욘 국제영화제에서 1위의 영광을 차지하기도 했다.

◎ 신 베라 바실레브나(Шин Вера Васильевна)[27]

1929년에 연해주 쉬코토프 지구 쉬코토프 마을에서 출생했다.

카자흐사회주의공화국 농업 공훈근로자이며 알마티 지역 명예시민이다.

알마티 카라탈 지구에서 쌀과 사탕무 재배작업 지도로 노동 생활을 시작했다. 뛰어난 작업성과로 그녀는 곧 양파 재배 부서 관리작업을 맡았다. 신 베라는 수년 동안 독립적으로 기술을 연구하고 재배 경험을 쌓았고, 60년 동안 자신의 일에 헌신했다. 카자흐사회주의공화국 최고위원회 의원으로 2차례 선출되어 활동했고, '레닌', '노동의 붉은 깃발', '명예의 배지' 훈장을 수여받았으며 모스크바에서 열린 소련국가경제성과박람회에 10여 차례 참석하여 수차례 메달을 받기도 했다. 70세 생일을 맞이한 1999년에 '알마티주 명예 시민' 과 '카자흐사회주의공화국 농업 공훈근로자' 칭호를 수여 받았다.

---

27) 출처: "카자흐스탄 고려인들: 그들은 누구인가?", 알마티, 2005; "카자흐스탄의 고려인들" 백과사전. 알마티, 1992.

퇴직 후에는 아마추어 노래, 춤, 연극 등의 활동에 적극 참여하며 여생을 보냈다. 전국에서 그녀의 훌륭한 양파 재배 경험을 배우기 위해 사람들이 끊임없이 그녀를 방문하기도 했다.

◎ 신 브로니슬라프 세르게예비치
(Шин Бронислав Сергеевич)[28]

1946년에 카자흐사회주의공화국 아트라우 지방의 츠칼로브 마을에서 출생했다.

"Almatyinzhstroy" 회사 회장이고, 알마티 마슬리하트 의원(시의원), 알마티고려민족센터 회장이다.

신 브로니슬라프는 1963~1965년에 모스크바 출판대학교에서 공부했고, 1971~1976년 알마티 농업대학교에서 공부했다. 알마티에서 일반직 노동자로 경력을 시작하여 아스팔트 작업 전문가가 되었다. 그의 첫 번째 건설 작업은 알마티 박람회장 건물이었으며, 그 이후 32년 동안 건축분야에서 큰 사업을 많이 수행했다. 신 브로니슬라프는 오랫동안 합동회사인 "Glavalmatastroy" 사장을 맡았으며 후에 그의 지도 하에 "Almatyinzhstroy" 주식회사로 변경되었다. "Almatyinzhstroy"는 아스타나 예실 강가, 알마티 라핫 팰리스, 안카라 호텔 등의 주요 지역 난방 시스템, 수도, 관개 시스템, 도로 건설 및 수리를 전문적으로 하며, 직원 수가 1,000명이 넘는 카자흐스탄 대표 대기업 중 하나이고, 현재 카자흐스탄 전역에 20개 지점과 대표사무소

---

28) 출처: "카자흐스탄 고려인들: 그들은 누구인가?", 알마티, 2005; "카자흐스탄의 고려인들" 백과사전. 알마티, 1992.

가 있다. 신 브로니슬라프의 지칠 줄 모르는 노력과 리더십은 좋은 평가를 받고 있다. 그 예로 아트라우 지역 시장인 이만갈리 다스마간베토프는 자신의 시장직 퇴임식에서 신 브로니슬라프에게 "아트라우 시장으로 일을 마치면서 감사말을 하고 싶습니다. 아트라우 지역 사회-경제 발전에 회장님께서 큰 역할과 기여를 하셨습니다. 늘 건강하시고 영원한 번영과 성공을 기원합니다"라며 감사와 칭찬을 아끼지 않았다.

신 브로니슬라프는 사회발전 기여에 대한 공로로 1998년 '아스타나', 2001년 '카자흐스탄 독립 10주년', 2002년 '숭고한 노동을 위해' 상들을 받았다.

◎ 심 파벨 세메노비치(Шим Павел Семенович)[29]

1925년에 연해주 오케안스키 지역 하인도 마을에서 출생했다.

1954년에 소련공산당에 가입했으며 1975년에 경제학 대박사, 1977년에 교수가 되었다.

그는 1950년에 상업은행재무신용기술학교를 졸업했고, 1954년 모스크바 금융대학교 신용경제학과 졸업, 1957년 동대학원을 졸업하였다. 또한 1942~1945년 기간에는 노동군에 있었으며, 1958년부터 카자흐사회주의공화국 학술원 경제연구소에서 주니어, 선인연구원 및 과장직을 수행했다. 그의 주요 연구 분야는 시장경제에서 상업 생산성 증가와 카자흐스탄 상업 구조 변경이다.

'레닌 탄생 100주년 기념, 용감한 노동' 메달을 받았으며 카자흐사회주의공화국 최고위원회의 명예 감사장을 수여받았다. 그의 주요 연구물로는 '상업 생산 집중 문제'(알마티, 1972), '카자흐스탄 상업의 제

---

29) 출처: "카자흐스탄 고려인들: 그들은 누구인가?", 알마티, 2005; "카자흐스탄의 고려인들" 백과사전. 알마티, 1992.

품 자금 비율'(알마티, 1981), '생산 강화 조건과 노동 생산력 방법론'(소련 학술원 회보, №10, 1989) 등이 있다.

◎ 양원식(Ян Вон Сик)[30]

1932년에 평안도 안주에서 출생했다.

시인이고 작가, 감독, 소련촬영감독연합회 회원, 소련작가연합회 회원, 카자흐스탄 작가연합회 회원이며, 철학 전공자로 유럽대학교 철학 박사이다.

양원식은 1953년부터 1958년까지 북한 정부의 지시에 따라 모스크바 영화감독 대학교에서 공부했고, 1958년에 졸업 후 소련에 남았다. 1960년에 카자흐사회주의공화국으로 이주했고, 1984년부터 『레닌기치』(현 『고려일보』) 편집실에서 근무했으며 1993년부터 오랫동안 한글편집 파트 책임자로 재직했다.

그는 소설을 포함한 약 50여 개의 다양한 장르의 영화를 만들었으며, '음력 교시'(1998), '산의 꽃'(2003), '골든 타임'(2005), '7월의 비'(2005) 등의 책을 집필했다. 그의 영화와 문학 활동은 국내뿐만 아니라 외국에서도 높은 평가와 관객과 독자들의 인정을 받았다. 그의 많은 작품들은 공화국, 국가, 국제 대회 및 행사에서 수상을 받았고, 양원식의 리더십 아래 『고려일보』는 세계 문화의 뛰어난 인물 정지용 국제상을 수상했다. 양원식은 카자흐문학의 대표 아바이, 아우에조프, 무시레보프의 작품 등을 한국어로 번역하였으며, 그 덕분에 한국에서 카자흐스탄 대통령의 '21세기의 문턱에서'(서울, 1997)라는 책을 발간할 수 있었다.

1999년 양원식과 최영근이 공동 번역한 한국 장편 드라마 '첫 사랑'

---

30) 출처: "카자흐스탄 고려인들: 그들은 누구인가?", 알마티, 2005; "카자흐스탄의 고려인들" 백과사전. 알마티, 1992.

이 카자흐스탄 텔레비전에 상영되었고, 양원식은 카자흐스탄 민족의회와 카자흐스탄 고려인협회, 민주평통 회원으로서도 많은 활동을 했다.

◎ 유 발렌티나 콘스탄티노브나
(Ю Валентина Константиновна)[31]

1955년에 우즈벡사회주의공화국 사마르칸드 지역에서 출생했다.

화학 대박사이자 교수이다. 카자흐스탄공화국 과학, 기술 및 교육 분야 국가상 수상자이다. 또한 카자흐스탄공화국 교육 및 과학부 벡두로프 화학연구소의 선임연구원을 지냈고, 과학기술학회인 "과학"의 학술사무총장이다.

전문 유기 화학, 생리 활성 물질의 화학 전공으로 나보이 사마르칸트 주립대학교 화학학부를 졸업하였으며, 1977~1979년에는 우즈벡사회주의공화국 가르시에 있는 학교에서 화학 선생님으로 근무했다. 이후 그는 1979년부터 카자흐사회주의공화국 벡두로브 교육 및 과학부 화학연구소의 실험실 수석조교, 주니어, 시니어, 선임연구원을 역임했다. 카자흐스탄 및 러시아에서 필수 의약품인 '브로디솔' 진통제를 개발한 사람 중의 한 명이고, 국소 마취제 및 항부정맥제와 관련된 임상 실험에 사용 되는 '카즈가인'을 개발한 사람 중 하나이다.

유 발렌티나는 미국(오클라호마 주립대학, 뉴욕 주립대학)과 유럽(벨기에, 영국), 러시아, 벨라루스에 있는 연구소들의 학자들과 국제적 협력 하에 연구를 수행해 왔다. CRDF, INTAS와 같은 국제과학재단들로부터 연구지원을 받기도 했으며, 90여 개의 과학저널과 미국, 벨기에, 이탈리아, 멕시코, 러시아, 카자흐스탄 등지에서 발표한 100여 개 이상

---

31) 출처: "카자흐스탄 고려인들: 그들은 누구인가?", 알마티, 2005; "카자흐스탄의 고려인들" 백과사전. 알마티, 1992.

의 발표자료들을 포함하여 총 300여 편의 연구실적물들을 갖고 있다.

◎ 니 레오니드 파블로비치(Ни Леонид Павлович)[32]

1923년에 러시아 블라디보스토크에서 출생했다.

니 레오니드는 1954년부터 소련공산당 당원이며, 기술학 대박사(1968년)이고 교수(1969년)이다. 또한 그는 카자흐사회주의공화국 학술원 회원(1975년)으로 활동했으며, 소련 국가상 수상자이자(1980년), 카자흐사회주의공화국 공훈학자(1971년)이다.

니 레오니드는 1946년에 카자흐광업금속대학교를 졸업하고 그해부터 카자흐사회주의공화국 학술원 산하 야금농축연구소 주니어, 선임연구원을 지냈다. 이후 1962년부터는 실험실장을 지냈으며, 1970~1981년에는 부소장을 역임했다. 알루미늄 원료 가공이나 인조 산화알루미늄 생산의 기본 과정의 현대화 및 집약화에 관한 연구들이 그에 의해 수행되었다. 또한 보크사이트의 새로운 가공 방법 개발과 상업화에 대한 공로를 인정받아 니 레오니드는 알루미늄 상업 전문가들과 함께 소련 국가상을 수상했다. 11건의 연구 단행본과 100여 건의 저작권 및 특허(프랑스, 캐나다)를 포함하여 500편 이상의 연구물이 출간되었다. 니 레오니드의 기초 및 응용 연구는 국내뿐만 아니라 외국에서도 유명하다. 미국, 독일, 헝가리, 체코슬로바키아, 폴란드 등의 국제학술대회에서도 연구가 발표되었고, 40명의 박사와 3명의 대박사를 배출했다.

공로를 인정받아 니 레오니드는 '10월 혁명' 훈장과 메달을 수여받았다. 주요 연구물로, '낮은 품질의 알루미늄 원재료 가공 종합 방법'(알마티, 1988), '고철 보크사이트 가공'(모스크바, 1979, 공저) 등이 있다.

---

32) 출처: "카자흐스탄 고려인들: 그들은 누구인가?", 알마티, 2005; "카자흐스탄의 고려인들" 백과사전. 알마티, 1992.

◎ 리 류드밀라 연이로브나(다브이도바)
(Ли Людмила Ен-Ировна (Давыдова))[33]

1933년에 러시아 블라디보스토크에서 출생했다.

리 류드밀라는 임시정부 초대 총리를 지낸 이동휘의 손녀이고, 조상들은 한반도 남쪽 대구에서 살았었다. 그녀는 알마티독립유공자협회 회원이며, 족보 5권이 현재 서울에 있는 이동휘의 박물관-사무실에 있고, 6권은 리 류드밀라에게 보관되어 있다.

알마티사범대학교 물리수학과, 알마티 국립경제대학교 회계-기계학과(경제학 전공)를 졸업한 후 35년 동안 강단에서 활동했다. 리 류드밀라는 일반학교에서 수학 선생으로 근무하기도 했고, 카자흐사회주의공화국 국가통계위원회 교육기관에서도 근무했다. 1990년부터 "모국" 베테랑합창단에서 활동하며 알마티 한국교육원에서 한국어를 배우기 시작했고, 알마티독립유공자협회 회원으로 항일독립투사들의 공적인증에 힘써 왔다. 대한민국 정부 초청으로 이동휘 관련 단행본 발표와 상해 임시정부 80주년 기념행사에 다녀오기도 했다. 국내외 다양한 행사들을 통해 이동휘 선생에 관한 귀중한 자료를 수집할 수 있었으며, 이를 바탕으로 이동휘의 탄생 130주년을 맞이하며 '이동휘에 대한 이야기'를 러시아어로 출판했다.

◎ 니 류보피 아브구스토브나(Ни Любовь Августовна)[34]

1952년에 카자흐사회주의공화국 남카자흐스탄 줴트사이시에서 출생했다.

---

33) 출처: "카자흐스탄 고려인들: 그들은 누구인가?", 알마티, 2005; "카자흐스탄의 고려인들" 백과사전. 알마티, 1992.

34) 출처: "카자흐스탄 고려인들: 그들은 누구인가?", 알마티, 2005; "카자흐스탄의 고려인들" 백과사전. 알마티, 1992.

 알마티에 있는 고려극장 극장장이며, 카자흐스탄 고려인협회 상임위원회 위원이다.

1970년 탐보프국립사범대학교 역사-어문학부에 입학했으나 가정 문제 때문에 졸업하지 못했으며, 이후 1980년에 카자흐국립여자사범대학교 교육 및 심리학부에 입학하여 1988년에 교육 및 심리학 전공으로 졸업했다. 1976년부터 바하바르틴스크 벼소프호즈 유치원에서 직원으로 근무를 시작했으며, 1985~1991년에 발하쉬 지구의 잠불 중등학교에서 역사 교사로 근무했다. 이후 니 류보피는 1991~1995년 시기에 «탄-발하스» 주식회사에서 관리자-엔지니어로 근무했으며, 1995~1996년에 고려극장 부극장장으로 임명되었다가 이후 1999년부터 극장장으로 임명되어 현재까지 이어지고 있다. 니 류보피는 극장 수석감독인 리 올레그와 함께 고려극장의 발전에 많은 기여를 했다. 몰리에르의 '타르튜프', 최영근의 '젊은 나이에 죽지마세요' 등의 흥미로운 연극작품과 춤, 무용 작품들이 니 류보피의 총 관리 하에 상연되었다.

◎ 니 발렌틴 학수노비치(Ни Валентин Хаксунович)[35]

1927년에 러시아 연해주 포시에트 지구 포시에트 마을에서 출생했다. 물리 및 수학 박사이고 교수이다.

니 발렌틴은 1952년에 키로프 카자흐국립대학교(수학 전공)를 졸업했고, 1952년부터 오랫동안 모교에서 근무했다. 1952~1959년에 대수

---

35) 출처: "카자흐스탄 고려인들: 그들은 누구인가?", 알마티, 2005; "카자흐스탄의 고려인들" 백과사전. 알마티, 1992.

학과 전임교원으로 근무했고, 1959년부터는 수학 물리학과의 전임강사, 조교수로, 1995년부터 은퇴할 때까지 수학학과 교수로 재직했다. 니 발렌틴의 학술활동은 수학, 물리학, 방정식 문제와 관련이 있다. 그는 1965년에 방정식 문제로 박사 학위를 받았고, 1960~1970년 기간에는 수학, 응용수학, 물리학 전문가들을 준비하는 기계수학 학부 및 야간 물리수학부의 부학장을 지냈다.

니 발렌틴은 평생을 대학 교육 현장에서 교육과 연구에 헌신해 왔으며, 그 과정에서 고등교육과 고급자격을 갖춘 전문가 육성에 큰 공헌을 했다. 그 공로로 니 발렌틴에게 카자흐사회주의공화국 최고위원회로부터 표창장과 '용감한 노력' 메달, '소련 대학우등생' 메달 등이 수여되었다.

◎ 리 블라디슬라프 세디노비치(Ли Владислав Сединович)[36]

1951년에 카자흐사회주의공화국 구리예프에서 출생했다.

알마티시 시의원(6차 대회)을 역임했다.

1974~1975년에 구리예프의 공장에서 근무했으며, 1976~1978년에는 군복무를 했다. 이후 리 블라디슬라프는 1982년에 알마티 국립농업대학교를 졸업했으며, 2005년에는 국제

---

36) 출처: "카자흐스탄 고려인들: 그들은 누구인가?", 알마티, 2005; "카자흐스탄의 고려인들" 백과사전. 알마티, 1992.

비즈니스아카데미를 마쳤다. 또한 그는 1982~1987년에 카자흐사회주의 공화국 국립은행 산하 기관에서 재무 직원과 경영학 석사이자 수석 경제 전문가로 근무했다. 리 블라디슬라프는 또한 1987~1989년에는 소련 "Zhilstroybank" 카자흐사회주의공화국 은행의 경공업 및 식품가공 금융 대출 관리국 부국장과 국장을 지냈고, 1989~1995년에는 "Tsentrbank"의 이사회 제1부의장, 그리고 1995~1997년에는 사회발전대출은행의 이사회 의장을 지냈다. 이어 1997~1998년에는 "Zhilstroybank"의 이사회 부의장을 지냈으며, 1998년에는 "Bank Tsentr Credit" 주식회사의 이사회 의장을 지냈다.

◎ 리 비탈리 가브릴로비치(Ли Виталий Гаврилович)[37]

1915년에 러시아 하바롭스크에서 출생했다.

1951년부터 소련공산당 당원이며, 지질 및 광물학 대박사(1970)이고 교수(1976)이다.

리 비탈리는 1941년에 카자흐광업금속대학교를 졸업했으며, 1941~1952년에 《카즈츠베트메트라베드카》 합동기업의 지질학 전문가와 수석 지질학 전문가로 근무했고, 1952~1957년에는 카자흐지질관리국의 수석엔지니어로, 1957~1958년에는 전소탐사기술방법연구소 실험실장을 지냈다(레닌그라드 소재). 이후 리 비탈리는 1958~1961년 기간에 아가드르 지질탐사팀의 수석 지질전문가와 수석 엔지니어를 지냈고, 1961~1967년에는 카자흐사회주의공화국 학술원 산하 지질학연구소 실험실장을, 1967~1987년에는 부소장, 1987년부터는 수석연구원으로 재직했다. 광물자원의 보고인 '사약' 지역의 최초의 개발자이기도

---

37) 출처: "카자흐스탄 고려인들: 그들은 누구인가?", 알마티, 2005; "카자흐스탄의 고려인들" 백과사전. 알마티, 1992.

하며, 대규모 구리종합철광산 탐사팀을 이끌었다.

그는 공로를 인정받아 카자흐사회주의공화국(1972) 및 소련(1985) 국가상을 받았고, 카자흐사회주의공화국 최고위원회 명예 감사장도 수여받았다. 연구물로, '중앙 카자흐스탄 납-아연 광산의 광석 형성'(알마티, 1973) 등 다수가 있다.

◎ 리 올레그 사프로노비치(Ли Олег Сафронович)[38]

1942년에 우즈벡사회주의공화국에서 출생했다.

알마티에 있는 고려극장의 수석감독이자 배우이다.

처음에 기술학 전공으로 대학을 다녔고, 졸업 후 지질, 석유 및 가스 분야 탐사개발연구소에서 엔지니어로 일을 했다. 그후 리 올레그는 알마티 쿠르만가즈 음악대학교 극장학부에 입학했고, 졸업 이후 1975년부터 고려극장에서 활동을 시작했다. 그곳에서 20여 개의 역할을 소화했고, 동시에 알마티 국립예술대학교 감독학부를 졸업하고 1971년부터는 적극적으로 영화에도 출연하기 시작하였다. 40편 이상의 영화에 출연하였으며, 그중 작품 '트랜스시베리아 익스프레스'가 제일 유명하다. 르브니코프 니콜라이, 드쥐가르한얀 아르멘, 보리소프 올레그, 보가트료프 유리, 두로프 레브, 쿠라블료프 레오니드, 아흐메드좌코바 리야, 사모히나 안나 같은 유명 배우들과 함께 활동했다. 한편 1983년에 리 올레그는 감독 졸업장을 받았다. 그는 고려극장에서 40편 이상의 연극과 공연 프로그램들을 제작했는데, 졸업작품으로 올렸던 연성용 각본 '지옥에서 나온 코카콜라'는 7년 동안 극장에서 연속 상연되기도 했다. 대표작들로, 가르시야 롤가 각본의 '베르나르드 알바의 집', 송라브

---

38) 출처: "카자흐스탄 고려인들: 그들은 누구인가?", 알마티, 2005; "카자흐스탄의 고려인들" 백과사전. 알마티, 1992.

렌티 및 리 스타니슬라프 각본의 고려인들의 강제이주 내용의 '추억', 알렉산드르 겔만의 '벤치', '너의 남편을 사 간다'로 변경되어 상연된 자도르노프 미하일의 '마지막 기회' 등이 있다. 그런데 '너의 남편을 사 간다'로 제목이 변경된 '마지막 기회'는 당초 제작 배우들과 감독들이 그다지 성공적이지 않을 것으로 생각했지만 결과적으로는 성공적이었다. 젊은 세대의 마약 문제를 다루는 최영근 각본의 '젊은 나이에 죽지마세요'는 현실적인 내용으로 주목을 많이 받았고, 버려진 아이들에 대한 작품인 민눌린 투판의 '자장가', 고아원 이야기인 강 겐리에타 각본의 '가을에는 벚꽃이 피지 않는다' 등도 주목할 만 하다. 여기에 '추석', '오월 단오' 등 한민족의 전통명절의 부활을 다루는 내용이 리 올레그의 연극에서 다루어지기도 했다.

◎ 천 모이세이 알렉세예비치(Чжен Моисей Алексеевич)[39]

1931년에 출생했고, 소련공산당 당원으로, 카자흐사회주의공화국 최고위원회 10~12대(1980, 1985, 1990) 위원으로 활동했다.

천 모이세이는 알마티 고급당학교를 졸업했고, 1950년부터 코크체타우주 최고 농업 전문가로 활동했고, 1952~1954년에는 소련군에서 복무했다. 1954년부터는 켈레로브 콤소몰 지역위원회의 첫 서기직을 지냈으며, 1961년부터 코크체타우주 크즐투 지역위원회의 서기, 제2서기직을 지냈다. 그는 이어 1964년부터 치스토폴 지역의 농업생산관리부 소장을, 1965년부터는 카자흐사회주의공화국 공산당 코크체타우주위원회 과장, 1970년부터 코크체타우주 농업관리국 소장, 1985~1990년 코크체타우주의 노동조합 회장을 역임했다. 이외에 그는

---

39) 출처: "카자흐스탄 고려인들: 그들은 누구인가?", 알마티, 2005; "카자흐스탄의 고려인들" 백과사전. 알마티, 1992.

1990년부터 코크체타우주 집행위원회의 제1 부회장과 카자흐사회주의 공화국 대외경제 및 당간 교류 최고위원회 회원직을 지내기도 했다.

◎ 정상진(정 유리 다닐로비치)
(Тен Сан-Дин (Юрий Данилович))[40]

1918년에 러시아 블라디보스토크에서 출생했다.

대한민국 대통령 산하 한반도통일자문위원회 위원장과 카자흐스탄 고려인협회 회장을 지냈다.

1940년에 크즐오르다 사범대학 졸업 후 크즐오르다주 잘라가쉬지역 중등학교 문학 교사로 지냈다. 1945년 3월에 육군에 징집되어 태평양 함대에 배치되어 러시아 섬에서 복무했으며, 우진, 나진, 청진과 같은 북한지역 해안도시 해방을 위한 전투상륙작전에 참가하여 세운 공로를 인정받아 '적기' 훈장을 받았다. 한반도가 일제에서 해방 된 이후 김일성종합대학 노어노문학과 학과장직과 문학 및 예술협회 부회장, 1952~1955년에 북한 문화 선전부 차관을 역임했다. 또한 그는 북한에서 박해 받는 소련고려인동포구제재단 이사장과 도쿄에 위치한 한반도 민주통일 및 구제연합 공동의장, 대한민국 대통령 소속 한반도통일자문위원회 카자흐스탄 위원장, 카자흐스탄 고려인협회 회장을 지냈다. 1955년 8월에는 문화노동자대표단의 수장으로 소련을 방문했고, 당시 대표단에는 모스크바, 레닌그라드, 타시켄트, 알마티와 노보시비르스크에서 공연을 했던 18명의 북한 최고예술가들이 포함되어 있었는데, 그들과 함께 타시켄트와 알마티에서 전통공연을 선보이기도 했다. 알마티에서 머무는 동안 아우에조프 무흐타르(Ауэзов М.)와 무카노프

---

40) 출처: "카자흐스탄 고려인들: 그들은 누구인가?", 알마티, 2005; "카자흐스탄의 고려인들" 백과사전. 알마티, 1992.

사비트(Муканов С.)를 만났고, 당시 알마티 오페라 및 발레 극장에서 열렸던 공연은 브레즈네프 레오니드(Брежнев Л.И.)와 쿠나예프 딜 무하메드(Кунаев Д.А.) 또한 참석할 정도로 큰 공연이었다.

1957년에 북한에서 돌아온 후, 그는 다시 타시켄트 고급당학교에서 교육을 받았다. 교육을 마친 후, 1961~1992년까지 정상진은 크즐오르다와 알마티의 『레닌기치』 편집부에서 언론인으로 활동했고, 제2차 세계대전 승리 40주년 기념인 2급 훈장 '명예의 배지' 훈장을 수여받았다.

◎ 채 보리스 알렉세예비치(Цхай Борис Алексеевич)[41]

1942년에 카자흐사회주의공화국 잠불에서 출생했고, 육군 소장이다.

채 보리스는 군생활 이전인 1961~1962년 시기에 코크체타우 카자흐전기조립회사에서 직원으로 근무했다. 이후 그는 1962년에 소련군에 징집되어 1963년에 크라스노야르스크 지방 레쇼타역 6604부대에서 근무했고, 이후 노보시비르스크 543부대로 전송되었다. 이어 그는 1963년에 하사관학교를 졸업하고 다시 레닌그라드 군사정치학교에서 공부를 시작했으며(1학년 수료 후 사라토프 군사아카데미로 이동), 1966년에 군사학교를 졸업하고 카자흐스탄 소련 내무부, 키르기스스탄 6637부대로 추가 복무를 위해 파견되었다. 채 보리스는 1977년 대위에서 정치담당 차장, 중대장 등의 보직을 받으며 진급해 올라갔다. 계속해서 그는 1977~1979년에는 쿠스타나이 도시 6697부

41) 출처: "카자흐스탄 고려인들: 그들은 누구인가?", 알마티, 2005; "카자흐스탄의 고려인들" 백과사전. 알마티, 1992.

대의 위수책임자 직위에 임명되었고, 1979년에는 우스트-카멘노고르스크 6639부대의 위수책임자 직위에 임명되었다. 1981년에 그는 페트로파블로프스크 사범 대학교를 졸업했고, 이후 1982년에는 6607부대의 독립대대의 책임자로 임명되었다. 이후 채 보리스는 구리예프 시연대의 연대장으로 임명되었고, 1988년에 페트로파블로프스크 6637부대의 지휘관으로 임명되었다. 1992년에 채 보리스는 카자흐사회주의공화국 내무부 카라간다 4개 사단의 지휘관이 되었고, 1995년에 육군 소장 직위를 받았다. 이어 그는 1995년 카자흐스탄공화국 내부부대 부사령관과 1996년 카자흐스탄공화국 군대 훈련 내무부대 부사령관으로 임명되어 국가를 위해 헌신했다.

채 보리스는 국가에 헌신한 공을 인정받아 '국가유공 3급' 훈장, '소련 스포츠 전문가', '우수근무자', '카이사르 2급', '내무부 우수근무자' 메달을 수여받았다(카자흐스탄 독립 첫 번째 군사 퍼레이드 참가자이기도 하다).

◎ 채 유리 안드레예비치(Цхай Юрий Андреевич)[42]

1948년에 잠불주 노보트로이츠코예에서 출생했다.

카자흐스탄 고려인협회 회장과 "Dostar-Holdings" 이사회 의장, "Kaspi Bank" 이사회 의장, "Caspian Investment Holdings" 회장, 카자흐사회주의공화국 및 소련 공훈선수, 문화 공훈근로자, 체육문화스포츠 카자흐국립아카데미 명예교수를 지냈다.

그는 1972년에 키르기스스탄 체육문화스포츠 국립대학교를 졸업했고, 30세부터 스포츠와 관련된 일을 시작하였다. 전소련 및 국제대회에

---

42) 출처: "카자흐스탄 고려인들: 그들은 누구인가?", 알마티, 2005; "카자흐스탄의 고려인들" 백과사전. 알마티, 1992.

서 좋은 성적을 거두었고, 많은 유명 선수들을 배출해 내었다. 그들 중한 명이 현 카자흐스탄 의회 마쥘리스 의원인 올림픽 은메달리스트 세릭 코낙바예프이다. 채 유리는 오랫동안 카자흐스탄의 권투 국가대표팀을 지도했고 대한민국 국가대표팀의 감독도 역임한 바 있다. 1992년에 카자흐스탄으로 돌아와 '도스타르'라는 개인회사를 개업, 알마티에있는 도스타르 비즈니스 센터 등 중요 건물들 건설에 직접 참여했다.

채 유리는 1995년 카자흐스탄 고려인협회 회장으로 임명된 후 사업뿐 만아니라 사회활동도 적극적으로 했고, 1999년 10월 6회 총회에서는 카자흐스탄 고려인협회 회장으로 재임명되기도 했다. 그의 전략적이고 효율적인 업무 진행과 방식에 고려인협회에 긍정적인 변화들이생겼고, 고려인 디아스포라 내부 상황이 안정되어 나가기 시작했으며, 고려인들이 협회 일에 적극적으로 참여할 수 있는 분위기가 조성되었다. 1997년에 카자흐스탄 고려인협회의 고려인 이주 60주년 기념행사와 1998년 '우리 대통령-나자르바예프' 행사를 준비, 수행하는데 채 유리가 매우 큰 역할을 담당했다. 또한 그는 고려인 디아스포라의 강화와화합뿐만 아니라 카자흐스탄 주재 한국대사관, 한국교육원, 한국 지상사협회와 중소기업연합회 등 한국 기관, 단체들과의 협력에도 많은 기여를 했다. 이외에도 그는 카자흐스탄 고려인협회 소유의 "Korean house" 설립 시에도 큰 기여를 했고, 카자흐스탄에 외국기업, 특히 한국 기업들의 투자를 유치하는 데에도 큰 공헌을 했으며, 알마티 시에TV를 생산하는 LG 공장과 한국교육원 설립이 그 대표적 성과물이라할 수 있다. 채 유리는 교육 사업에서도 많은 발자취를 남겼는데, 카자흐스탄 청년이 곧 카자흐스탄의 미래라는 사실을 인식하고 2000년에 "Dostar" 국제학교를 설립했고, "Dostar-Holdings" 합작회사 설립후 회장직을 역임했으며, "Kaspi Bank" 이사회 의장직도 역임했다.

이외에도 그는 많은 고려인관련 주요 사회단체 회장직을 수행하여 고려인 사회의 위상을 높이는 일에 헌신해 왔다.

카자흐스탄의 스포츠, 경제, 민족발전에 대한 기여로 그에게 '용감한 노력', '아스타나', '도스틱', '구르메트' 훈장이 수여되었고, 2002년에는 대한민국 정부로부터 '무궁화' 훈장이 수여되었다.

◎ 최국인(Цой Гук Ин)[43]

1926년에 한반도 이북 지역 이대 마을에서 출생했고 2015년에 사망했다.

카자흐사회주의공화국 국가상 수상자이고 촬영감독 연합회 회원이다.

최국인은 러시아국립촬영대학 감독학과를 졸업했고, 알마티에 있는 고려극장 문학 분야 책임자 겸 배우로 활동했다. 최국인은 '카자흐필름' 영화스튜디오에서 '용의 해', '만주식 대안', '숲속 발라드' 등의 장편 영화를 만들었고, 4부작 장편영화 '초칸 발리하노프'를 연출했다.

그는 영화분야에서의 공로를 인정받아 문학, 예술 및 건축 분야 카자흐사회주의공화국 공로상으로 '파라사트' 훈장을 수상했다.

◎ 최길용 바실리예비치(Цой Гилен Васильевич)[44]

1920년에 러시아 블라디보스토크에서 출생했다.

의학 대박사이자, 의학과학아카데미 명예 의사, 카자흐스탄공화국 최고의 외과의사로 활동했다.

최길용은 1943년에 크름의대를 졸업하였으며, 졸업 후 러시아 내

---

43) 출처: "카자흐스탄 고려인들: 그들은 누구인가?", 알마티, 2005; "카자흐스탄의 고려인들" 백과사전. 알마티, 1992.

44) 출처: "카자흐스탄 고려인들: 그들은 누구인가?", 알마티, 2005; "카자흐스탄의 고려인들" 백과사전. 알마티, 1992.

해방된 지역들에서 외과의사로 근무하였다. 그리고 1945~1962년에는 크즐오르다 병원에서 근무했고, 이후 아크몰라 병원 외과 과장과 지역 보건부 수석 외과 의사로 일했다. 최길용은 1952년에는 당국의 지시로 북한으로 출장을 다녀온 바도 있다. 한편 1962~1995년에 아스타나에 있는 첼리노그라드 의대 병원 외과 학과장 및 교수직을 지냈고 아스타나의 외과의사협회의 이사회 회원으로 활동했다.

한편 최길용은 '10월혁명', '붉은기', '명예 배지' 등 총 6개의 훈장을 수상했고, 1980년부터 첼리노그라드와 아스타나의 명예시민권을 부여받았다. 1964년에 최길용은 박사 학위 논문을 발표했고, 1974년에 박사 논문을 발표했으며, 1975년부터 교수가 되었다. 136여편의 연구물과 10개의 특허권을 보유하고 있다.

◎ 최 니콜라이 드미트리예비치(Цой Николай Дмитриевич)[45]

1922년에 블라디보스토크에서 출생했고 2014년에 생을 마감했다.

'붉은기' 노동 훈장과 '노동 베테랑' 수상자이고, 기술학 박사 학위자이다.

최 니콜라이는 1949년에 카자흐사회주의공화국 광업금속대학교를 졸업했고, 이후 레닌종합금속콤비나트에서 근무했으며, 그곳에서 채광 전문가로 시작해 생산 공장 수석엔지니어를 거쳐 1963년에는 수석 엔지니어, 광산 소장직을 두루 지냈다.

그는 약 50여편의 과학 논문을 발표했고, 많은 공로를 인정받아 '레닌 탄생 100주년 기념 용감한 노동', '카자흐사회주의공화국 및 소련 비철금속 야금분야 최고전문가' 메달과 표창장을 수여받았다.

---

45) 출처: "카자흐스탄 고려인들: 그들은 누구인가?", 알마티, 2005; "카자흐스탄의 고려인들" 백과사전. 알마티, 1992.

◎ 최 니콜라이 페트로비치(Цой Николай Петрович)[46]

1925년에 러시아 하바롭스크에서 출생했다.

최 니콜라이는 페트로파블로프스크 사범대학교를 졸업했으며, 카자흐사회주의공화국 공훈 농학자(1957)이자 코크체타우주 콜호즈 회장, 가금류 코크체타우 연합회 회장, 젤료느이 보르 마을 건립자이자 유명한 슈친스크 양계장의 대표를 지냈다. 숙련되고 재능 있는 관리자이자 교육자였던 최 니콜라이는 마을 발전에 큰 기여를 하였다. 마을 사람들은 그를 따뜻하고 넓은 마음을 가진 사람으로 기억하고 있다. 또한 그는 목축학 전문가이자 지리학 선생이었다.

'명예 배지' 훈장, '붉은기' 노동 훈장, '레닌' 훈장, '10월 혁명' 훈장, '민족 우정' 훈장과 '처녀지 개발' 메달, '소련국가경제성과박람회' 금, 은, 동메달 수여자이다.

◎ 최 라브렌티 이바노비치(Цой Лаврентий Иванович)[47]

1916년 연해주 하산 지역의 시디미 마을에서 출생했다.

소련공산당 당원(1957)이자, 목축업 전문가이며, 농학 대박사(1972), 교수(1974)이다. 또한 소련 국가상 수상자(1970)이자 카자흐사회주의공화국 공훈 동물학전문가(1976년)이다.

---

46) 출처: "카자흐스탄 고려인들: 그들은 누구인가?", 알마티, 2005; "카자흐스탄의 고려인들" 백과사전. 알마티, 1992.
47) 출처: "카자흐스탄 고려인들: 그들은 누구인가?", 알마티, 2005; "카자흐스탄의 고려인들" 백과사전. 알마티, 1992.

최 라브렌티는 1944년에 알마티 수의대를 졸업했고, 1954년에 레닌농업아카데미 카자흐사회주의공화국 분교 목축업 대학원을 졸업했다. 이어 그는 1944~1948년에 카자흐사회주의공화국 학술원 산하 실험생물학 연구소 주니어 연구원과 악토베 목축업 수석 연구원을 지냈고, 1948~1953년에는 카자흐사회주의공화국 양사육 전문가로 활동했다. 1953~1960년 기간에는 침켄트 국가농업실험실 수석 연구원, 과장, 국장을 역임했고, 1960년부터는 알마티 목축업대학교 양사육학과 조교수, 학과장, 교수로 재직했다. 기본 연구 분야는 양개량과 번식이다. 남카자흐스탄 메리노 양과 이 품종의 개선 방법을 개발하였으며, 산업적으로 양사육, 교배의 효율적인 방법을 연구하였다.

대표 연구로는 '카자흐스탄 양털갈이 개선과 발전'(알마티, 1953), '남카자흐스탄 양의 종류와 사육기지 건설 경험'(농업과학회보, 1958, 공동), '숫새끼양의 보존 방법'(알마티, 1962) 등이 있다.

◎ 최사명(Цой Самен)[48]

1921년에 연해주 수찬(수청지역)에서 출생했다.

기술학 대박사이며 사트바예프 카자흐 국립기술대학교 교수이다.

최사명은 1941년에 카라간다 광업대학교를 졸업하고 1948년에 카자흐광업금속대학교를 졸업했다. 졸업 이후 그는 하카스 자치주 석탄산업합동 기업에서 수석 엔지니어로 근무하였으며, 카자흐사회주의공화국 학술원 산하 광업연구소 실험실 책임자로 근무했다. 사트바예프 카자흐국립기술대학교에서 오랫동안 교편을 잡았다. 광업연구 분야에서 최사명이 연구 개발한 이론과 방법은 실제 광산에서 사용 되고 있으

---

[48] 출처: "카자흐스탄 고려인들: 그들은 누구인가?", 알마티, 2005; "카자흐스탄의 고려인들" 백과사전. 알마티, 1992.

며 광산 분야에 있어 중요한 문제 중 하나인 환기 네트워크 분야에 있어 권위가 있다. 대표 연구로는, '환기 제도 개념', '광산의 환기 시스템에서 전자계산 기술', '광산 환기의 자동화' 등이 있다. 광산 설계의 자동화 시스템 개발은 최사명 연구의 새로운 분야이며, '소비에트 카자흐스탄', '산업 수학', '광산설계의 방법론적 기초' 등의 연구서들이 있다. 그의 연구서들은 산업 문제를 해결하는데 실무적으로 사용되고 있으며 광산 기술자 교육에서 지도서로도 쓰이고 있다.

그는 카자흐스탄 과학 및 기술 발전에 큰 기여를 했으며, 광산업 분야의 과학학교를 설립하고 53명의 박사와 박사논문을 지도하였다. 그는 20개의 연구서와 52개의 발명 저작권 및 특허를 포함 총 250여 편의 연구물들을 생산했다. '레닌 탄생 100주년 기념, 용감한 노동', '노동 베테랑' 메달을 수여 받았으며, 카자흐사회주의공화국 학술원과 교육부의 표창장도 수상했다.

◎ 최영근(Цой Ен Гын)[49]

최영근은 카자흐스탄 방송국 고려말라디오 방송 설립자이자 한국어 방송 편집장이다. 또한 카자흐스탄 TV 및 라디오 방송국 국제라디오 부분 부국장을 지냈고, 카자흐 라디오 부국장, 『고려일보』신문 편집장을 역임했다.

최영근의 희곡 '젊은 나이에 죽지마세요'는 카자흐스탄 청소년 공연축제와 한국 공주에서 있었던 국제축제에서 좋은 평가를 받았다. 그는 신화를 기본으로 한 '아리랑'의 연출 대본을 작성했으며, 고려극장 상연을 위한 많은 고전 각본들을 번역했다. 최영근의 인생 스토리는 CIS 작

---

49) 출처: "카자흐스탄 고려인들: 그들은 누구인가?", 알마티, 2005; "카자흐스탄의 고려인들" 백과사전. 알마티, 1992.

가 컬렉션 '보이지 않는 섬'에 실려 있다.

2004년부터 고려극장 문학 부분 책임자를 맡았고, 카자흐사회주의 공화국 최고위원회 표창장을 수상했으며, 카자흐스탄 언론인 국제대회 수상자이기도 하다.

카자흐스탄 고려인 사회운동에 적극적으로 참여하였으며 모스크바에서 열린 전소고려인대회 1차 총회 집행부 위원을 지냈다.

◎ 최 엘라 안드레예브나(Цой Элла Андреевна)[50]

1946년에 카자흐사회주의공화국 탈듸쿠르간에서 출생했고, 공훈예술가이다.

최 엘라는 비쉬케크 자동차교통대학교를 졸업했으며, 메데우 스케이트장 건설 생산부서 수석 관리자로 근무했다. 그녀는 고급당학교를 졸업하고 1978년에 칼리닌 지역위원회 추천으로 방송국 일을 시작했다. '다마사', '아시아 다우스', '올해의 최고 노래', '알마티에서 스타들을 만난다' 등의 프로그램들을 이끌었고, 1991년에 '우리 민족' 프로그램을 설립하여 오랫동안 운영했다. 1999년과 2002년에는 서울에서 열린 다큐멘터리 텔레비전 국제영화제에서 우승을 했다.

2000년에는 '민족우호' 훈장과 대한민국 대통령 표창장을 받았으며, 2001년에는 정보, 문화, 스포츠 부분 '공훈예술가' 칭호를 받았다 (딸 그루쉬코바 나탈리야는 카자흐스탄 프레스 클럽 PR기자로 일하고 있다).

---

50) 출처: "카자흐스탄 고려인들: 그들은 누구인가?", 알마티, 2005; "카자흐스탄의 고려인들" 백과사전. 알마티, 1992.

◎ 한 구리 바리소비치(Хан Гурий Борисович)[51]

1931년에 연해주 슬라뱐카 지구 푸칠로
프카 마을에서 출생했다.

철학 대박사이자 교수이며, 카자흐스탄
공화국 공훈 학자 및 근로자, 자연사회분야
국제아카데미(모스크바 지부) 회원 및 카자
흐국립법아카데미 학과장을 지냈다.

한 구리는 1954년에 키로프 카자흐국립
대학교 철학경제학부를 졸업했다. 이후 그
는 1954~1958년에 탈듸쿠르간주 사회단체 "즈나니예"(지식)의 비서를
지냈고, 1956~1961년 탈듸쿠르간, 알마티주 공산당위원회의 교육팀
책임자를 지냈다. 이어서 한 구리는 1961~1963년에 키로프 카자흐국
립대학교 철학과 전임강사, 1963~1966년에 카자흐스탄 공산당 중앙위
원회 강사, 1969~1994년 카자흐스탄 경영경제계획대학교 철학과 학과
장을 지냈고, 1994년부터 오랫동안 키로프 카자흐국립법아카데미의
국제법 및 국제관계학과 학과장을 역임했다.

주요 연구 주제는 '개발도상국의 민족 형성과 발전', '신생독립국가
의 민족의식과 정치사상 변형'이다. 그는 4개의 연구 단행본을 포함, 총
100여 편의 연구결과물들을 출간했다. 그의 지도 아래 '정치', '경제 이
론 기초', '카자흐스탄공화국의 외교정책', '국가안보문제와 카자흐스탄
2030 전략', '아프가니스탄과 중앙아시아의 안보문제', '국가와 사회 해
방: 외부 및 내부조건', '투쟁은 계속 된다' 등의 교과서와 서적들이 출
판되었다. 또한 그는 국제 학문 교류에 적극적으로 참여하며, 일본, 미국,

---

51) 출처: "카자흐스탄 고려인들: 그들은 누구인가?", 알마티, 2005; "카자흐스탄의
고려인들" 백과사전. 알마티, 1992.

독일, 러시아, 우크라이나, 벨라루스, 한국, 헝가리, 알제리 등 다양한 나라에서 있었던 국제심포지엄, 컨퍼런스, 토론회에서 발표를 하기도 했고, 유네스코의 카자흐스탄지부 국가위원회 위원으로서 카자흐어, 한국어, 러시아어, 그리고 영어로 출판된 카자흐 민족 시인 아바이 저술물의 머리말을 작성하기도 했다.

한 구리는 많은 국가적 공헌을 인정받아 카자흐스탄공화국 대통령의 '도스틱' 훈장, '아스타나' 메달을 수여받았다. 그밖에도 한 구리는 민족 간의 우정과 통일이라는 주제의 단행본 '카자흐스탄 고려인들의 과거 및 현재'의 저자이고, 단행본 '카자흐스탄 고려인협회'의 합동 저자이며, '카자흐스탄의 소비에트 고려인들' 백과사전 및 '카자흐스탄 고려인들'의 편집자이기도 하다. 한 구리는 카자흐스탄 고려인협회의 첫 회장직을 역임하기도 했는데, 이 과정에서 한국, 북한, 미국, 중국, 일본, 브라질, 아르헨티나 등에 거주하고 이는 해외동포들과의 관계 형성과 교류 진작에 많은 기여를 했다. 그는 카자흐스탄 고려인 사절단 단장으로도 활동을 많이 했는데, 북한(1983), 한국(1989, 1991, 1993, 1995), 미국(1991, 1993)을 방문했고, 대한민국 노태우(1991년), 김영삼(1995), 김대중(2000) 대통령들과의 만남에도 참여했을 정도로 카자흐스탄 고려인 사회에서 아주 영향력 있는 인물로 인정받고 있다.

◎ 한 나탈리야 니콜라예브나(Хан Наталья Николаевна)[52]

1951년에 구리예프시에서 출생했다.

교육학 대박사이자 교수이다.

한 나탈리야는 1973년에 구리예프 사범대학을 차석으로 졸업했으

---

52) 출처: "카자흐스탄 고려인들: 그들은 누구인가?", 알마티, 2005; "카자흐스탄의 고려인들" 백과사전. 알마티, 1992.

며, 1978년 아바이 카자흐사범대학교 대학
원을 졸업했다. 이후 구리예프 사범대학 심
리학과 수석전임강사로, 이후 학과장으로 재
직했다. 1985~1991년에는 아바이 카자흐사
범대학교 사범학과 조교수, 2009년에는 국
가교육 및 자기인식 학과 교수가 되었으며,
2013년 아바이 카자흐사범대학교 석사 및 박
사연구소 사범학과 교수, 그리고 2013~2014년
에는 아바이 카자흐사범대학교의 심리학 및 교육학연구소의 심리학 및
교육학 교수를 역임했다. 한 나탈리야에 의해 1명의 교육학 대박사와
5명의 박사, 1명의 교수 및 많은 석사생들이 배출되었다.

100편 이상의 단행본 및 연구논문이 발간되었으며, 공을 인정받아 국
가로부터 '카자흐스탄공화국 공훈학자'(2010), '카자흐스탄공화국 교육발
전'(2011), '우수 교원'(2011), '명예 교원'(2014) 훈장들을 수여받았다.

◎ 한 야코프 니콜라예비치(Хан Яков Николаевич)[53]

1943년에 카자흐사회주의공화국 남카자흐스탄주 마흐타-아랄 지구
에서 출생했다.

작곡가이자 카자흐스탄공화국 작곡가연합회 회원이다.

한 야코프는 침켄트 음악학교 오케스트라 트롬본학과와 알파라비
침켄트국립사범대학교 무대지휘학과를 졸업했다. 그는 1968~1975년
에 고려극장의 오케스트라 일원이자 지휘자로 일했고, 1975~1977년에
우즈베키스탄 타시켄트 "가야금"앙상블 수석지휘자, 1977~1986년에

---

53) 출처: "카자흐스탄 고려인들: 그들은 누구인가?", 알마티, 2005; "카자흐스탄의
고려인들" 백과사전. 알마티, 1992.

알마티 프로그램 '바리에티' 예술음악감독으로 일하며 모스크바, 리가, 레닌그라드 등을 투어했다. 1979~1980년 시기에 한 야코프는 카자흐 사회주의공화국 예술가인 로자 름바예바의 재즈 록그룹 "아라이"에서도 활동했으며, 1980~1982년에는 재즈 연주단 "부메랑"과 "메데오"에서 연주하며 모스크바, 야로슬라블, 노보시비르스크, 레닌그라드, 프룬제, 잠불과 알마티에 있었던 국제재즈페스티벌에도 참여했다. 그의 작품인 '첫걸음'은 드네프르페트로프스크에서 개최된 국제재즈페스티벌에서 최고상을 받았다.

그는 1980~1990년대부터 작곡을 시작했고, "아리랑"앙상블의 예술감독이자 고려인 극장의 수석지휘자로서 여러 편의 곡들을 썼다. 1987년에 극장에서 처음으로 그의 락 오페라 '음과 양'이 상연되었고, 그 이후 최 인나의 '게나와 디나에게', 연성용의 '양산박', 한 디나의 '사랑, 그리고 또 다른 것에 대한' 등의 음악 공연을 작곡했다. 1989년에 "아리랑"앙상블은 처음으로 역사적인 모국 땅을 밟기도 했다(4월에 평양, 10월에 서울). 한편 알마티 재즈 음악의 부흥과 발전을 목표로 1991년에 음악가들이 그의 지도하에 재즈밴드인 "빅 밴드"를 설립했다. 이후 재즈밴드는 많은 국제재즈페스티벌에 참가했는데, 1993년 노보시비르스크에서 있었던 재즈 포럼에서 카자흐스탄공화국을 대표했고, 비평가와 전문가들의 많은 호평을 받았다. 2001년에 서울에서 열린 국제페스티벌에서 그랑프리를 수상했던 "사물놀이"민속밴드 역시 같은 해 창설 되었다. 카자흐스탄의 국민 음악가인 아브드라쉡이 지휘하고 카자흐스탄공화국 국립교향악단이 연주했던 교향시 '중단된 멜로디'는 한 야코프의 큰 작곡 결과물 중 하나이다. 또한 이 곡에 맞춰 뛰어난 미국 발레 안무가인 바이다라린음(Baydaralinym Zh.)이 안무를 구성하고 유명한 발레리나 레이라 알피예바가 주연을 맡은 공연이 카자흐스탄 고려인들의 60주년 기념행사 때 상연되기도 하였다. 한 야코프는 2001년부터 재즈밴드인 "빅 밴드"의 지휘자 및 감독으로 활동해 왔으며, 2003년에는 오근희 원작의 '사랑과 비'라는 카자흐스탄 최초 뮤지컬을 작곡했고, 2004년에 서울에서도 상연되었다.

◎ 허가이 아르카디 유례비치(Хегай Аркадий Юрьевич)[54]

1935년에 연해주 부덴노브 지구에서 출생했다.

국제인권보호센터 회장이고, 국제법 교수이며 법무부 소장(계급)이다.

허가이 아르카디는 카자흐법과대학교를 졸업하고 아크몰라, 악토베, 만기스타우 지역들의 검찰기관에서 근무했다. 일반 판사에서 카자흐스탄 법무장관의 수석 비서 검사로까지 승진 했다. 허가이 아르카디는 "Tsentr Credit"은행의 의장 고문과 사회 및 인문연구소 "다른"의 국제 및 법률문제 부총장, "카자흐 형법 개혁 협회" 회장을 지냈다. 그의 발의로 연금수급자, 난민, 죄수 및 기타 사회약자 집단에 대한 사회 및 법적보호를 위한 프로그램들이 다수 실현되었고, 여러 법안들이 발의되었다. 법치와 질서 강화를 위한 공헌을 인정받아 허 아르카디는 국가로부터 여러 훈장과 메달, 증서를 수여받았다. 그는 또한 카자흐스탄 사형제 폐지 주제와 관련된 발표로 OSCE 및 PRI 국제 언론상 수상을 했으며, 카자흐스탄 애국당 중앙위원회 및 공공 단체 "Zhanashir" 이사회 회원으로도 활동했다.

인간의 자유와 권리보호 문제에 관한 그의 연구물들은 책과 논문을 포함해서 100여 편에 이른다.

---

54) 출처: "카자흐스탄 고려인들: 그들은 누구인가?", 알마티, 2005; "카자흐스탄의 고려인들" 백과사전. 알마티, 1992.

◎ 허가이 알렉세이 유리예비치(Хегай Алексей Юрьевич)[55]

연해주 수찬 지구 파블로프만 마을에서 출생했다.

소련 내각상 수상자이며 카자흐사회주의공화국 공훈 수력전문가, 저명한 정치가이다.

허가이 알렉세이는 1953년에 카자흐농업대학교 관개학과를 졸업했다. 이후 그는 1957년까지 구리예프시 수석 엔지니어와 소련 농업부의 기계토지개량국 책임자, 구리예프 지역 수력시설건설 수석엔지니어로 활동했고, 1959년에 도로수리건설 제2책임자로 근무했으며, 1963년까지 카자흐사회주의공화국 내각 수자원 사용 및 보호위원회 부의장직을 역임했다. 계속해서 허가이 알렉세이는 1973년까지 "Almatastroy" 관리부국장, 관리국장을 역임했고, '메데오' 댐 건설 일을 지휘했다. 뿐만 아니라 그는 1986년에 카자흐사회주의공화국 댐건설 건축기관 건설 및 이용 관리국장을 지냈고, 1988년에는 카자흐사회주의공화국 교통부 부차관을 역임하기도 했으며, 소련 학술원 산하 공학지질학 및 지질학위원회 위원과 자연재해협회 회장으로도 활동했다.

그는 카자흐스탄의 고려인 운동의 초기 인물로, 공을 인정받아 국가로부터 카자흐사회주의공화국 '붉은기', '민족 우정' 훈장, 메달 및 감사장 등을 수여받았으며, 소련국가경제성과박람회에서 금메달과 동메달을 수여받기도 했다.

---

55) 출처: "카자흐스탄 고려인들: 그들은 누구인가?", 알마티, 2005; "카자흐스탄의 고려인들" 백과사전. 알마티, 1992.

2부

고려인의 신생독립국
카자흐스탄 국가 건설 참여와
민족적 부흥

– 기성세대 고려인들

제1장
소련 붕괴와 고려인의 민족적 부흥

1. 카자흐스탄 고려인 디아스포라: 그들은 누구인가?

고려인이 카자흐스탄에 둥지를 튼 것은 한반도에서 극동 지방으로, 이어 1937년 극동에서 중앙아시아로의 긴 이주과정 속에서 일어난 것이다. 극동지역에서 초기에 한인(조선인)의 이주는 경제-정치적 원인으로 인해 발생되었다. 뿐만 아니라, 1910년대 초 이전에 한반도에서 러시아 극동 외에 미국, 일본, 중국 및 기타 국가로도 이동되었다.

고려인 디아스포라는 역사적, 이론적으로 관심을 불러일으키는 몇 가지 특성들을 갖고 있다. 첫째는 고려인 디아스포라는 거주 국가에서 다수를 차지한 적이 없는 소수민족이었고, 영토적 자치권이 없는 상황에서 거주국의 경제적, 학술적 분야에서 영향을 끼쳐왔다는 것이다. 둘째는 고려인 디아스포라가 탁월한 적응능력, 즉 선조들이 수세기 동안 쌓아 놓은 근면성과 인내력, 타국에 적응할 수 있는 놀라운 유전적 능력을 바탕으로 거주국에서 성공적으로 정착했고, 다민족 및 다문화 구

조를 가진 나라에서 평안한 삶을 살고 있다는 점이다.

고려인은 거주국가의 소수민족으로서 거주국가와의 물질적, 정신적 관계를 유지하고자 노력을 기울이고 있다. 현대의 학자들은 코리안 디아스포라를 다음과 같이 구별하고 있는데, 하나는 이동형 디아스포라이며, 또 다른 하나는 프롤레타리아형 디아스포라이다.

이동형 디아스포라의 민족들은 선진적 문명에 속해있다는 것을 알고 있으며, 전문성과 의사소통 능력, 조직 능력 등을 통해 거주국가의 여러 분야(특히 경제)에 상당한 역할을 수행할 수 있게 하고 있다. 국제적 성향이나 언어 실력, 경제적 관계 덕분에 거주국가의 여러 분야에서 강력한 역할을 해오고 있으며 현재도 진행 중이다. 코스모폴리탄적 성향과 언어능력 및 상업적 유대관계 덕분에 이동형 디아스포라는 거주국의 대외관계에서도 중요한 역할을 한다. 즉 중요한 경제적 및 조직적

자원을 보유하고 있어 이동형 디아스포라는 내외부 문제를 해결하는데 있어 거주국 정부에 영향과 도움을 줄 수 있다.

반면 프롤레타리아형 디아스포라는 대부분의 경우에 후진국 노동 이민자이며 효과적인 업무를 취할 수 있는 전문적, 의사소통적, 조직적 능력을 갖추고 있지 않다. 또한 그들은 노동을 하는 부류이기 때문에 국가의 정부정책에 영향을 미칠 수 있는 가능성이 낮다. 현대 사회에서 전례없는 노동 이민자의 흐름은 무산계급 프롤레타리아형 디아스포라의 증가에 거대한 영향을 끼쳤으나 거주국가에 뿐만 아니라 전 세계의 사회적, 경제적, 인구 통계적 상황의 급변을 가져왔다. 프롤레타리아형 디아스포라 민족들은 또한 역사적 조국과 긴밀한 관계를 유지하면서 거주국가에서 영주권을 받기 위해 노력을 하는 특성을 갖고 있다.

수십 년에 걸쳐 정치-경제적인 원인들로 인해 다양한 사건을 겪어왔기 때문에 코리안 디아스포라는 같으면서도 서로 다른 모습을 취하고 있다.

정치적 원인의 대표적인 예로 코리안 디아스포라를 발생하게 만든 사건인 일제 식민통치와 1937년의 중앙시아 강제이주, 소련 붕괴 등을 들 수 있다. 코리안 디아스포라 이민의 경제적 원인은 소련 붕괴 이후 카자흐스탄의 경제적 불안정이다. 또한 수혜국가가 이민자에게 제시하는 신분적 지위의 다양성도 코리안 디아스포라 이민의 큰 원인이 되었다.

난민의 이주는 생명과 안전에 급박한 위험이 발생하는 경우에 일어난다. 확산 가능성이 큰 이러한 이동은 주로 생계수단과 사회적 지위의 상실과 연관성이 있다. 타지키스탄에 내전이 벌어졌을 때 고려인들은 자국을 탈출해 결국 카자흐스탄으로 오게 되었다. 고려인들이 탈출해 온 지역에는 자신들의 친척이나 친구나 지인이 통상 거주하고 있었다.

이민 문제에 다음과 같은 요소들이 영향을 준다.

1. 정체성의 문제
2. 수혜국가와의 관계 및 정책
3. 난민 및 소수민족에 관한 국가의 정책에 영향을 미치는 숨겨진 힘(세력)

노동 이민 관련하여, 역사적 경험에 따르면 국가적 차원에서 규제되는 이민은 이민자뿐만 아니라 수혜국가에게도 많은 도움을 준다는 것을 알 수 있다. 문명화 된 세계에서 이루어지는 노동 이민의 관행은 카자흐스탄에서도 확립되었다.

적응의 문제. 비전통적이고 낯선 환경 속에 소수민족으로서 살아가는 코리안 디아스포라 문제에 다시 집중해보자. 중요한 민족적이고 사회-인류학적이며 심리적인 문제 중의 하나는 외국 땅에서의 민족의 성공적인 생존 능력과 가능성에 대한 문제이다. '적응'이란 용어는 개인이나 집단이 새로운 환경에 대해 적응하거나, 공적 삶의 모든 영역에서 공존과 상호관계를 목적으로 하는 순응을 의미한다. 따라서 적응이란 새롭고 낯선 생활과 생소한 원주민의 삶에 대한 이민자의 적응 현상을 의미한다.

이민자의 비전통적 환경에 대한 적응은 객관적 요인과 주관적 요인에 달려있다. 객관적 요인의 예로 사회적, 정치적, 문화적 측면의 생존 조건들을 들 수 있다. 주관적 요인들 중에서는 이민자에 대한 정부의 정책, 공공 기관의 활동, 이민자의 적응에 영향을 미치는 심리적 요소 등과 같은 지표들이 중요한 역할을 한다.

그러므로 이민자의 적응은 원주민과의 상호작용 과정에 직접 참여하는 데에 달려있을 뿐만 아니라 수혜국가의 경제 발전에도 달려있다. 물론, 적응은 동화작용 과정의 단계 중 하나이며 국가의 사회적 삶에 이주민을 집중적으로 성장시키는 데에 필요한 조건을 창출한다. 이민자들도 생소한 타국 환경에 최대한 빠른 적응과 동화작용을 위해 노력을 많이 한다. 그들은 영주를 미리 선택하며 이주국가의 언어, 관습과 전통을 배운다.

코리안 디아스포라의 경우를 보면 타민족과의 동화보다는 이주국가 내 이문화 환경에서 민족정체성을 유지하고 있는 것을 관찰할 수 있다. 예를 들어, 미국, 중국, 일본, 유럽, CIS 국가들 등에 거주하고 있는 코리안 디아스포라는 주변 환경, 삶의 방식과 음식 문화의 변함에도 불구하고 한민족 정체성을 지속적으로 보존하고 있다. 이러한 특징은 앞서 제시된 나라뿐만 아니라 한민족이 이주하는 세계 대부분의 나라에서와 서로 같은 특징을 가지고 있다.

민족집단 이민의 역사를 볼 때, 민족정체성은 인간의 출생과 그의 삶의 여러 단계에서 얻어지는 것으로 나타났다. 이러한 점에서 민족정체성을 유지하는 데 무엇이 필요한지, 또는 민족이 타민족 문화에 접합되고 동화되는 이유가 무엇인지를 가장 신중하게 고려해야 할 것이다. 이러한 민족정체성의 보존 과정은 한민족에 대한 자신의 소속감을 매우 자랑스럽게 만든다. 그런 차원에서 오늘날 카자흐스탄 고려인들은 역사적 조국을 더 자주 방문하려고 노력하며, 민족정체성을 보존하기 위해 세계 여러 나라에서 이주하는 동포들을 만나 경험을 얻으려고 힘쓰고 있다.

코리안 디아스포라는 사회적, 경제적, 법적, 문화적 및 교육적 관계에서 독특하다. 민족정체성을 보존하려는 시도를 흔히 가족관계에서부터 시작한다. 가족은 마치 사회제도로서 다양하고 중요한 기능을 수행하는데, 이는 대인관계와 행동의 조절, 어린이의 양육에 관한 문제를 담당하는 공간이라 할 수 있다.

새로운 환경의 변화, 새로운 기술이나 경제운영, 새로운 생활방식의 적용에도 불구하고 한민족의 정체성은 지속적으로 유지되고 있다. 즉, 코리안 디아스포라는 삶의 급작스러운 변화 속에서도 살아남을 수 있었다고 말할 수 있다. 코리안 디아스포라는 살아남았을 뿐만 아니라 다민족 환경 속에서 성공적으로 활동하면서 민족정체성을 유지하고 있다.

카자흐스탄 고려인 사회는 여러 면에서 외국 동포들에게 우수한 모범사례가 될 수 있다. 이는 고려인 스스로의 노력뿐만 아니라 카자흐스탄 국가와 정부의 고려인에 대한 좋은 인식과 반응에서 찾아볼 수 있다. 한인의 이민정책을 연구해보면 19세기 중엽에 정착한 한인 1세대가 보존해 온 민족정체성이 오늘날까지 한민족 정체성을 유지하는 데 도움을 주고 있는 것을 볼 수 있다.

카자흐스탄에서 추구하는 국가정책의 긍정적인 영향은 민족정체성의 발전과 민족 문화 다양성을 보전하는 데 큰 도움이 된다. 그러나 일부 사람들의 생각에서 다양성과 민족문화 발전을 시민정체성과 결합시키는 것은 어렵다. 카자흐스탄은 고려인들에게 주요한 모국이며 자신의 어린 시절이 지나가고 인정받는 민족이 된 곳이다.

카자흐스탄은 카자흐 민족만의 국가가 아니라 공동체 구성과정 측면에서 140개 소수민족이 한 가정처럼 공존하고 있는 다문화, 다민족 국가이다. 다양한 민족 중에 특히 고려인은 다민족 사회에서 확고하게 자리를 잡고 있으며 인정받고 있는 소수민족이다. 1937년 극동 지역에서 강제이주를 당했을 당시에 고려인은 "일본의 간첩"으로 간주되는 아픔을 겪었었다. 하지만 오늘날 많은 고려인들은 카자흐스탄의 국회의원, 학문 및 산업 기업의 대표들로 활동하고 있으며, 그들 모두 정부로부터 큰 표창을 받았거나 노동영웅 칭호를 받은 인물들이다. 카자흐스탄 고려인 중에는 군장성과 저명한 학자 및 박사, 예술가, 국가상 수상자, 다양한 산업 분야에서 공훈 일꾼들이 있으며, 도처에서 이들을 만나 볼 수 있다.

한 영토에 다양한 민족이 함께 거주하는 경우 다양한 민족적 전통들이 존재하고 있다. 이 경우 가장 중요한 것은 한 민족의 민족적 전통이 타민족에게 방해하지 않는다는 것이다. 그러한 경계를 설정하는 데 영향을 끼치는 특징 중 하나는 특정 민족 구성원의 의사소통 행위에서의 차이 수준이다. 종종 바로 이러한 요인은 민족문화적 경계의 설정과 강화를 야기시키는 충돌적인 요소이기도 하다. 민족 구성원들이 같은 유형의 의사소통 행위를 보여 준다면 민족 간의 갈등의 가능성도 없게 될 것이다.

이와 관련하여 고려인의 독립성은 사회-경제적 측면에서도, 국가적 개념 측면에서도 역사적, 정치적 발전의 차이에 의해 결정된다는 점을 강조하고 싶다. 역사-문화적 전통에 대한 존중의 부재는 민족 간의 의사소통의 변형을 초래한다는 것을 이해하는 것이 중요하다. 이와 반대로, 인본주의적 의사소통의 전통과 합의의 기초를 이루는 이해와 요구에 대한 그러한 특성, 즉 민족 간의 상호존중 및 관심은 국가 통합 정책의 기초가 되어야 한다.

2. 고려인의 사회-정치적 상황

1930년대 극동 지방에서 사회적 환경이 상대적으로 괜찮았던 카자흐스탄으로 강제이주 된 고려인 통합 모델의 일반적 개요를 살펴보자. 현재 고려인은 카자흐스탄 곳곳에 거주하고 있지만 극동 연해주에서 이주해 왔을 당시 고려인의 대다수는 알마티와 알마티주에 정착했다

(35%). 고려인 인구의 급증은 알마티가 카자흐스탄의 수도가 되었을 때 발생했다. 바로 알마티에서 고려인들의 사회적 선택이 발생한 것이다. 알마티 고려인의 사회적 지위와 교육 수준은 항상 높았다. 알마티 고려인들은 자신의 동포들뿐만 아니라 카자흐스탄의 다른 민족들 중에서도 눈에 띄고, 사회적 지위도 상대적으로 높은 편이다. 고려인의 절반정도가 전문가, 관리자, 기업가에 속하며 다른 민족과 비교했을 때에도 그들을 앞지르고 있다.

이는 카자흐스탄에 이미 뿌리를 두고 자리를 잡은 고려인에 대한 이야기인 것을 강조할 필요가 있다. 주요 사회-문화적 매개 변수에 따르면 카자흐스탄의 거의 모든 지역에 거주하는 고려인은 다른 민족과 동일한 수준에 있다. 고려인의 사회 활동과 이동성은 여러 가지 상황과 관련이 있다. 경쟁력이 있는 고려인들이 알마티로 이주해 다른 고려인의 교육 수준을 능가하는 경우도 종종 있다.

카자흐스탄의 일반적인 환경에서 고려인의 적극적인 참여는 민족적 잠재력의 변화와 관련이 있으며, 새로운 환경에서의 적극적인 사회활동과 민족성의 지속가능성 및 명확성 사이에는 어느 정도 역행 관계가 있었다. 이는 카자흐스탄에 거주하는 고려인의 체류 기간을 다른 사회-문화적 지표와 비교할 때 분명하게 보인다. 즉, 고려인의 다민족 환경에서의 체류 기간은 통합 과정에 영향을 미친다. 카자흐스탄에서 사회-문화적 생활에 고려인의 참여가 적극적일수록 유전적 민족성은 (언어, 문화, 역사적 조국과의 관계 등에서) 더 제한적으로 나타난다.

일반 사회와 민족 간의 유사한 상관관계는 언어 영역에서, 특히 '모국어' 영역에서 더욱 더 두드러진다. 고려인의 언어 능력은 러시아어와 카자흐어가 지배하는 카자흐스탄에서의 거주 기간과 밀접한 관계가 있다. 카자흐스탄에서 거주 기간이 40~50 년이 되는 고려인은 자신의

'모국어'를 자유롭게 구사하며, 반면 태어나면서부터 카자흐스탄에 거주하는 고려인은 한국말을 조금 할 줄 알거나 아예 못한다.

언어는 커뮤니케이션의 수단으로서 의사소통 역할을 하며 동시에 인간에게 영향을 미치는 도구라는 것이 이미 입증된 사실이다. 언어의 풍부함은 문화의 힘을 증명한다. 언어가 풍부할수록 의사소통에 더 많은 기회가 주어지며 의사소통이 더 재미있어지고 생생해지기에 인간에게 끼치는 영향이 커진다. 그러나 언어는 생각을 형성하는 방법이기도 하며 내부 대화 방식이기도 한다. 사람들은 언어로 표현 되는 개념과 이미지로 생각을 한다.

카자흐스탄 고려인 문화의 변화는 문화의 중요한 구성인 모국어에 반영되어 있다. 민족적 매개 변수를 분석 한 결과, 가장 의미 있는 것은 국적 또는 민족적 자각 (민족적 소속감)인 것으로 조사되었다.

감정의 표출은 다양하다. 정상적 생활을 누리는 사회에서 민족적 자의식이 표출되지 않을 수 있다는 것은 민족구성원이 민족성에 많은 관심을 기울이지 않고, 특별히 깊은 의미를 두지 않기 때문이다. 그러나 자신의 민족적 소속에 대한 "필연적" 감각은 거의 모든 사람에게 본질적으로 내재 되어 있다. 일차적이면서도 무의식적인 자의식에 대한 정체성은 진정한 자의식을 불러일으킨다는 것이 옳을 것이다.

사회, 문화적 속성인 자의식의 완전한 확립에는 여러 가지 방법들이 있다. 이는 일차적 자의식에 대한 정체성과 달리 거주 지역, 시간과 특정 상황에 좌우된다. 다른 민족과 마찬가지로 고려인의 민족적 자의식은 국가의 사회, 문화적 환경에 따라 변한다. 다시 말해서, 국가 환경이 악조건일 경우 민족적 자의식은 강화 될 수 있으며 오히려 호조건일 경우 약화 될 수 있다.

1990년대 중반과 2000년대 기간에 알마티에서 고려인에 대한 사회학적 연구는 민족에 대한 두 가지의 자의식을 보여주고 있다. 하나는 자연적 인식이고, 또 다른 하나는 삶의 여러 상황에 따라 오는 파생된 인식이다. 주로 사회적 요인에 의해 확립되는 제2유형의 자의식은 일반적 특징을 가지고 있지 않다. 고려인의 민족적 자의식은 카자흐스탄 거주 지역 삶속에서의 적극성에 따라 다르게 표출되는데, 특히 강제이주 세대와 같은 고령의 기성세대 고려인과 반대로 거주국 출생자 고려인들 사이에서 민족적 자의식은 적극적으로 표출되지 않는다.

사회학적 자료에 따르면 알마티에 거주하는 거의 모든 고려인 (95%)은 민족적 정체성을 느낀다. 다시 말해서, 자신의 민족문화에 대한 지식 또는 인식과 상관없이 고려인들은 민족적 공동체성을 느낀다. 이러한 현상은 카자흐스탄 고려인들만의 고유한 특징은 아니다. 러시아 문화에 동화되었음에도 민족적 자의식을 유지한 최 빅토르(Цой Виктор), 최 아니타(Цой Анита), 김 아나톨리(Ким Анатолий), 김 율리야(Ким Юлия) 등은 그 대표적인 예이다. 전 세계의 한인들은 어떤 언어로 자신의 생각을 쓸지라도 한민족의 한 사람으로서 글을 쓴다. 우리는 한인 작가라고 부르지 한국어로 작품을 쓰는 작가라고는 부르지 않기 때문이다. 언어 장벽은 각자의 운명에 달려 있다.

민족적 자아에 대한 인식의 강도는 그 민족에 속하는 자의 민족적 환경에서의 적극성의 여부와 연관되어 있다고 볼 수 있다. 민족 내의 협동과 단결이 강하면 민족문화를 보존할 수 있을 뿐만 아니라 민족적 자의식도 강화시킬 수 있다. 또한 이는 이민자의 삶의 모든 영역뿐만 아니라 국제 관계에도 영향을 미친다. 예를 들어, 극동 지역에서 카자흐스탄에 강제이주 된 고려인은 카자흐스탄에서 태어나고 자란 그들의 자손보다 한반도 분단을 더욱 더 격렬하게 느낀다.

또한 고려인 민족의 분포가 넓으면 넓을수록 민족의 접촉 및 민족

통합 과정에 대한 필요성과 참여 가능성이 약해지기 마련이다. 오히려, 민족 집단이 도시, 특히 마을에 빽빽하게 정착할수록 민족적 통합도 강해질 뿐만 아니라 민족성 보존의 수준도 높아진다. 따라서 고려인이 조밀하게 사는 마을에서는 동화 과정에 대한 저항력은 대도시에서 보다 더욱 높다.

이러한 법칙은 크즐오르다주와 남카자흐스탄주에 거주하는 고려인의 패턴에서도 뚜렷하게 보인다. 이 지역에 거주하는 고려인의 민족성의 보존은 알마티 고려인과 달리 더욱 더 분명하기 때문이다. 카자흐스탄 내 다른 지방 고려인과 비교하면 크즐오르다주와 남카자흐스탄주에 거주하는 고려인은 자신의 고려말을 더 잘하지 못하면서도 고려말을 자신의 모국어로 여기고 자녀의 고려말 교육에 큰 주의를 기울이며 민족간 결혼을 하지 않도록 한다.

따라서 카자흐스탄에 거주하는 고려인은 지역마다 고유한 특징을 가지고 있으며 모두 다 동일하지 않다. 코리안 디아스포라의 일부, 특히 민족간 결혼을 한 고려인들은 다민족 환경에서 민족적으로 '잃어버릴'(민족적 정체성을 상실할) 확률이 높다. 그 변화의 방향은 주변 환경과 사회 전반적인 상황에 의해 달라진다.

카자흐스탄 고려인은 러시아어를 모국어로 삼고 있고 러시아어로 생각하고 러시아어로 의사소통을 한다. 1937년에 연해주에서 강제이주된 고려인은 카자흐스탄 국가의 관심사를 우선순위로 여기며 다민족 사회인 카자흐스탄에서 성공한 소수민족으로 인정받고 있다. 고려인에게 카자흐스탄은 고향이자 조국이며 국가의 경제, 정치, 문화 분야의 발전에 상당한 힘을 기울이고 있다. 강제이주 이후 낯설고 새로운 사회에 적응했으며 다른 민족과도 우호적 관계를 맺고 있다. 또한 고려인은 국가의 사회 및 정치 생활에서 가장 적극적이며 높은 지위도 차지하고 있다.

    2009년 카자흐스탄 인구 조사에 따르면, 고려인은 11만 명(0.7%)에 달해 다른 민족 집단 중 9위를 차지하고 있다. 현재 고려인의 부흥 과정은 많은 분야에서 전개되고 있다. 한국어 교육과정이 조직되고, 매년 광복절과 설날에 기념행사가 개최되며, 여러 공공단체들이 활동하고 있다. 고려인민족문화센터들에서는 한민족의 가요 대회, 공연, 축제, 전시회 등을 주관한다. 또한 카자흐스탄 고려인의 역사, 예술 및 문화에 관한 책과 단행본이 출판되고 있다. 뿐만 아니라, 고려인은 역사적 조국과 관계를 유지하고 있다.

    복잡한 자의식의 진화 과정을 거치면서 고려인들은 카자흐스탄의 경제, 산업, 학문, 교육, 문화 및 보건 분야에 성공적으로 통합되고 기여하고 있다. 또한 고려인은 카자흐스탄의 경영 및 법률 분야와 같은 사회의 모든 분야에도 참여한다. 카자흐스탄에 거주하는 다른 소수민족과 적극적으로 소통하는 과정에서 고려인의 카자흐스탄 사회와의 통합이 이루어지고 있다. 한민족 카자흐스탄 고려인들은 북한과 남한의 한민족들과는 다른 환경 속에 다르게 살아가고 있다.

    독립 이후 신생독립국 카자흐스탄의 시장경제 체제의 형성기에 어려운 상황이 발생했을 때, 당시 카자흐스탄의 고려인들도 힘겨운 시기를 보냈었다. 고려인들도 국가의 복잡한 갱신과 변화 과정을 거치는 과정에서 카자흐스탄의 국가적 개혁에 적응하고 행동해야 했었다.

    고려인 정주 80주년은 단순한 숫자만을 의미하지는 않는다. 이는 고려인에게 과거를 결산하고 미래를 계획하는 일종의 이정표이다. 고려인은 과거를 되돌아보며 1세대 조상들에게 큰 감사를 표한다. 조상의 근면성과 조국에 대한 충성, 목표를 이루려는 열정과 헌신은 고려인에 대한 좋은 이미지를 형성하였다. 고려인의 운명은 결코 평탄하지 않았다. 모든 장애물을 무릅쓰고 고려인은 인정받는 민족이 되었다. 20세기

1930~40년대에 고려인은 농업에 종사했으나 현재는 세계의 문명국들 사이에서 대표주자가 되어가고 있다.

카자흐스탄은 국가적 노력에 의해 평화와 선린우호, 존중의 전통을 가진 다민족, 다종교 국가가 되었다. 카자흐스탄에 거주하는 모든 민족은 대가족으로 살아가고 있으며 고려인을 포함하는 모든 민족은 그 대가족의 구성원이다. 국가의 소수민족에 대한 주의와 관심은 국가의 완전성과 강함의 상징이기도 하다. 오늘날 그러한 국가적 관심을 받고 있는 고려인은 다민족 국가 카자흐스탄 사회의 중요한 부분이 되어버렸다. 고려인 성공의 이유는 그들이 가지고 있는 높은 전문성과 노동력 등과 같은 고유한 특징과 밀접한 관계가 있다.

고려인 거주 분포의 질적 변화는 농촌에서 도시로의 이동사례에서 잘 나타나고 있는데, 그 속도가 국가의 평균 수치를 초과했다.

경제적, 학술적, 기술적 및 사회-문화적 진보의 중심지로서의 대도시의 역할은 끊임없이 증가하고 있다. 고려인들 또한 여러 가지 이유로 끊임없이 대도시로 이동해 왔다.

1. 경제적 이유-직업의 폭 넓은 선택, 전문적인 성장을 위한 폭 넓은 기회, 높은 생활수준
2. 문화적 이유-좋은 교육을 받을 수 있는 기회, 극장, 박물관 등의 이용에 다른 정신적 필요의 충족
3. 일상 및 사회적 이유-다양한 서비스의 이용 가능성

카자흐스탄은 다민족 국가로서, 관용과 단일 국가 내 민족 간 조화 및 민족 문화의 다양성은 사회적 관계와 문화의 필수 구성 요소이다. 단일 국가와 다민족 문화 공간에서의 지속적인 존재는 민족성에 관계

없이 카자흐 시민들 사이의 공통된 도덕적 의식을 발전시키는 데 기여했다. 오늘날 카자흐스탄의 고려인 디아스포라는 다민족들 중 가장 활동적인 그룹 중 하나로 주변민족들과의 대규모적인 민족 문화적 접촉들을 수행하고 있다. 과거 종전 기간 동안 고려인들은 모든 경제적, 정치적 변화에 참여함으로써 국가의 사회 경제적 및 문화적 발전에 영향을 끼쳤다.

카자흐스탄 고려인들은 국가의 번영과 행복, 미래에 큰 공헌을 한 그들의 뛰어난 인물들을 자랑스럽게 생각한다. 오늘날 고려인 디아스포라의 눈에 띄는 업적으로 역사적인 기념물들이 곳곳에 있다. 카자흐스탄 내에는 그러한 기념물과 기념관, 오벨리스크, 기념패, 박물관과 전시물, 거리 이름, 유물 등이 남아있다.

우시토베 고려인 정착 기념비와 카자흐민족에 대한 감사비(가운데)

우선 최초의 고려인 정착지역인 우시토베와 주변의 '바스토베'산 중턱에 있는 묘지와 토굴의 흔적이다. 여기에는 카자흐 민족에 대한 감사 기념비도 있다. 고려인들과 정치적 억압의 희생자들에게 헌정 된 기념비는 아트라우주 마함벳 지역의 츠칼로브 마을에 있다. 그 곳은 카라간다주 스파스키라는 마을의 이전의 수용소 영토이다. 또한 "아크몰라 조국 배신자 아내들 수용소"(Akmola camp of traitors' wives to the homeland)의 기억의 벽에 고려인들의 이름도 나타난다.

카자흐스탄의 크즐오르다시에는 고려인의 영웅인 홍범도(Хон Бон До), 그리고 카자흐스탄 잠불주 부를이라는 마을에는 소련의 영웅 민 알렉산드르(Мин Александр)에게 헌정된 기념탑도 있다. 카자흐스탄의 고려인 중 사회주의 노동영웅, 공인 인물 및 과학자들이 일하고 거주했던 건물들에 총 19개의 기념판이 설치되었다. 뛰어난 수학자이자 카자흐스탄 국립학술원 회원인 김 영광(Ким Ен Гван), 재무 장관이자 저명한 정치가인 김 일랴(Ким Илья Лукич), 카자흐스탄 국립학술원의 탁월한 과학자 니 레오니드(Ни Леонид Павлович), 사회활동가 김 유리(Ким Юрий Алексеевич)가 그 주인공으로, 이들을 기리기 위한 기념판들이 알마티의 곳곳에 설치되어 있다.

카자흐스탄 내 23개 거주지(8개 도시와 15개 마을)와 32개 거리는 여러 세대에 걸쳐 살았던 카자흐스탄의 명예로운 고려인들의 이름을 기려 명명되었다. 가령, 1997년 아크몰라 지역의 마키네케시의 한 거리는 건강보건 발전에 크게 기여한 김 미론(Ким Мирон) 박사의 이름을 따서 명명되었다. 2010년 아크몰라 지역의 부겟스키 마을에서는 한 거리에 안 타티아나 바실레브나(Ан Татьяна Васильевна)의 이름이 붙여졌다. 그녀는 해당 마을에서 교사로, 농촌소비에트 의장으로 활동하며 지역발전에 큰 기여를 했다.

이외에도 농업 분야에서 뛰어난 업적을 낸 고려인 영웅들을 기리는 박물관이나 전시관들도 곳곳에 있다. 예를 들어, 크즐오르다주 시옐리 (칠리군) 지역의 자하예프 쌀박물관에는 해당 지역 40명의 사회주의 노동영웅의 업적과 초상화가 있는데, 이 중 29명이 고려인이다.

또한 아트라우주 즐르오이 지역에 위치하는 유전과 잠블주에 위치하는 경기장은 "오가이스코예"라는 명예로운 고려인의 이름으로 지어졌다. 카자흐스탄 지명학에는 "카레이스키"라는 단어가 있을 정도 카자흐스탄 땅에는 고려 다리, 고려인 마을, 고려 거리, 고려 호수, 고려 계곡 등이 많이 있다. 극동에서 카자흐스탄으로 강제 이주 된 117개의 고려인 콜호즈 중 70개가 독립적인 고려인 콜호즈로 재조직되었다.

채정학이 이끌었던 카자흐스탄의 대표 고려인 콜호즈–제3인터내셔널콜호즈 입구 모습

제3인터내셔널콜호즈는 다른 모든 농장과 마찬가지로 오늘날에는 평범한 마을로서 존재하고 있다. 그런데 크즐오르다주 카르막친스키 지역에서는 행정중심지로서 기능을 하고 있으며, 여전히 과거 콜호즈

를 이끌었던 지도자 채정학(Цай Ден Хак)의 이름을 기려 기억되고 있다. 김 블라디미르(Ким В.Н.)와 같은 유명한 건축가의 이름들은 그들이 설계한 건물에서 영원히 기억되고 있는데, 그들은 여전히 아스타나, 알마티 및 다른 도시들을 꾸미고 있다. 예를 들어, 알마티에서 공화국궁전, 28판필로프공원 내 영예기념비 등을 들 수 있다. 또 당시 특별기구인 "Kazglavselezashita"의 지도자 중 한 명이었던 허가이 알렉세이 유리예비치(Хегай Алексей Юрьевич)의 이름도 메데우(세계에서 가장 높은 스케이트장)에서의 전설적인 댐건설과 깊은 관련이 있다고 할 수 있다.

고려인 사회와 카자흐스탄에 이름을 알린 고려인 저명인사들은 여전히 많다. 법학 대박사 김 블라디미르(Ким В.А.) 교수는 카자흐스탄공화국 헌법 초안 작성 및 카자흐스탄공화국 대통령 산하 전문가-자문위원회 위원으로 활동했다. 또 김 유리(Ким Ю.А.)는 소련 시기 카자흐 소비에트 사회주의 공화국 법무차관, 카자흐스탄 최고위원회의 국가 건설 및 지역 정책위원회 위원장, 중앙선거위원회 위원장, 카자흐스탄 헌법위원회 위원장으로 활동했었다(1993~2000). 니 레오니드(Ни Л.П.) 경우는 카자흐사회주의공화국의 과학자이자 기술학 대박사, 카자흐스탄 국립학술원 교수, 소련 국가상을 수상한 인물이기도 하다. 이러한 고려인 저명인사들을 모두 열거하기란 불가능하다.

카자흐스탄에서 수년 동안 살면서 우리는 다문화 사회의 시민 정체성이 공통의 초국가적 가치 (애국심, 공동의 과거, 노동 연대)를 둘러싼 다양한 민족 사회단체들을 하나로 묶는 것에 그치지 않는다는 것을 알게 되었다. 시민 정체성은 국적에 관계없이 모든 시민들이 큰 국가적 단합과 사회적 다양성을 조화롭게 통일시키기 위해 자발적인 참가 수준까지 자의식과 자각을 높이도록 해준다.

물론, CIS 고려인의 가장 아픈 집단적 기억은 소련 당국의 강제이주 정책이다. 바로 이 비극적인 시기에는 용기와 인내, 근면성, 집단주의, 그리고 다른 민족에 대한 존중과 같은 특별한 자질들이 요구되었다. 이러한 자질은 정체성과 생존을 유지하는데 뿐만 아니라 사회의 통합을 강화하는 중요한 요소 중 하나가 되었다. 민족간 의사소통은 고려인들이 서로 다른 조건에서 적응하고, 적응할 수 있는 능력을 개발하게 만들었고, 다양한 공공 네트워크는 고려인의 집단적, 개인적, 시민적, 문화적 요구를 실현하는 데 도움이 되었다.

러시아어와 한국어, 두 언어의 깊은 문화적 상호작용으로의 전환을 위한 기초로서 고려인들이 러시아어를 습득하려는 욕구는 혼합된 결과를 낳았다. 러시아어로 교육을 받은 근대 고려인들은 러시아어를 모국어라고 생각한다. 그들은 러시아어로 자유롭게 말하고 생각한 것을 러시아어로 쓰고 학술 연구와 창조적 연구 결과를 러시아어로 표현하고 있다.

소련의 붕괴로 경제 또한 어려운 상황에 다다랐을 때, 대량으로 해외로 이주한 고려인들은 없었다. 이는 러시아와 카자흐 문화의 특성이 이미 몸에 배어있던 카자흐스탄 고려인의 현대적인 국가 멘털리티, 정신 때문인 것으로 설명될 수 있다.

과거 고려인들에게 강제이주 직후 고려말 교육의 가능성을 상실한 것은 부정적인 영향으로 이어졌다. 이는 문화와 언어의 기초를 실질적으로 잃어버린 결과를 초래했다. 수십 년에 걸친 카자흐스탄 거주 고려인의 역사적 경로는 매우 광범위하고 위대하다. 오늘날 젊은 고려인 세대와 미래 세대가 고려인이 위대한 국가의 한민족 대표임을 이해하고, 또 카자흐인, 러시아인, 그리고 그 밖의 모든 타민족들처럼 우리 모두가 카자흐스탄-집에 살아가고 있음을 이해할 필요가 있다. 과거 고려인 조상들은 지역 주민들의 지원 덕분에 살아남았고, 이는 결코 잊지 못할 일이다. 우리는 공동의 미래와 연결되어 있고, 동등한 사람들 사이에서 평등하게 카자흐스탄 사회의 필수적인 부분으로 살아가고 있다. 이곳에서 우리는 자리를 잡았고, 우리 아이들도 자신의 미래를 카자흐스탄과 연결하고 살아가고 있다.

고려인들은 또한 카자흐스탄에서 국립 고려극장이 성공적으로 운영되고 있는 것에 대해서 자랑스럽게 생각한다. 게다가 고려인 사회는 한글과 러시아어로 출판되는 90여 년 역사의 신문 『고려일보』도 가지고 있다. 국가의 지원 덕분에 이 특별한 조직들이 보존될 수 있었고, 이제는 고려인 사회의 소중한 문화유산이 되었다.

모든 민족사회와 마찬가지로 고려인 사회에서도 부유층과 중산층, 저소득층으로 계층간 구별이 있다. 알마티와 다른 대도시들에서는 부유층들이 많고, 저소득층은 농촌이나 시골지역에서 더 분포되어 나타나고 있다.

고려인의 교육 수준은 다른 민족보다 더 높은 수준에 있어서 확률적으로 새로운 경제 상황에 적응할 수 있는 기회가 많다. 오늘날 새로운 삶의 길에 접어든 고려인들은 편견없는 시선으로 상황을 바라보고, 빠르게 배우며, 다각적으로 스스로를 변화시키며 적응해 갈 수 있는 역량을 갖고 있다.

고려인 밀집거주 지역에서 실시된 사회학적 조사는 사회적 계층화에 대한 평가가 자연스러운 과정임을 보여 주었다. 동시에 그들은 사람마다 제각각의 능력이 서로 다르다고 생각하며, 불평등 문제에 대한 자유주의적 접근을 지지하고 있다.

인종, 언어, 이주, 법률 및 기타 문제와 같은 사회시스템의 보다 복잡한 상호작용 문제들은 덜 걱정이 된다. 대체적으로 고려인의 대다수는 카자흐스탄의 사회-정치적 상황을 긍정적으로 평가한다.

최근 몇 년 동안 고려인의 사회정치 활동이 크게 증가했다. 실시된 조사연구를 보면, 카자흐스탄 고려인들 사이에서 정치참여 의식이 상당히 높은 것으로 나타났다. 그러나 젊은 세대는 여전히 노년층에 비해 정치적 사안에 중립적인 입장을 취하고 있다. 현대 고려인 디아스포라의 의식 속에 권력과 인기에 대한 욕구가 생생하게 표현되고 있다는 증표이기도 하다.

나이가 든 고려인들 중, 특히 사회적으로 가장 취약한 계층은 힘든 삶에 지쳐 있기 때문에 강한 권력에 의존하는 경향이 있다. 그러나 중간 세대와 젊은 세대들은 여러 가지 형태의 권위주의를 내세우는 것에 대해 무관심한 태도를 보이고 있다. 상대적으로 대다수의 고려인들은 정치적 규정들을 준수하면서 정치적 다원주의를 지지한다. 이런 의미에서 이는 고려인의 의식에 형성되고 있는 가치와 이상의 체계라고 볼 수 있다. 모든 민족의 미래는 젊은이들, 즉 사회-정신적, 지적인 잠재력을 지닌 젊은 세대와 관련이 되어 있는데, 어떤 사회의 재생력으로서의 젊은 세대의 잠재력은 젊은 세대에 내재된 가치 체계와 정신적 지향 체계에 의해 판단해 볼 수 있다. 이런 체계는 변하기 쉽고 그런 체계에 대한 관념은 늘 지속적인 수정이 필요하다. 청년기에 형성된 가치관과 이념 체계는 평생 동안 인간의 행동을 결정한다. 결과적으로, 고려인의 가치 지향 체계에서 그의 삶 전체의 구조에 대한 끊임없는 분석은 학문적으로 뿐만 아니라 실용적인 가치가 있다.

시장 개혁이 시작되면서 고려인들은 문명국가 진화의 자연스러운 원칙으로 자본주의의 개념을 채택했다. 가격 법칙이 마치 만유인력의 법칙처럼 받아들여져 모든 것은 시장에 의해 조정되어야 했다.

고려인 사회의 사회적 지위 구조 문제에 대한 사회학적 분석 결과를 보면 변화가 일어나고 있음을 알 수 있다. 예를 들면, 한 사회 구조에서 다른 사회 구조로의 전환과 새로운 사회계층의 출현, 중산층의 출현 및 다른 계층의 빈곤화 등이다. 최근 고려인 사회에서는 새로운 계층, 소위 사회적인 문화교육 계층이라 불리는 기업가와 사업가, 자유 전문가, 협력자 등이 등장하고 있다. 분석 결과는 또한 고려인 디아스포라의 사회 구조에서의 변화를 보여주는데, 즉 비이성적인(신화적인) 인식에서 더 균형잡힌 인식으로의 전환, 다시 말해 카자흐스탄 사회에서 자신의 위치에 대한 합리적인 이해가 시작되고 있다는 것이다.

개혁(페레스트로이카)에 의해 가속화된 소비에트 사회의 체계적 위기는 소련의 붕괴로 이어졌고 많은 이들에게 충격으로 다가왔다. 고통스러웠던 이 재앙은 사실 전 소련방 영역의 외부에 역사적인 모국을 두고 이는 사람들에게 더 크게 다가왔다. 그 누구보다도 소련 내 소수민족들이 고통을 겪었는데, CIS 내의 동포들이나 친척들과의 자유로운 혈연적 접촉의 기회가 많이 상실되었던 것이다.

현재 고려인들은 러시아, 우크라이나, 발트해 연안, 중앙아시아 및 캅카스 지역들에서 살아가고 있다. 그들은 그 지역에서 단순히 거주만 하는 것이 아니라 그 지역민들과 친구가 되고 혼인을 통해 친족관계를 맺기도 했다. 민족 간의 우정, 이것은 이데올로기적인 신화가 아니라 우리가 카자흐스탄에서 경험을 통해 알고 있는 실제(현실)인 것이다.

카자흐스탄의 독립 선언은 고려인을 포함한 많은 민족들의 새로운 공존 조건들을 결정해준 일련의 상황들도 수반하고 있다. 소련 지배에서 벗어나 사회적 부흥을 위해 카자흐 민족은 오랜 시간 동안 잃었던 것들을 찾고자 몸부림쳤다. 무엇보다 국가차원의 "카자흐화"를 위한 혁신적인 추진은 이전 소련시대의 "러시아화"를 상쇄하는 것으로 보이며 사람들의 적응력을 초월하고 있다. 나아가 이는 각 민족들로 하여금 카자흐스탄 영토에서 자신들의 문화의 운명에 대해 불안을 야기시키는 면도 있다. 물론 이러한 우려가 얼마나 근거가 있을지에 대해서는 대화가 필요하지만 생각해 볼만한 것이기는 하다.

소련 붕괴로 힘든 경제적 위기의 시기에 카자흐스탄은 주권을 획득하고 신생 국가로 발돋움하기 시작했다. 특히 모든 시민과, 특히 역사적인 모국 밖에서 사는 사람들-소수민족들이 이런 상황을 더 크게 느꼈다. 고려인들은 이전에 다소 무관심했던 민족정체성에 대해 생각하기 시작했다. 자신들의 진짜 고향은 어디이며, 어디에서 태어났으며, 조상들의 땅은 어디인지에 대해서 궁금해 하기 시작했다. 물론 그러한 경험은 고려인들에게만 고유한 것은 아니다.

모든 카자흐스탄인은 신생 국가의 건설과 경제 개선, 국가의 문화적 가치를 회복시키고 발전시키는 데 있어 많은 어려움과 도전을 경험해야 했다. 그들은 국가적 힘(역량)을 적의와 이기적인 국가적 행위에 사용하는 것이 범죄임을 이해했다. 원하는 국가적 정치 통합의 길은 긴급하고 객관적인 문제들을 차분하고 건설적으로 해결을 할 때에 가능한 것이다.

카자흐스탄은 다민족, 다종교 국가이다. 인구의 60% 이상을 차지하는 이슬람교도들과 함께 기독교도, 불교도 및 다른 여러 종파의 신도들이 살아가고 있다. 이것은 안정적인 사회-정치적 상황의 유지에 기여하는 중요한 요소이다. 결국 모든 종교의 중심에는 거의 동일한 도덕적 원칙, 즉 인간애, 관용이 자리하고 있다. 종교에 관계없이 카자흐스탄의 모든 종교 신자들은 동등하며 평화적이다.

고려인들에게 당면한 과제들도 있다. 고려인들에게 가장 중요한 문제 중 하나는 잃어버린 모국어와 전통문화의 부활이다. 이는 독립 이후 계속되어 온 문제이기도 하다. 또 다른 문제는 다른 주변 민족들과 관계된 것이다. 고려인들이 카자흐스탄에 거주 해 온 동안에 더 많은 성공을 이루었다거나, 혹은 더 많은 문제가 축적되었다고 말하는 것은 불가능하다. 즉 한 민족이 다른 민족보다 모든 일에서 성공했다거나 혹은 뒤쳐졌다고 말하기란 어렵다는 것이다. 카자흐스탄의 고려인들은 카자흐스탄 인구의 일부이며, 모든 기쁨과 모든 어려움을 다른 민족과 함께 나누고 있는 것이다.

앞서 언급했듯이, 고려인의 미래는 변혁의 길을 걷고 있는 국가의 변화와 유기적으로 연관되어 있다. 그리고 이런 과정은 국가를 강화하고 위대한 문명을 전하는데 있어서 자연스러운 동맹이 되었다고 말할 수 있다. 카자흐스탄의 사회 및 경제적 질서의 근본적인 변화는 고려인들에게도 타민족들에게도 같은 어려움을 야기하고 있으며, 공동의 노력이 요구되고 있다. 최적 형태의 현대적인 경제조직을 찾는 것은 다양한 형태의 경영과 재산의 조합과 다양한 공공 생활 분야의 사회화, 개인 및 그룹 기업가에 대한 의존 욕구를 높여주고 있다.

현재의 사회 변화는 고려인들에게 커다란 영향을 미쳤고 여러 면에서 흥미로운 전망을 불러일으키고 있다. 그럼에도 불구하고 고려인들의 미래는 전체적으로 카자흐스탄 발전에 달려 있다는 것을 인식하는 것이 중요하다. 긍정적인 상황으로 실행해 나가는데 있어서 저절로 되는 것은 없다. 지난 시간들 동안에 고려인들은 삶의 목표를 실행해 나가는데 있어서 엄청난 어려움이 있어왔는데, 긍정적인 경향과 보수적인 정서의 힘이 모두 존재해 왔다고 볼 수 있다.

카자흐스탄은 다민족 국가이며, 그 안에서 관용, 인종 간의 조화 및 민족 문화의 다양성은 사회관계 문화의 필수 요소가 되고 있다. 한 국가와 민족 문화 공간에서의 오랜 존속은 민족성에 관계없이 카자흐스탄 시민들의 도덕의식의 특징을 발전시키는 데 기여했다.

이와 같이 우리는 "고려사람"의 운명이 극적이었으며 동시에 위엄으로 가득 차 있다고 말할 수 있다. 다른 문화, 다른 언어 환경 및 기후 조건으로의 통합은 고려인 이민자 및 후세대의 삶과 의식에 많은 변화를 가져왔다. 고려인들은 자신들의 일과 다른 민족에 대한 관용을 통해 카자흐스탄에서 존경받는 민족이 되었다.

3. 고려인 사회단체의 조직과 민족정체성

민족적 부흥은 카자흐스탄의 독립과 직접적으로 관련되어 있다. 민족적 부흥-이는 이전에 실행되지 못했던 국가의 잠재적 가능성을 의식하고 실행하는 것이다. 또한 민족적 부흥은 국가에 대한 자기 확신의 시간이고 새로운 의식 획득의 시간이기도 하다.

카자흐스탄에서 고려인의 민족적 부흥은 언어와 역사, 관습, 전통, 문화, 정체성을 회복하려는 열망을 수반했다. 이 과정에서 자체적인 민족 사회 단체의 조직은 고려인 사회에 중요한 전환점이 되었다.

최초로 고려인의 민족 부흥운동은 고려인 사회 운동의 조직, 즉 자체적인 조직의 창설로부터 시작되었다. 이 운동은 1989년에 시작되었다. 당시 수도인 알마티에서는 거의 모든 분야에서 고려인 사회단체들이 조직되었다. 이러한 단체들의 기능과 목적은 모국어와 문화, 잊혀진 전통과 관습의 보급이었다. 이를 위해 다양한 동아리들이 만들어졌고 어린이와 성인을 위한 특별 한국어수업이 조직되었다. 이 중요한 활동을 수행하는데 대한민국과 북한 측으로부터 큰 도움을 받았다. 이 국가들은 한국어 교재와 한국어 교육 및 방법론을 지원해주었을 뿐만 아니라 서울과 평양으로부터 교사들을 파견해 많은 도움을 주었다.

카자흐스탄 고려인 1차 창립총회 모습; 1990

1990년 3월에 카자흐스탄 고려인의 제1차 창립총회가 알마티에서 개최되었다. 고려인 거주자가 많은 모스크바, 타시켄트, 비쉬케크 및 다른 도시들에서도 고려인 대표들이 이 창립총회에 참여했다. 이 총회에서 "카자흐스탄 고려인 문화센터 협회"가 설립되었고, 초대 협회장으로 철학 대박사인 한 구리 교수가 선출되었다.

"카자흐스탄 고려인 문화센터 협회"는 정관에서 스스로를 카자흐스탄에서 운영되는 고려인 문화 센터들을 연결해 주는 사회단체라고 밝히고 있다. 또한 "이 협회는 카자흐스탄공화국의 헌법과 법률에 따라 고려인 사회의 이익을 대변하고, 나아가 정치적, 경제적, 문화적 요구를 충족시키는 데 기여한다. 그리고 협회 활동은 국가 기관 및 공공 기관과의 긴밀한 협력 하에 수행된다"고 명시되었다.

협회 활동의 주요 방향은 다음과 같았다:

1. 첫째, 고려말(한글)의 부흥과 발전
2. 둘째, 카자흐스탄에 있는 고려인의 역사 연구
3. 셋째, 고려신문, 연극, TV 및 라디오 방송의 작품을 포함한 문학 및 예술의 개발

4. 넷째, 민족전통의 정신에 입각한 젊은이들의 교육, 민속 공예 및 관습의 회복
5. 다섯째, 해외동포와의 국제 문화적 유대 관계의 발전

카자흐스탄 고려인협회 및 산하 기구 임원, 한국기관 대표들

1995년 제3차 회의에서 "카자흐스탄 고려인 문화센터 협회"는 "카자흐스탄 고려인협회"로 개명되었다. 오늘날 협회의 지부들은 카자흐스탄의 전지역에 퍼져있다.

다음은 각 연도별로 협회 조직을 운영한 지도자들이다.

"카자흐스탄 고려인협회" 회장-
오가이 세르게이(2017~현재)

1990~1995 : 한 구리 바리소비치
(Хан Гурий Борисович)
1995~2007 : 채 유리 안드레예비치
(Цхай Юрий Андреевич)
2007~2017 : 김 로만 우헤노비치
(Ким Роман Ухенович)
2017~현재 : 오가이 세르게이 겐나데비치
(Огай Сергей Геннадьевич)

카자흐스탄 고려인협회의 목표는 카자흐스탄 다민족의 유기적인 한 부분으로서 고려인 민족을 발전시키는데 있다.

주요 활동은 다음과 같다:

- 민족 문화와 전통의 발전 및 한국어 공부
- 경제기반 조성과 지역 고려인 단체의 발전
- 세대의 연속성 보장과 청년운동 지원
- 민족 간 조화의 강화 및 유지
- 역사적인 모국 및 해외동포와의 국제 및 문화적 유대 관계의 수립과 발전

카자흐스탄 고려인협회를 비롯하여 주요 고려인 단체들이 위치하고 있는 "코리안 하우스" 건물 모습

2004년에 알마티에 "코리안하우스"가 세워졌다. 코리안하우스 안에는 카자흐스탄 고려인협회, 도서관, 『고려일보』, 카자흐스탄 중소기업

연합회 등이 있다. 또한 대화식 방법으로 진행되는 한국어 및 카자흐어 학원도 있다. 카자흐스탄 고려인협회에서는 고려인 청년운동도 활발하게 전개하고 있으며, 매년 독자적인 행사를 개최하고 있다. 알마티에는 또한 고려인 예술문화의 중심으로 고려극장도 기능을 하고 있는데, CIS 고려인 사회의 큰 자랑거리 중의 하나이기도 하다.

현재 사회 및 교육 프로젝트가 실현되고 있는 덕분에 많은 카자흐스탄인들이 대한민국에서 공부하고 언어실습을 하고 있다. 2015년에는 8개국 대표가 참석한 '고려인 국제포럼'이 개최되었고, "카자흐스탄-한국 중소기업 전시센터"가 활발히 활동 중이다.

한편 카자흐스탄 고려인협회는 가속화된 산업-혁신개발에 적극적으로 참여하고 있다. 제17차 카자흐스탄 민족의회에서 카자흐스탄 나자르바예프 대통령은 한국의 현대적인 기술을 기반으로 세워진 온실에서 야채를 재배한 카자흐스탄 고려인협회의 경험을 민족 문화 단체가 산업-혁신 개발에 참여한 한 예로 언급했다.

이외에 고려인 사회의 주요 사회조직으로 카자흐스탄 고려인 과학기술학회 "과학"을 들 수 있다. 협회는 15개국 유사 단체들과 나란히, 서울에 본부를 두고 있는 "한국 과학자 및 기술자 국제과학기술연맹"(International Federation of Science and Technology)의 구성원이다. 이 단체는 1991년에 설립되었다. 조직의 창립자들은 강(Кан В.М.), 최(Цой Э.И.), 박(Пак И.Т.), 유(Ю В.К.), 문(Мун А.Г.)이다. 회원 수는 노동영웅, 국가경연대회 수상자, 저명 과학자 및 학자, 의사 등을 포함해서 580명이다. 협회의 주요 업무는 6개 부문-물리학, 수학, 화학 기술, 생물 의학, 농업, 기술 및 사회 과학-이다. 과학 협회의 운영 및 관리를 화학 대박사이자 협회장인 문 그리고리 알렉세예비치(Мун Григорий Алексеевич) 교수와 기술학 대박사이자 명예 회장인 박 이반 티모페예비치(Пак Иван Тимофеевич) 교수가 이끄는 위원회가 수행한다.

단체의 주요 목적은 다음과 같다:

- 카자흐스탄의 과학기술 발전의 새로운 모델 구현을 위한 과학기술 및 실무 분야의 고려인 과학자 협회 조직
- 과학 및 생산의 우선적인 영역에서 혁신적인 구조의 창출, 회원, 특히 젊은 신진학자들의 창의적인 활동의 개발과 새로운 첨단 기술 및 개발의 구현을 촉진
- 회원국 간, 그리고 국내외 유사 단체와의 과학 기술 연계의 수립 및 개발
- 카자흐스탄공화국 및 국제사회에서 학술 및 과학기술의 우선 영역에 관한 국내외 규모의 학술회의, 심포지움, 세미나 수행
- 국제과학기술연맹의 행사 차원에서의 활동 조정

한편 고려인 과학기술학회는 또한 1년에 4회 "과학기술협회지"를 발행한다.

알마티에는 다음과 같은 고려인 사회단체들이 활동하고 있다.

- "노인단" - 가장 존경받는 노동 및 전쟁 참전용사들이 소속
- "조국", "비단길" - 민속합창단
- "Tesen" - 사회적 및 법적 보호위원회
- "고려노인" - 재단
- "진달래" - 여성단체
- "인삼" - 쇼그룹
- "독립" – 알마티독립유공자 협회

- "아싸" 창조 연합
- 체스 클럽
- "무궁화" - 학교
- 장교클럽
- "남성" 앙상블
- 의료 노동자 협회 등

이외에도 카자흐스탄 내의 14개 지역에서는 고려문화센터들이 성공적으로 운영되고 있으며, 이들 각 지역마다 고유의 특색있는 클럽들이 활동하고 있다.

"알마티고려인민족문화센터"는 소련이라는 강력한 국가가 무너진 이후의 어려운 시기에 형성되었다. 카자흐스탄은 주권을 향한 첫 발걸음을 내디뎠던 시기이기도 하다. 마침 그때 고려인들도 민족사회단체를 만들어 오랜 꿈을 이룰 기회를 갖게 되었다.

소련 말기인 1989년 6월 21일에 알마티시 인민위원회의 주장으로 "알마티고려인문화센터"가 등록되었다. 그 이후에 센터는 "알마티고려인민족센터"(알마티고려인민족문화중앙)으로 개명되었다. 거의 1년 동안에 걸쳐 허가이 알렉세이 유레비치(Хегай Алексей Юрьевич)가 이끄는 발기인 그룹은 고려인민족센터의 주요 목표와 과제를 한 단계 발전시켜 놓았다. 이 단체에는 박일(Пак Ир), 천(Чен В.С.), 최(Цой Я.П.), 김(Ким А.Г.), 한(Хан И.П.), 황(Хван М.У.) 김(Ким Ф.Н.), 김(Ким Ю.А.), 한(Хан Г.Б.), 김옥녀(Ким Ок Не), 최영근(Цой Ен Гын), 김 블라디미르(Ким Вл.Е.), 명 드미트리(Мен Д.В.), 오가이(Огай В.Л.), 서영환(Со Ен Хван), 양원식(Ян Вон Сик) 등의 활동가들이 속해 있다.

채택된 정관에 따르면, 알마티고려인민족센터는 자발적이고 자치적인 원칙에 기초하여 활동을 하는 사회단체이며, 민족의 우정과 인종 간 조화를 강화하고 카자흐스탄공화국의 법률을 준수한다고 되어 있다.

또한 단체의 주요 목적은 다음과 같다:

• 언어와 고유의 민족 문화의 부흥과 관련 알마티 고려인 활동의 조직 및 조정

• 민족 간 조화와 민족문화 및 민족전통의 발전을 위한 고려인들의 적극적인 활동 참여

• 정치적 탄압 희생자들의 사회적 및 법적보호를 위한 포괄적인 프로그램 시행 지원

• 알마티고려인민족센터의 회원들과 고려인 시민의 이익 대표 및 법적 권리 보호

• 고려인의 학술, 교육, 기업 활동에 대한 지원

"알마티고려인민족센터"(알마티고려인민족문화중앙) 로고

알마티고려인민족센터의 최고 기관은 총회이다. 관리위원회(이사회) 구성원 수는 42명이고, 부회장은 2명이며, 감사위원회는 3명이다. 알마티고려인민족센터는 또한 21개 부로 구성되어 있다. 김(Ким А.Г.), 천(Чен В.С.), 황(Хван М.В.), 박(Пак В.М.), 리(Ли И.П.), 신(Шин Б.С.) 등은 오랫동안 알마티고려인민족센터를 지속적으로 관리하고 높은 수준의 문화센터로 조직을 이끌어 왔으며, 각자가 센터의 활동에 큰 기여를 했다.

카자흐스탄 사회에서 인종 간, 종교 간 동의와 관용을 보장하는 문제에 있어서 문화 센터들의 역할은 실용적인 활동과 책임감에 반영되어 나타난다. 알마티고려인민족센터는 20년 동안 카자흐스탄 내에서 우호관계를 강화하고 안정을 유지하는 과정에 기여해 왔다.

알마티고려인민족센터는 카자흐스탄 민족의회의 다음과 같은 모든 행사와 프로젝트에 적극적으로 참여 한다: 카자흐스탄 민족언어의날, 원탁회의, 도시의 날, '나우르즈' 명절(카자흐식 새해 명절), 카자흐스탄 민족단합의 날, 체육대회. 이 민족센터 구성원들에게 가장 중대한 사건 중의 하나는 카자흐스탄공화국 헌법 10주년 기념일에 누르술탄 나자르바예프 대통령과 만난 일이다. 알마티고려인민족센터의 많은 회원들은 카자흐스탄 민족의회로부터 편지와 감사장을 받기도 했는데, 민족센터 구성원 중 4명이 카자흐스탄 민족의회의 일원이고, 회장인 신 브로니슬라브 세르게예비치(Шин Бронислав Сергеевич)는 알마티 시의회 제5차대회에서 대의원으로 선출되어 활동하고 있다.

알마티고려인민족센터는 카자흐스탄공화국의 고려인 운동에도 적극적으로 참여하고 있다. 카자흐스탄 고려인협회와의 공동행사 개최는 카자흐스탄 내 사회활동가들과의 연대를 촉진시키고 있다. 그 예로 카자흐스탄에서 개최되었던 고려인 정주 80주년을 기념하는 '디아스포라의 길' 프로젝트와 '지방들의 해' 이벤트를 들 수 있다.

알마티시의 고려인 디아스포라는 주로 『고려일보』 신문의 구독자들이다. 알마티고려인민족센터의 모든 행사들은 TV 및 라디오 방송 "카자흐스탄"에 전달 방영된다. 고려인민족센터의 구성원들은 고려극장에서 만든 작품의 관람자들이기도 한데, 고려극장은 고려인민족센터가 행사를 개최하는데 가장 직접적이고 적극적인 역할을 하고 있다.

설립 당시부터 알마티고려인민족센터의 주요 임무 중 하나는 모국어 보존 및 연구였다. 현재 한국어 학습이 진행되고 있는 2개의 유치원과 1, 16, 37, 65번 학교들을 관리하고 있다.

알마티고려인민족센터 산하에는 또한 언어와 민족 역사, 문화 보존, 전통 및 관습 연구에 전념하고 있는 "무궁화" 학교가 있다. 또한 산하에 독립유공자후손협회 "독립"이 있는데, 과거 한반도의 독립을 위해 투쟁한 독립투사들의 역사 보존을 위해 노력하고 있다. 사회 및 법적보호위원회 "Tesen"은 강제이주 희생자들의 명예회복 문제에 큰 기여를 하고 있다. 모든 센터와 단체들은 알마티고려인민족센터의 활동에 적극적으로 참여하고 있다.

알마티고려인민족센터 구성원들에게 대중과의 공동 작업 및 여가활동도 중요하다. 고려인민족센터는 "조국"과 "비단길" 민족합창단, 노인단체 "고려인"과 "노인단", 그리고 공공재단 "친선" 클럽을 창단하여 노인세대들도 고려민족센터의 사회활동에 참여시키고 있다.

이밖에 현재 알마티고려민족센터에는 여성단체인 "진달래", 체스 클럽, "한식 미식가 클럽", 클럽 "사임당", 의료 노동자 협회, 장교클럽 등이 있어 누구나 사회적 교류를 나눌 수 있다. 또한 센터는 청년 세대에 대한 관심을 기울였고, 1992년에 청년운동이 조직되었다. 이를 기반으로 현재 열정적이고 꿈이 많은 젊은 세대가 활동하고 있는데, 젊은이들은 창의적인 아이디어를 예술앙상블 "임삼", "남성"의 작품 속에서 구현하고 있다.

1990년부터 음력 설축제와 고려문화의날 기념 행사는 좋은 전통이 되었다. 카자흐스탄공화국 인민 예술가 김 림마 이바노브나(Ким Римма Ивановна)가 지휘하는 "비둘기" 앙상블은 가장 적극적인 민족문화 전파자 중의 하나이다. 그녀는 미국, 대한민국 및 북한 등지에서 여러 차례 공연을 한 바가 있다. 2005년에는 알마티고려인민족센터의 추천으로 고려극장의 아티스트인 문공자에게 국가로부터 '카자흐스탄 공화국 영예일꾼' 칭호가 수여되었고, 2007년에는 "조국" 합창단에게 '민족합창단' 칭호가 수여되었다.

여기에 그치지 않고 알마티고려인민족센터의 지원으로 고려인의 관습과 전통을 다룬 책 '우리의 기원'과 미술전시회 카탈로그 '고려사람'이 출간되기도 했다. 활동을 시작한 이래로 알마티고려인민족센터는 한반도와의 관계에도 많은 관심을 기울이고 있는데, 현재 대한민국과 북한 대사관, 알마티 한국교육원, 그리고 카자흐스탄 내 한국시민단체들과의 관계가 유지되고 있다.

한국국제협력단(KOICA)의 지원 하에 알마티고려인민족센터에 의해 한국 민속악기 전시회가 개최되기도 했다. 한국국제협력단에서 파견된 자원봉사자들이 고려인들에게 전통 피리, 가야금 같은 악기의 연주법과 전통 민속무용을 가르쳤고, 2007년에는 대한민국 김신일 부총리가 고려인민족센터를 방문했고, 이 자리에서 "무궁화" 학교에 컴퓨터를 선물하기도 했다. 또 2009년 5월에 이명박 전 대통령이 카자흐스탄을 공식 방문했을 때에 고려인민족센터의 예술가 대표단이 적극적으로 한국 대통령의 방문을 환영했다.

알마티고려인민족센터는 독립적이고 다각적인 조직으로 형성되었는데, "가능한 많은 사람에게 도움주기"라는 모토에 따라 활동을 하고 있다. 이 민족센터의 발전을 위해 신 브로니슬라브 세르게예비치 회장은 수년 동안 자신의 시간과 에너지, 상당한 물질적 지원을 해왔다. 그의 직접적인 리더십과 논쟁의 여지가 없는 권위는 카자흐스탄 고려인의 3분의 1이 살고 있는 알마티의 고려인 디아스포라를 통합하는 열쇠가 되었다.

현재 알마티고려인민족센터 내에는 젊은 세대 지도자들이 성장하고 있다. 이들은 민족간 평화와 우정 및 조화를 유지하고, 정관 및 프로그램 업무를 성공적으로 해결하기 위한 사회활동의 경험을 받아들이고 있다. 본 센터의 회장은 전체적인 리더십을 발휘하고 전략적 과제를 해결하며 필요한 자금을 제공하고, 젊은 지도자들은 운영 업무를 수행하며 수많은 대규모 이벤트를 준비하고 실행하는 가운데 센터의 발전이 지속되고 있다.

4. 고려인의 이주와 사회적 의미

오늘날에도 사회-경제적, 정치적, 문화적 삶의 변화에 따라 국제사회 곳곳에서 이주가 발생하고 있다. 과거와 현재의 사람들의 이민 경험에 대한 연구와 역사적, 다방면의 상호 관계에 대한 깊은 이해는 역사적, 이론적, 실제적 측면에서 오늘날 관련이 있다. 카자흐스탄이 독립국가가 되면서 고려인 디아스포라의 현안 문제에 대한 연구는 적절하고 지연시킬 수 없는 문제가 되었다.

한반도 이외 지역에서 150여 개국에 약 780만 명의 고려인이 살고 있다. 세계 여러 나라에서 고려인은 정치적, 경제적, 문화적, 사회적 지위가 다르다. 이는 역사적인 사건과 거주 국가의 국가정책에 기인한다. CIS, 중국, 미국, 일본, 유럽, 동남아시아, 남미, 호주 및 기타 국가들에 거주하는 한민족들의 경우 상시거주민의 지위를 갖고 있다. 따라서 학자들은 일상생활에서의 사회-경제적, 정치적, 심리적, 문화적 문제, 또는 고려인 디아스포라를 형성한 이주 과정 연구에 특별한 관심을 기울이고 있다.

고려인들의 이주 문제에 대한 광범위한 검토와 연구는 김 게르만

(Ким Герман Николаевич)과 멘디쿨로바(Мендикулова Г.Д.) 대박사의 논문에서 소개되고 있다. 소련 시대에 이민에 관한 연구는 발표되지 않았다. 고려인을 "일본 간첩"이라고 매도했던 전체주의 시기에 이민 연구는 이념적으로 금지되었었기 때문이다.

이민 과정에 대한 연구는, 고려인 디아스포라의 예를 볼 때, 이론적 관점에서 뿐만 아니라 실용적인 관점에서도 학술적, 정치적 관심을 불러일으킨다. 소련의 붕괴로 인해 사람들의 국가 간 이동과 노동력의 문제는 중요성을 얻고 있다. 한 나라와 대륙에서 다른 지역으로 대량으로 사람들이 섞이게 되었고, 중앙아시아와 아프리카 지역에서는 군대의 개입이나 민족, 정치적 갈등 등이 이민의 요인이 되었다.

세계의 사회-경제적 및 민주적 발전 과정에서 이민이 미치는 영향은 잘 알려져 있다. 이 측면에서 고려인의 노동이민 현황 분석과 유럽, 미국, 한국 등의 선진국들에서 고려인의 경제적 적응 가능성과 조건에 대한 연구가 필요하며, 진행 중에 있다. 고려인 디아스포라는 카자흐스탄 전체 인구의 필수적인 부분으로, 고려인 역사의 단절된 부분이 새로운 페이지로 채워지고 있다. 일반적으로 고려인의 현대 이민 문제에 대한 연구는 국가적 통합 발전에 필요하고, 무엇보다 민족적 부흥과 관련이 있다.

민족 집단 이민의 역사에서 민족정체성은 인간의 탄생과 함께 다양한 이유와 인생의 여러 단계에서 얻어지는 것으로 알려져 있다. 민족정체성을 보존하기 위해 무엇이 행해졌는지, 왜 그들이 문화적 동화 또는 동화 과정을 거쳤는지를 고려하는 것이 중요하다. 민족정체성을 보존하는 과정은 고려인으로 하여금 한민족에 속한다는 큰 자부심을 갖게 만든다. 오늘날 카자흐스탄의 고려인들은 역사적인 모국을 더 자주 방문하려고 노력하며, 세계 여러 나라의 한민족들과도 교류하고 있다.

고려인들은 과거 추방당한 민족으로 주변민족들의 연민을 자아낼 정도로 법적 박탈을 당하며 살아간 경험을 안고 있다. 고려인의 관습과 행동 패턴은 카자흐인에 가깝다. 고려인과 카자흐인은 경쟁하지 않았는데, 대부분의 고려인이 농작물 재배에 종사했고, 카자흐인은 목축업에 종사했다. 이는 고려인과 카자흐인 사이에 상호 보완이 이루어지게 했다. 반면에 고려인들은 러시아 학교에서 공부하고 점차적으로 러시아어를 사용하는 그룹으로 변모했으며, 유럽식 사고방식에 영향을 받아 러시아에 더 가까이 다가갔다. 주류 민족도 아니고 '큰형'도 아니면서 고려인들은 짧은 기간 동안에 농업 및 산업생산, 과학, 교육, 보건 및 스포츠 분야에서 상당한 업적을 달성했고, 이는 주변 모든 민족들로부터 존경의 근원이 되었다.

카자흐스탄에서 고려인의 이민 과정의 특성들(동기)은 다음과 같다:

1. 실업 또는 전문적인 자질에 대한 수요 부족으로 거주지를 떠나기로 결정해야 하는 등의 불만족스러운 경제 상황
2. 정상적인 사회생활에 필요한 사회적 지위의 결핍이나 국가의 지원의 부재
3. 부모가 물질적인 도움과 보살핌을 필요로 하는 상황에서 가족의 재결합이나 심각한 가정 문제가 존재하는 경우
4. 역사적 고향으로의 귀환을 자극하는 도덕적이고 감정적인 성격의 요소들(선조들의 고국으로 돌아가서 자신의 민족집단과의 재결합을 한다는 단순한 생각이 깊은 도덕적 만족감으로 이어질 때, 물론 비실용적이지만 자녀들에게 양질의 삶을 제공할 수 있는 기회라고 여기는 경우).

이민 문제는 항상 새로운 장소에서의 성공적인 정착을 위한 조건들, 즉 교통, 배치, 정착 및 사회-정치적, 경제적 및 문화-교육적 지위의 제

공과 관련된 조건들에 의해 결정이 된다. 카자흐스탄 독립 이후에도 러시아와 다른 해외 국가들로 고려인들의 이민이 있었다. 이민자들은 대부분 젊은 층들이었다.

그런데 1990년대의 특징인 민족대이동은 지났지만 고려인들 사이에서 이민의 물결은 여전히 남아 있음에 주목해야 한다. 카자흐스탄 고려인 민족의 인구는 11만 명이다. 카자흐스탄을 떠날 계획이 없는 사람들 중에는 재정적, 연령 및 기타 이유로 인해 머물러있는 사람들과 현재의 위치에서 편안함을 느끼기 때문에 이주하고 싶지 않은 사람들로 나눌 수 있는데, 대부분은 현재의 쾌적한 환경을 떠나고 싶어 하지 않는다.

반면 고려인들 중에는 영주거주를 위해 다른 나라로 이사하기를 원하는 사람들 그룹도 있다. 그들은 고등 교육을 받았고, 외국어를 알고 있으며, 미래에 대한 확신과 꿈, 자신감을 갖고 있다. 그들은 이미 소련 붕괴 이후 러시아나 다른 해외 국가들로 이주했다. 물론 역사적인 모국인 한국도 여기에 해당된다.

한국 이민의 장점은 다음과 같다:

1. 안전: 낮은 범죄율, 모든 도시에서 하루 중 언제든지 밖에서 아이들이 안전하게 지낼 수 있음
2. 발전된 민주주의와 고도의 시민사회
3. 법치 우선: 아마 모든 방문객을 위해 편한 것이 아닐 수는 있지만 법준수는 사회와 국가의 발전에 필수적이며 빠르게 그것에 익숙해 질 수 있음
4. 높은 생활 수준
5. 높은 수준의 인프라: 도로, 교통수단 및 기타 통신, 풍부한 레크리에이션 분야
6. 첨단 의학과 양질의 사회 보장

7. 높은 교육 및 문화 수준

8. 어린이, 여성 및 노인에 대한 정부의 관심

이에 비해 한국 이민의 단점은 다음과 같다:

1. 가장 걱정스런 부분으로 남북 간의 전쟁 중단 상황, 북한과의 비평화상태 지속

2. 한국어 불가능 및 한국 전통에 대한 지식의 부재

3. 고급 현대 기술의 부재

4. 이민자의 지위 문제

5. 불안한 휴전선에서의 상황

카자흐스탄을 떠나 한국으로 이주를 해도 되겠는가(나중에 문제가 없겠는가)에 대한 답변은 다음과 같다:

1. 한국은 이스라엘과 독일이 행한 것처럼 동족들의 정보를 수집하지 않는다.

2. 당연히, 언급된 부족한 부분들은 해외동포들에 상시거주를 허용하지 않는 것을 목적으로 하는 국가정책 내에서 다른 식으로 보상된다.

3. 상시 거주를 시도하는 것이 카자흐스탄 국적의 상실을 의미하지는 않는다. 독일인 출신 이민자, 러시아 출신 러시아인과 마찬가지로 마음에 들지 않으면 다시 돌아올 수 있다.

소련이 붕괴된 지 30년이 지나고 있다. 그 사이 카자흐스탄의 고려인 인구는 타지키스탄과 우즈베키스탄에서 온 고려인들로 채워지며 큰 변함이 없었다. 하지만 카자흐스탄을 떠난 고려인들도 있다. 그들은

새로운 현지 생활에 통합되고 다른 민족그룹과 전문적이고 비즈니스적인 관계를 맺었다.

2005년에 대한민국 정부는 CIS 국가 거주 고려인을 지원하기 위한 새로운 프로그램을 도입했다. 한국 정부는 옛 소련 동포들과의 연계를 위한 특별 조치로 조직적인 한국방문 프로그램을 시행했다. 또한 러시아 지역 당국과 긴밀히 협력하여 중앙아시아에서 들어 온 고려인들에 대한 법적문제 해결을 위해 노력했다.

카자흐스탄에 있는 고려인들은 아주 편안함을 느낀다. 사회를 분열시킬 수 있는 종족 간의 갈등만이 위협이 될 수 있으나 그러한 위협은 실제적으로 불가능하다. 그것은 카자흐스탄 나자르바예프 누르술탄 대통령이 창안한 국가시스템과 관련이 있는데, 그 시스템을 흔드는 자체가 불가능하기 때문이다. 국가의 상황을 관리할 수 있는 시스템은 앞으로도 계속 작동될 것이다. 그동안 불안정한 안보상황이 발생한 적은 없다. 그렇기에 카자흐스탄의 고려인 디아스포라도 편안함을 느끼며 살아갈 수 있는 것이다.

소련 붕괴 이후 카자흐스탄 사회에서는 새로운 정체성 안에서 형성된 새로운 힘의 중심들이 생겨났다. 이러한 힘의 중심들은 민족문화적 경계들을 나누는 힘으로 작용했다. 결과적으로 카자흐스탄 사회는 사회, 재산, 종교, 소수 민족 등의 다양한 방향으로 많은 민족문화적 경계들로 잘려지게 되었다. 다민족 국가인 카자흐스탄에서는 이러한 경향이 특히 두드러진다.

역사적 경험에 따르면 외국 환경에서 민족정체성의 과정은 힘들고 장기적이다. 그것은 인류사회의 분열을 촉진시키는 현대의 도시화 된 환경에서 더욱 심화된다. 특히 세계 어느 나라에서든지 고려인 디아스포라는 도시 거주가 특징인데, 고려인들도 그런 환경에서 민족정체성을 보존하려는 노력을 하게 될 것이다.

　도시화된 환경에서는 이주민들의 문화와 일상생활의 전통을 보존하기가 매우 어렵다. 따라서 고려인들은 민족적 뿌리를 보존하기 위해 언어, 문화, 전통 등의 부활을 목표로 카자흐스탄 전 지역에 민족문화센터들을 두고 있다. 이 센터들은 자신들의 뿌리와 관련된 정보와 욕구들을 충족시키는 데 도움을 주며, 민족의식 교육에도 도움을 주고 있다. 각 민족단체들은 흔히 소수민족의 하위문화를 발전시키고 사회 속에서의 타민족과의 통합을 촉진해주는 기관으로 간주된다. 고려인의 삶은 카자흐스탄의 주권과 독립 선포 이후 상황이 좋아졌거나 나빠졌다고 말할 수 없다. 소수민족의 거주 상황을 긍정적으로 변모시켜 나갈 수 있는 많은 옵션들과 가능성, 기회들이 있고, 자신의 지식이나 근면성, 노력에 따라 모든 것은 변할 수 있다.

제2장

카자흐스탄 국가 건설에 참여하는 고려인들

1. 사회개혁의 선두에 선 고려인 지식인들

지나온 거주 기간 동안 카자흐스탄에 거주하는 110,000명의 고려인들은 카자흐스탄 사회의 발전과 개혁에 커다란 공헌을 했다. 고려인들은 농업과 지질학, 화학 및 의학 분야에서 최고 수준의 결과들을 만들어 왔다.

1950년대 이후 소련 정부는 학술-과학 발전을 적극적으로 추진했다. 과학자, 학자-교수진에 대한 임금 인상, 학술 기관의 물질적 기초가크게 개선되었고, 과학과 산업 간의 연계가 확립되었다. 그 결과 과학기술 엘리트가 형성되었고, 가장 중요한 과학기술 분야에서도 고려인과학자들에 의해 중요한 역할이 수행되었고 해당 분야의 발전에 크게일조했다.

과거 소련 붕괴 이후 경제혼란기에 국가의 산업화 발전을 위해 소련 정부는 양질의 전문가를 확보해야 했다. 과학-학문 분야에서도 새로운 세대 변화가 생겨났고, 고려인 사회에서는 김영광 인수고비치(Ким Енгван Инсугович)와 니 레오니드 파블로비치 등과 같은 저명한 학자들에 의해 구축된 학문 전통들이 계속되어 나갔다. 분야별로 카자흐스탄 고려인 지식인들을 살펴보자. 카자흐스탄은 대체 천연자원이 풍부한 나라인데, 특별한 책임감을 갖고 활동했던 고려인 지질학 전문가들을 들 수 있다. 리 비탈리 가브릴로비치(Ли Виталий Гаврилович)(2개 국가상 수상자)와 채 다미르 테렌테비치(Цай Дамир Терентьевич), 최사명 빅토로비치(Цой Самен Викторович), 오가이 예브게니 키포니예비치(Огай Евгений Кипониевич), 리 알렉산드르 보노비치(Ли Александр Бонович) 등의 학자들이 광석 및 비금속, 석유 및 가스 매장지의 지역 지질학 연구에 크게 기여했다.

광산물의 효과적인 채광은 카자흐스탄에서 가장 중요한 과제 중 하나이며, 이 분야에서 일하는 고려인 과학자들의 역할은 중요하다. 이외에도 최 니콜라이 드미트리예비치(Цой Николай Дмитриевич), 김 올게르드 바실리예비치(Ким Ольгерд Васильевич), 권 세르게이 승구비치(Квон Сергей Сын-Гувич), 한 옥챠브르 알렉산드로비치(Хан Октябрь Александрович), 채 레프 알렉산드로비치(Цай Лев Александрович), 텐 니콜라이 알렉산드로비치(Тен Николай Александрович) 등의 박사, 교수 및 연구진들이 큰 기여를 했다.

수학 연구의 권위자는 단연 과거 카자흐공화국 시절 공훈학자이자 카자흐공화국 학술원 회원인 김영광 인수고비치이다. 고가이 레오니드 이바노비치(Когай Леонид Иванович)와 최 블라디미르 알렉산드로비치(Цой Владимир Александрович), 채 세르게이 메포데비치

(Цхай Сергей Мефодьевич), 박 마라트 알렉산드로비치 (Пак Марат Александрович), 박 세르게이 파블로비치(Пак Сергей Павлович), 박 유리 니콜라예비치(Пак Юрий Николаевич), 박 이반 티모페예비치(Пак Иван Тимофеевич), 김 알렉산드르 세르게예비치(Ким Александр Сергеевич, 노가이 아돌프 세르게예비치(Ногай Адольф Сергеевич) 등은 수학, 물리학 및 기술과학 분야의 학자 및 교수들로 김영광 인수고비치와 더불어 카자흐스탄 자연과학 분야 발전에 큰 기여를 했다.

한편 카자흐스탄의 화학 분야 발전을 위해 문 알렉세이 인서노비치 (Мун Алексей Инсенович), 박 알라 미하일로브나(Пак Алла Михайловна), 김 마라트 히체로비치(Ким Марат Хичерович), 김 데카브리나 기유노브나(Ким Декабрина Гиюновна), 채 알렉산드르 알렉세예비치(Цхай Александр Алексеевич), 문 그리고리 알렉세예비치 (Мун Григорий Алексеевич), 유 발렌티나 콘스탄티노브나(Ю Валентина Константиновна), 강 뱌체슬라프 막시모비치(Кан Вячеслав Максимович) 등도 큰 족적을 남겼다.

철야금학 및 비철금속 분야는 카자흐스탄 경제의 가장 중요한 부문 중 하나이다. 경금속의 야금학 이론과 실습 분야의 뛰어난 학자로 카자흐스탄 학술원 회원인 니 레오니드 파블로비치(Ни Леонид Павлович) (국가상 수상자)를 단연 꼽을 수 있다. 그 외에 국가상 수상자 김 바실리 아나톨레비치(Ким Василий Анатольевич)와 김 알렉산드르 세르게예비치(Ким Александр Сергеевич) 등도 포함시킬 수 있다. 고려인 디아스포라인 리 이그나티 예브게니예비치(Ли Игнатий Евгеньевич)와 김 블라디미르 세르게예비치(Ким Владимир Сергеевич), 윤 루슬란 보리소비치(Юн Руслан Борисович), 윤 알렉산드르 보리소비치

(Юн Александр Борисович) 등은 "Kazakhmys" 법인 설립 및 발전에 중요한 역할을 수행했다.

전염병 및 산업 재해 방지는 공중 보건 분야에서 우선 순위를 차지한다. 내과 분야에서도 우수한 고려인 의사-학자들과 조직자들에 의해 많은 기여가 있었다. 여기에는 최 길용 바실레비치(Цой Гилен Васильевич), 니가이 그리고리 안드레예비치(Нигай Григорий Андреевич), 문 니콜라이 바실레예비치(Мун Николай Васильевич), 오가이 엘레나 알렉산드로브나(Огай Елена Александровна) 등이 포함된다. 이외에도 의학 분야에서는 고려인 박사·대박사들과 교수들이 상당히 많다. 그중에서는 특별히 언급해야 할 박사-의학자들로는, 최 이고리 길용노비치(Цой Игорь Гиленович), 신 스베틀라나 니콜라예브나(Шин Светлана Николаевна), 주가이(이만바예바) 타티아나

책 '학문, 기술, 문화 분야 카자흐스탄의 고려인들' 출판회를 진행하는 박 이반 교수

미하일로브나(Иманбаева (Тюгай) Татьяна Михайловна), 니가이 넬리 그리고리예브나(Нигай Нелли Григорьевна), 김 빅토르 보리소비치(Ким Виктор Борисович), 림 류드밀라 빅토로브나(Лим Людмила Викторовна), 리가이 조야 니콜라예브나(Лигай Зоя Николаевна) 등을 들 수 있다. 여기에 심장 수술에 뛰어난 공헌을 한 노동영웅-교수 배 유리 블라디미로비치도 언급하지 않을 수 없다.

목축 분야에서도 동물 육종가들이 큰 성공을 이루었다. 소련 국가상 수상자인 박 데이비드 니콜라예비치(Пак Давид Николаевич) 교수 (아라타우 가축품종 개발자)와 남카자흐스탄 메리양 품종 개발자인 최 라브렌티 이바노비치(Цой Лаврентий Иванович) 교수가 그들이다. 농업 발전에서도 중요한 기여가 있었는데, 황 알렉산드르 이바노비치(Хван лександр Иванович)와 김 콘스탄틴 세메노비치(Ким Константин Семенович)를 들 수 있다. 이들은 수확량이 좋은 '카라탈'(Karatal) 양파와 '우시토베'(Ustobe), '알라타우'(Alatau) 품종의 쌀을 개발해 내었다. 또 농학 대박사 박 니콜라이 알렉산드로비치(Пак Николай Александрович)는 염류토양과 짧은 생육기간에 적응된 '수확', '여명', '박-리' 등의 쌀품종을 개발하여 카자흐스탄 벼농사 발전에 큰 기여를 했다. 또한 리가이 게르만 레온테비치(Лигай Герман Леонтьевич)는 고수익 감자 품종인 '쿠갈르'(Kugaly), '오르비타'(Orbita), '아이트물라트'(Aitmulat), '토흐타르'(Tohtar)를 개발 보급하여 카자흐스탄의 농업발전에 주목할 만한 기록을 남겼고, 박 세묜 미하일로비치(Пак Семен Михайлович)와 황 미하일 바실레비치(Хван Михаил Васильевич), 주 빅토리야 르보브나(Цзю Виктория Львовна) 등도 농업 발전에 커다란 공헌을 했다. 이 분야에서는 업적을 카자흐스탄 국가상 수상자 강 뱌체슬라프 막시모비치(Кан Вячеслав Максимович)와 리 타마라 연수예브나(Ли Тамара Енсуевна), 김 알렉산드르 돈체로비치(Ким Александр Дончерович), 김 엘다르 에르네스토비치(Ким Эльдар Эрнестович) 등이 계승해 가고 있다.

그밖에도 사회학 분야에서는 강 게오르기 바실레비치(Кан Георгий Васильевич), 김 게르만 니콜라예비치(Ким Герман Николаевич), 명 드미트리 월보노비치(Мен Дмитрий Вольбонович), 박 넬리 세르게예브나(Пак Нелли Сергеевна), 김 올레그 가브릴로비치(Ким Олег Гаврилович), 리가이 마리나 알렉세예브나(Лигай Мария Алексеевна), 김 알라 미하일로브나(Ким Алла Михайловна), 한 나탈리아 니콜라예브나(Хан Наталья Николаевна), 김 나탈리아 파블로브나(Ким Наталья Павловна) 등의 교수-학자들이 성공적으로 활동을 하고 있다.

학문과 개인 기업을 결합하여 성공적으로 활동하고 있는 인물들도 있다. 박 비사리온 블라디미로비치(Пак Виссарион Владимирович)와 채 알렉산드르 알렉세예비치(Цхай Александр Алексеевич) 등이 그들이다. 또한 자신의 과학적 연구와 성과들을 성공적으로 결합하여 학술연구센터들을 이끌고 있는 리 비탈리 가브릴로비치(Ли Виталий Гаврилович), 한 옥챠브르 알렉산드로비치(Хан Октябрь Александрович), 박 이반 티모페예비치(Пак Иван Тимофеевич), 김 바실리 아나톨레비치(Ким Василий Анатольевич), 리 아나톨리 니콜라예비치(Ли Анатолий Николаевич) 등도 카자흐스탄 내 여러 분야에서 고려인의 우수성을 보여주었다.

일반적으로 카자흐스탄 고려인 디아스포라는 그동안 약 500명의 박사·대박사를 배출해 왔는데, 학술원회원(1명), 카자흐스탄 국립학술원 회원(1명)과 국가수상자(12명), 공훈학자(8명), 사회과학원 회원(30명) 등이 여기에 포함된다.

2. 경제계를 주름잡는 고려인 기업가들

고려인의 기업활동은 모든 분야에서 가장 눈에 띄며 활발하게 이루어지고 있다. 그들은 카자흐스탄 사회의 개혁과 발전에 크게 기여하고 있다. 소련 붕괴 이후 카자흐스탄은 역동적으로 변하는 거대한 세계경제 속에서 하나의 구성원으로 국제무대에 나오기 시작했다. 오늘날 카자흐스탄은 세계의 선진국 중 30위권에 진입하려는 국가적 목표를 세우고 매진해 가고 있다. 목표 달성을 위해서는 많은 일들이 실행되어야 하고, 성취할 수 있는 사회적 잠재력과 능력이 필요하기 마련이다.

카자흐스탄 정부는 경제 발전의 단계에서 기업 부분에 특별한 주의를 기울이고 있다. 자신의 비즈니스를 계획하고 실행하는 데 필요한 배경들이 만들어지고 있다. 그 결과 인구의 총 고용에서 기업가의 비율이 증가했다. 물론 카자흐스탄의 중소기업의 성공적인 발전과 번영을 위해서는 이 부문의 지속 가능한 발전과 성장을 위한 모든 조건을 마련할 필요가 있었다. 이 목적을 위해서 "카자흐스탄 중소기업연합회"가 설립되었다.

연합회 창립자는 카자흐스탄 민족의회와 카자흐스탄 고려인협회였다. 연합회는 전국 규모의 자격을 갖추었고, 지역마다 지부와 사무소들을 갖추고 있다. 고려인들은 이 연합회의 프로젝트에 적극적으로 참여하고 있다.

역동적으로 발전하는 현대 카자흐스탄에게 있어서 선진국 중 30위권에 진입하기 위해서는 사회의 잠재력이 중요하다. 독립된 이후 성공적인 기업가 계층이 형성되었고 경제와 사회 영역의 다양한 분야에서 많은 이들이 비즈니스를 창출하고 개발하는 데 성공했다.

고려인들도 중소기업을 시작으로 지금은 업계에서 상당한 성공을 거두고 있다. 이들은 열정적이고 고등교육을 받은 사람들로서 자신의 사업뿐만 아니라 국가적 미래에도 관심을 가지고 있다. 카자흐스탄의 성공적인 고려인 사업가 중 한 명인 채 유리 안드레예비치(Цхай Юрий Андреевич)를 들 수 있다. 30년 동안 그는 스포츠 분야에서 활동해 왔다. 그는 세계선수권 및 올림픽 경기에서 국가의 명예를 빛낼 스포츠 선수들을 준비하는데 큰 기여를 해왔다. 오늘날 그는 성공적인 사업가이자 정치인 중 한 사람으로 크게 알려져 있다.

소련 붕괴 이후 채 유리는 카자흐스탄 고려인협회장을 지냈고 국회의원에 선출되었다. 그는 고려인의 통합과 민족간 조화와 관계 강화, 카자흐스탄과 대한민국 간 관계형성 뿐만 아니라 해외 디아스포라 간의 국제관계 수립에 지대한 공헌을 했다. 또한 그는 카자흐스탄에 외국인 투자를 유치하기 위해서도 많은 일을 했다. 그의 관여로 TV 세트 제작공장 DP가 설립되었고, 알마티 한국교육원과 국제학교 "Dostar"가 문을 열었다.

현재 그는 주식회사 "AgromashHoldings"의 이사회 회장이며, IVECO 트럭에서 토요타 지프까지 7개 브랜드의 자동차들이 생산되고 있다. 그는 스포츠와 사회정치 활동 분야에서의 공로로 카자흐스탄과 대한민국 정부로부터 훈장과 메달을 수여받았다.

카자흐스탄의 건설 산업은 고려인 기업가의 능력과 인격, 우수한 민족적 특성이 가장 분명하게 드러났던 산업분야이다. 국가의 사회경제 개발 프로그램에 따라 주거 및 사회문화 시설 건설에 적극적으로 참여

한 유명한 건설회사들이 있는데, 주요 회사들은 다음과 같다:

주식회사 "Almatyinzhstroy"의 이사회 회장인 신 브로니슬라프 세르게예비치(Шин Бронислав Сергеевич)는 카자흐스탄의 도로 건설 및 수리에 큰 공헌을 한 인물이다. 이 회사는 알마티의 난방라인 건설 및 수리, 도로의 수도 건설 및 개조, 아스타나에 있는 아스타나 예실강 제방 건설작업 등을 맡아 성공적으로 수행했다.

신 브로니슬라프는 1946년 구리예프시(현 아트라우)에서 태어났다. 고등학교 졸업 후 그는 건설회사 건설 부서에서 벽돌공으로 경력을 쌓기 시작했으며, 동시에 청년노동자 학교에서 공부했다. 1973년에 알마티 기술학교를 졸업하고, 1982년에 알마티 국민경제대학을 졸업했다(경제학 전공). 대학 졸업 전 한때 그는 건설회사 "Alma-AtaTeplosetstroy"의 건설관리부에서 일반근로자로 일을 했다. 기술학교 졸업 후에는 마스터, 현장감독, 수석 현장감독, 수석 엔지니어, 건설관리부장을 거쳤다. 이후 "Alma-Atapromspezhstroy"의 부사장이 되었고, 이 회사가 "Alma-Atastroymehanizacija"와 통합하여 만들어진 "Almatyinzhstroy"의 부사장으로 임명되었다. 1987년부터 1989년까지 주식회사 "Kazspezh kommunstroy"의 사장으로 근무했고, 1989년부터 2008년까지는 이 회사의 회장으로 재직 중이며, 동시에 2008년부터 주식회사 "Almatyin zhstroy" 이사회 회장으로 재직 중에 있다.

신 브로니슬라프의 주요 활동은 알마티와 카자흐스탄의 수도 아스타나의 형성 및 발전과 밀접한 관련이 있다. 그는 알마티에서 난방 공사, 시설물 공사, 내부 인프라 공사, 조경, 저수지, 우물, 공동시설 공사, 그리고 카자흐스탄 최초의 조폐국 건설에 적극적으로 참여했다. 또한 대통령 관사의 공사에도 참여했고, 탈가르 급수라인 공사와 알파라비 대로에 있는 이슬람 센터 건설에도 참여했다. 현재 이 팀은 독특한 "ATEC-2 - ATEC-1

난방 연결 라인" 건설에 참여하고 있다.

한편 동부 알마티 고속도로(East Bypass Almaty) 건설공사가 완료되어가고 있는데, 이 공사는 "Almatyinzhstroy"-"Dormehstroy"의 기업들 중 하나에게 위임되었었다. 신 브로니슬라프의 활동 업적은 여기에서 끝나지 않았다. 그는 아스타나의 정치탄압희생자기념관 건립에도 참여했고, 1200석 규모의 49번학교 건설, 솔레노이 골짜기 운하 건설, 예실강가 보호시설 건설, 중앙광장(Kazakh Eli)의 보수 건설에도 참여했다.

아스타나와 알마티, 아트라우, 우랄, 악타우 등 카자흐스탄에서 신 브로니슬라프의 발길이 닿지 않은 곳이 없다. "Almatyinzhstroy"는 루고바야역에서 지진의 흔적을 제거하는 작업에 가장 적극적으로 참여하여 큰 기여를 하기도 했고, 크즐라가쉬와 우랄스크 홍수 피해자들을 재정지원을 제공하는 등 사회의 곳곳에 자신의 흔적을 남겼다.

신 브로니슬라프는 카자흐스탄 남부 수도인 알마티의 사회-정치적 활동에도 적극적으로 참여했다. 그는 알마티 시의회(maslikhat)(1999~2003, 2003~2011)의 2~4차 대회의 대의원을 지냈고, 곤차로프 카자흐 교통아카데미 명예교수이기도 하다. 신 브로니슬라프는 그동안의 공로를 인정받아 소련시기에 카자흐사회주의공화국 최고회의 표창장(1986)을 받았고, 이외에 '아스타나' 메달(1998), '카자흐스탄공화국 독립 10주년' 메달(2001), '공로' 메달(2002), '명예 건설인' 칭호(2004)를 수여받았으며, '카자흐스탄헌법 10주년' 메달(2005), '카자흐스탄 의회 10주년' 메달(2006), '아스타나 10주년'(2008), '쿠르메트'(Kurmet) 훈장(2008), '카자흐스탄 독립 20주년' 메달(2011), '카자흐스탄민족화합'(BIRLIK) 금메달(2014), '카자흐스탄민족의회 20주년' 메달(2015), '대한민국 대통령상'(2015), '파라사트' 훈장(2015) 등을 수여받았다.

신 브로니슬라프 이외에도 카자흐스탄 고려인 사회에는 카자흐스탄의 국가발전에 주목할 만한 족적을 남긴 인물들이 많다. 기업가 남 올레그 유리예비치(Нам Олег Юрьевич)도 그중 한 명이다. 그는 건설회사 "KUAT"의 창립자이자 회장이다. 그는 1959년에 탈디쿠르간지역의 콕수에서 출생했으며, 1981년에 알마티건축 및 토목대학을 졸업했다. 남 올레그는 졸업 후 잠블 화학생산공장 "Khimprom"의 마스터, 수석 마스터로 근무했고, 이후 SMU "SredAzSpezhenergomontash"의 마스터 및 현장감독으로 근무했으며, 이후 동 회사의 생산기술과 책임자로 수석 엔지니어로 재직했다. 이후 남 올레그는 "KUAT"를 창업했고, 이어 1992년에는 "KUAT Corporation"을 창립하고 회장에 올랐으며(1992), 2005년부터 "KUAT Corporation" 이사회 회장을 맡고 있다.

강 세르게이 블라디미로비치(Кан Сергей Владимирович) 또한 유명한 고려인 기업가이며 '파라사트' 메달 수상자이다. 그는 1968년에 마케팅 및 상거래 전공으로 아바이 알마티국립대학교를 졸업했다. 1997~2000년까지 "파블로다르 정유공장"의 부사장을 지냈고, 2000~2002년 시기에는 석유제품 관련 회사 "Kaznefteproduct"의 이사장을 지냈다. 그리고 2000~2003년까지는 카자흐스탄 국무총리의 자문을 역임했고, 2003~2004년에는 "The Kazakhstan Contract Agency"의 제1부회장으로, 2004~2006년에는 석유가스건설사 "Nefte Gasstroy"의 감사위원회 의장과 가스석유사 "KAZGIPRONEFTETRANS"의 이사회 의장으로 활동했다.

리 유리 산게로비치(Ли Юрий Сангерович) 또한 고려인 기업인으로 주목할 만하다. 그는 "VEK" 그룹 이사회 회장이다. 그는 1950년 러시아의 사할린섬 출생으로, 1972년에 러시아 하바롭스크의 철도운송 엔지니어대학교를 졸업했고, 모스크바 있는 인적자원개발원(Central

Interdepartmental Institute for Leaders of Leaders)에서 건축 및 경제분야 지도자 자격향상 과정을 이수했다.

졸업 후 그는 건설회사 "Sahalintransstroy"의 411사업소의 건설 관리국에서 마스터로 근무했다. 또한 키르기스사회주의공화국의 건설 부 "Oshstroy"에서는 수석 현장감독으로 근무했고, 이후 카자흐사회 주의공화국 건설회사 "Almatycultbytstroy"의 수석 현장소장, 수석 엔지니어를 거쳐 관리사무소 부소장을 지냈다. 그가 근무하는 동안 콕 토베에 텔레콤플릭스(텔레콤) 건설과 알마티에 대통령 관사 건설, 도시 내 대형수로공사, 학교 및 병원 등 사회적 중요성이 건물과 공사들을 많이 수행했고, 또한 "Kramdsstroy", "KazKor"와 같은 건설회사들을 이끌었다.

이 유리는 2002년부터 "VEK"의 회장이 되었고, 2007년부터 그룹의 이사장 회장으로 활동 중이다. 그는 건설 분야에서의 공로로 '카자흐스탄 존경받는 건설자' 상을 받았고, 카자흐스탄 나자르바예프 대통령으로부터 메달과 감사장을 받았으며, 2010년에는 알마티 시장으로부터 감사패와 노동영웅 메달을, 그리고 아스타나 수도 이전 10주년을 기념하여 '아스타나' 메달을 수여받았다.

카자흐스탄의 독립 이후 현재까지 사회에 공헌을 한 고려인들은 헤아릴 수 없이 많다. 김 블라디미르 세르게예비치(Ким Владимир Сергеевич)도 언급하지 않을 수 없다. 그는 비철금속회사 "KAZ Minerals" 그룹의 대표이다. 1960년에 남카자흐스탄주의 슬라뱐카에서 출생했고, 1982년 카자흐스탄토목공학아카데미를 졸업했으며, 1998년에 미국에서 비즈니스 및 경영분야 MBA 박사학위를 취득했다. 1982~1989년까지 알마티 당지역위원회 부위원장직을 역임했고, 카자흐스탄 문화, 사회, 학술-기술발전재단을 이끌기도 했고, 현재 비철금속을 가공하는 "KAZ Minerals" 그룹의 회장이다.

김 뱌체슬라프 콘스탄티노비치(Ким Вячеслав Константинович) 또한 "Kaspi Bank" 이사회 회장으로 재직 중이다. 그는 알마티 출생 (1969)으로 1986년에 공화국화학-수학고등학교를 마치고, 이후 경제학 및 금융 전공으로 아바이 알마티국립대학교와 러시아-카자흐인문대학을 졸업했다. 그는 "Kaspi Bank" 이사회 회장이며, 카자흐스탄 태권도연맹의 회장이기도 하다. 포브스(Forbes)에 따르면 카자흐스탄의 가장 부유한 사람들(2015)과 카자흐스탄의 가장 영향력 있는 사업가 (2014)에 포함되고 있다. 그는 또한 자선 프로젝트 "Dom mamy" (엄마의 집)의 후견인이기도 하다.

2001~2005년 시기에 김 뱌체슬라프는 전자제품 소매체인 "Planeta Electronics"의 소유주이자 창업자와 "Kaspi Bank" 이사회 멤버로, 그리고 카자흐스탄 생산자협회 감독위원회 위원장으로 활동했다. 또한 "Asiatechnicsgroup" 회장이며 경제예산기획부 장관의 자문이기도 하며, 공화국물리수학고등학교 후견인협회 회원이다.

강 세르게이(Кан Сергей)는 에너지 및 금융 분야에서 가장 성공한 기업가이다. 그는 "Eximbank Kazakhstan", "CAPEC" 이사회 회원이고, 카스피해의 해상 선박정비 및 서비스 시장에서 운영되는 주식회사 "Circle Maritime Invest", "Caspian Offshore Construction"의 사장이다.

김 뱌체슬라프 세묘노비치(Ким Вячеслав Семенович)는 잠블 출신(1981) 사업가이다. 그는 2003년 카자흐국립법학아카데미를 졸업했다. 그는 주식회사 "Almaty International Insurance Group"에서 직장 경력을 쌓기 시작했으며 한편으로 사회활동에도 적극적으로 참여했다. 2004년에 "카자흐스탄 고려인청년운동" 회장으로 임명되고,

한편으로 인력개발회사인 "TOP Consulting"을 이끌었으며, 2006~2007년에는 "카자흐스탄 중소기업연합회" 인적자원개발부의 팀장이자 유한회사 "X-Project"의 사장으로, 카자흐스탄 민족의회 회원으로 활동했다. 2008년에는 카자흐스탄 고려인협회 부회장이 되었다. 2007년부터 교육재단 "새로운 결정"의 이사장이자 광고회사 "New Line Advertising"의 대표로 활동 중이다.

강 예브게니 페트로비치(Кан Евгений Петрович)는 유명한 건축가이자 대기업 사장이다. 그는 1953년 다게스탄공화국(러시아 내 위치)의 바라유르톱스크 지역의 하사나이 마을에서 출생했다. 1977년에 그는 플레하노프 레닌그라드광산대학교를 졸업했고, 이후 1995년에는 알마티농업대학교와 2000년~2003년에는 러시아 정부 산하 재경아카데미(모스크바)를 졸업했으며, 런던 및 프랑스에서도 보험대학 과정을 공부했다. 그의 사회활동은 소련 시기 중형기계건설부의 지국에서 시작되었고, 마스터, 부지국장, 지국장을 거쳤다(1977~1980). 1981~1988년 시기에는 소련 수자원부 "Soyuzgiprovodkhoz" 연구소의 알마티 실무 디자인팀장과 수자원부 "Orgtexelkhozvodoprovod" 사업소 부소장을 지냈다. 강 예브게니는 조지아(그루지야), 아제르바이쟌, 아르메니아, 투르크메니스탄, 크라스노다르주 등지에서 지하도로터널과 특수지하수력구조물 건설에 참여했다. 카자흐스탄과 키르기스스탄에서는 빅 알아티 운하(Great Alma-Ata Canal)의 바타고이(Bartagoy) 저수지 건설을 비롯하여 다양한 수력 구조물 건설에 참여했다. 이외에도 1988~1991년 시기에는 "Almatigiprotrans" 연구소의 수석전문가와 소련 교통부 소속의 특수설계 및 기술국 알마티지부 지부장을 지냈다. 또한 알마티 지하철 1노선의 첫 단계 설계 및 건설에도 참여했다. "CK Kommesk-Omir"의 대표이자 회장이다. 소련 시기 중형기계제작부와 수자원부의 감사장과 메달을 비롯하여 카자흐스탄 국가은행, 카자흐스탄 교통통신부로부터 감사장과 메달을 받았으며, 카자흐스탄 독립 10주년, 20주년 메달과 감사장 등 다양한 공로 감사장 및 메달을 수여했다.

여기에 박 알렉산드르 이바노비치(Пак Андрей Иванович) 또한 전자제품 브랜드 "Sulpak Electronics"의 창립자로 카자흐스탄 사회에 널리 알려져 있다. 그는 알마티 출생(1964)으로, 1987년에 모스크바 전자기술대학교를 졸업했고, 2년 동안 카자흐사회주의공화국 학술원 지진연구소에서 시스템 엔지니어로 근무했다. 1989년부터 비즈니스 분야에서 활동 중인데, 1992년에는 사업가 술탄가진(Султангазин A.)과 함께 같이 전자제품 브랜드 "Sulpak"을 공동으로 창업했다. 이에 앞서 그는 1997~2001년에 미국의 캘리포니아주에 거주하며 자본주의 시장관계의 메커니즘을 공부했는데, 귀국 이후 미국과 러시아에서의 경험을 바탕으로 스케일있는 비즈니스에 뛰어들기 시작했고, 자신의 성과 동업자의 성을 딴 "Sulpak Electronics"의 창업으로 이어졌다. 본 회사는 현재 카자흐스탄 내수시장에서 전자, 오디오 및 비디오 장비 등의 공급회사들 중에서 1등을 차지한다.

카자흐스탄의 전자 및 컴퓨터 업계를 장악하고 있는 또 하나의 고려인 기업으로 "Tekhnodom"과 김 에두아르드(Ким Эдуард) 회장도 언급하지 않을 수 없다. 해당 기업의 연간 매출액은 7억 3,000만 달러에 달하고, 카자흐스탄과 키르기스스탄의 26개 도시에 63개 매장을 보유하고 있다.

의료분야에서도 고려인들은 이름을 알리고 있다. 의료 분야의 선두주장 중 하나는 유가이(Югай A.B.)에 의해 설립된 의료 센터 "Dostar Med"이다. 이 의료 센터는 카자흐스탄 시장에서 15년 이상 활동 중이며, 카자흐스탄의 5개 도시에 10개의 지점이 기능 중이다.

의료센터 "HAK MEDICAL" 또한 카자흐스탄인들에게 잘 알려져 있다. "HAK MEDICAL"은 카자흐스탄의 유명한 농업대지주의 아들인 윤 세르게이 알렉산드르(Юн Александр Сергеевич)에 의해 설립되었다. 이곳은 광범위한 예방 및 치료에 대한 포괄적인 접근을 제공해주는 첨단의료기관으로, Polyclinic, 임상 병원, 진단 센터, 실험실, 산부인과 및 소아과 센터 "Sau"가 포함되어 있다. 해당 의료 센터는 탈드쿠르간에도 지사를 운영하고 있고, 경험이 많은 전문가-의료진이 소속되어 있어 높은 수준의 의료서비스를 카자흐스탄인들에게 제공하고 있다.

한편 레스토랑 비즈니스에서도 채 나탈리야(Цхай Наталья)가 운영하는 "Korean House"가 체인식 운영으로 널리 명성을 날리고 있다. 그녀는 다양한 계층의 고객을 위한 한식 개념의 레스토랑을 열었고, 이는 곧 성공으로 이어졌다.

이상에서 언급된 고려인 사업체들은 카자흐스탄에서 유명하고 큰 규모를 갖추고 있다. 하지만 고려인들이 이끄는 카자흐스탄 경제에 큰 도움을 주고 있는 중소기업과 인물들은 더 많다.

3. 이념붕괴와 한민족의 정신문화 부흥 노력 (문화, 교육 및 스포츠 등)

한국의 풍부한 문화를 흔히 독창적인 문화로 부른다. 한민족의 기원과 발전은 고립되지 않은 채, 중국, 일본 등 주변국과의 긴밀한 접촉 속에서 진행되었다. 그러나 한민족(한국인)의 문화는 문화적 대화의 관점에서만 설명할 수는 없으며, 민족의 역사적 발전이라는 맥락에서 한민족의 특성을 고려할 필요가 있다.

한민족의 현대문화는 고대부터 시작된다. 민요 악기의 반주 속에 스토리와 함께 원래의 노래와 춤을 바탕으로 하고, 이후 극이 나타난다. 그 표현의 형식은 가면 극, 판토마임 극, 곡예 광대와 연극 민속축제이다.

19세기 말에 러시아 극동에 최초의 한인(현재의 고려인) 이주자들이 등장했으며, 얼마 후 민족 예술(단)을 구성했다. 20세기 초에는 연해주 한인 마을들에서 수백 개의 극 동아리들이 등장했다. 급속한 발전과 성장은 질적인 변화로 이어지고 1932년 9월 9일 블라디보스토크에서 마침내 소비에트 정부의 결정에 따라 조선극장(현재의 고려극장)이 결성되었다.

극장의 기초는 이런 동아리 출신의 재능있는 참가자들로 구성되었으며 그 이름은 나중에 전설이 되었다. 바로 그들은 다름 아닌 2017년에 85주년을 맞이한 알마티에 있는 고려극장의 창립자들이다.

소련 시기 카자흐사회주의공화국의 국민배우들 중에는 김진(Ким Дин), 리함덕(Ли Хам Дек), 리 니콜라이(Ли Николай), 김 블라디미르 예고로비치(Ким Владимир Егорович), 최봉도(Цой Бон До), 리길수(Ли Гир Су), 리경희(Ли Ген Хи), 박근섭, 김호남(Ким Хо Нам) 등이 있다.

1990년대에 고려극장과 역사적 조국의 극장들과의 창조적인 유대관계가 시작되었다. 1990년 4월에 평양에서 개최된 국제예술제 '사월의 봄'에 고려극장의 배우들이 참가했는데, 이 페스티발에서 극장의 솔로가수 김 조야(Ким Зоя)가 페스티벌의 수상자가 되었다. 또 1990년 12월에는 한국국립극장협회 초청으로 김경희와 춤 예술가 서순경이 발레단원들에게 한 달 동안에 걸쳐 고전춤을 교습시켜 주었다.

1999년에 카자흐스탄 문화부는 카자흐스탄의 공훈예술가 니 류보프 아브구스토브나(Ни Любовь Августоновна)를 고려극장의 극장장

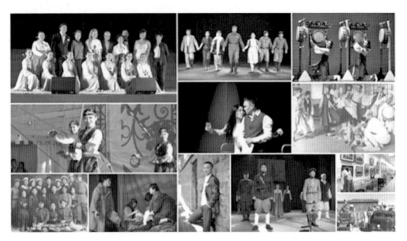

고려극장의 여러 공연활동 모습들

으로 임명했고, 그녀는 이후 극장의 우선적인 사업방향을 결정하고, 극장의 창조적인 길을 열어놓았다. 니 류보피는 성공적으로 극장의 예술집단을 이끌어 가고 있다.

이 기간 동안 극장의 예술가들은 국제축제와 경연대회에서 많은 상을 수상했다. 민속그룹 "사물놀이"는 유럽과 한국의 예술축제(1999~2004)에서 수상하기도 했다. 또 알마티에서 개최된 스페인 춤 국제축제 '전통상'에서 2등을 수상했고(2000), 가수 텐 일로나(Тен Илона), 리 비탈리(Ли Виталий), 김 엘레나(Ким Елена)는 모스크바와 비쉬케크, 아스타나, 알마티에서 진행된 국제음악대회에서 입상했다. 나아가 배우 최 로만(Цой Роман)과 박 에두아르(Пак Эдуард)는 국제축제 '유머와 웃음'에서 수상했으며(2000), 여배우 김 갈리나(Ким Галина)는 알마티에서 진행된 '이사베코프의 세계' 국제극장축제에서 '최고의 여배우' 상을 받았다(2012).

시인 리 스타니슬라프(Ли Станислав)는 극장계와도 창의적으로 공동작업과 협력을 유지하고 있다. 그의 시는 대한민국에서도 유명하다. 작가이자 극작가, 영화감독인 송 라브렌티(Сон Лаврентий)와 기자이자 작가, 극작가인 최영근(Цой Ен Гын) 또한 연극예술에 크게 기여했다. 시나리오 작가 송 라브렌티와 시인 리 스타니슬라프가 작곡가 한 야코프(Хан Яков) 및 극장감독 리 올레그(Ли Олег)와 공동으로 작업한 연극 '추억'도 큰 인기를 얻었다. 이 공연은 아스타나와 서울에서 개최된 국제 연극제에서도 명예상을 수상했다. 이외에 최영근의 청소년 마약문제를 다룬 연극 '젊은 나이에 죽지마세요'도 큰 성공을 거둔 작품이다.

세계적으로 유명한 작가이자 극작가인 김 아나톨리는 창의적인 많은 작품들 무대에 올렸다. 그의 희곡 작품을 기반으로 '관중들의 울음'과 '동화 속 요정의 길'이 극장에서 상연되었으며, 관객과 극장 전문가들로부터 높은 평가를 받았다. 한편 리 올레그는 시인 리 스타니슬라프와 공동으로 "배우 연기" 스튜디오를 열고 연기지도에 큰 공헌을 하고 있다.

고려인 예술계에서 이룬 큰 업적 중의 하나는 주르게노프 카자흐국립예술아카데미에 고려인 연기 과정이 개설된 것이다. 김 엘레나(Ким Елена), 서가이 안토니나(Шегай Антонина), 남 비탈리(Нам Виталий), 신 이고리(Шин, Игорь), 유가이 보리스(Югай Борис), 김 마리나(Ким Марина), 리 나탈리야(Ли Наталья) 등의 졸업생들이 고려극장의 배우의 길을 걷고 있다.

고려극장의 우선순위 사업 중 하나는 대한민국 극장협회와 창의적인 관계를 강화하고 발전시켜 나가는 것이다. 극장인들은 대한민국 대사관의 지원을 받아 국제연극제에 참가하는 등 역사적인 모국에서의 경험과 교류를 지속해 나가고 있다. 동시에 한국의 연극단체는 매년 알마티와 아스타나 방문공연을 하고 제작에도 참여하고 있다.

2017년에 고려극장은 카자흐스탄 고려인협회와 함께 카자흐스탄 고려인 정주 80주년과 고려극장 85주년을 기념하는 대규모 프로젝트 '디아스포라의 길'과 '추억의 기차'를 상연했다. 극장 투어 루트는 블라디보스토크에서 시작되어 하바롭스크, 우수리스크, 그리고 카자흐스탄으로 이어졌고, 성공리에 마무리 되었다.

카자흐스탄의 연극과 음악예술 발전에 많은 고려인 예술가와 음악가, 가수와 공연제작자들의 공헌이 있었다. 그들 중에는 우선적으로 카자흐스탄공화국의 인민배우 김 블라디미르 예고로비치(Ким Владимир Еголович)(배우, 감독, 시나리오 작가)와 카자흐스탄의 재즈 설립자이자 재즈 밴드 "빅 밴드"(Big Band)의 지도자인 한 야코프(Хан Яков), 카자흐스탄 공훈활동가 칭호를 받은 작곡가 윤 게오르기(Георгий Юн), 합창단 "고향" 지도자인 신 블라디미르 일리치(Шин Владимир Ильич)와 클래식 기타 연주자이자 작곡가인 김 겐나디 세르게예비치(Ким Геннадий Сергеевич)(전 고려극장장) 등을 들 수 있다. 또한 고려인 대중음악에 커다란 공헌을 한 작곡가들로 박영진(Пак Ен Дин), 텐인묵(Тен Ин Мук), 김 빅토르(Ким Виктор) 등이 있다. 초기 대중음악이 발전을 하는데 연성용(Ен Сен Нен)과 김해운(Ким Хя Ун)의 역할이 컸다는 점도 인식할 필요가 있다.

고려인 음악을 대중에 알리는데 카자흐사회주의공화국 공훈 예술가이며 "아리랑"앙상블의 예술 감독인 김 블라디미르 알렉산드로비치(Ким Владимир Александрович)와 극장의 지휘자 보구쉐프스키(Богушевский Э.)가 많은 업적들을 이루어 내었다. 1968년에 만들어진 고려극장 산하의 "아리랑"앙상블은 고려인 사회에서 뿐만 아니라 소련 전역에서도 높은 관심과 사랑을 받았다. 고려인 작곡가 정추(Тен Чу)와

스트리고츠키-박 블라디미르(Стригоцкий-Пак Владимир), 한 야코프(Хан Яков) 등도 카자흐스탄 사회에서 매우 잘 알려져 있다. 이 작곡가들은 카자흐스탄 내에서도 인정받고 있으며, 그들의 작품들은 청취자 및 전문가의 높은 평가를 받고 있다.

위에서 언급한 주요 인물들의 창의력은 현대 카자흐스탄 음악예술 발전에도 큰 기여를 했다. 애국심과 고도의 전문성이 배어있는 높은 수준의 예술적인 감각과 작곡 수준은 고려인 작곡가의 창조적 능력을 잘 보여주고 있다. 그들의 멜로디에는 특징이 분명하고 리듬의 풍부함과 독창성이 드러나며, 자연의 아름다움을 바탕으로 한민족의 전통음악이 잘 표현되고 있다.

반면 젊은 세대 고려인의 전통문화에 대한 모호한 감정과 태도는 아쉬움을 남긴다. 이것은 역사적 모국과의 교류와 연결, 소통의 부재로 인한 결과로 많은 것이 변형되고 상실 된 때문이다. 과거 소련 시절에 러시아 문화와 언어는 민족 집단의 통합의 구심점 역할을 했다. 모국어와 자신의 민족적 가치에 대한 관심을 잃은 많은 고려인들은 러시아 문화에 이끌려 새로운 인생의 방향을 설정하곤 했다.

여기에서 카자흐스탄 거주 고려인의 정체성과 대한민국 거주 한국인 간의 정체성에 차이가 있음을 확실히 인식할 수 있다. 고려인 측면에서 볼 때, 이는 오랫동안 다른 소수민족과의 동거와 그들 간의 문화교류 및 민족 간 혼인의 결과라고 할 수 있다. 고려인들은 자신들이 자라고 살아 온 환경의 문화와 전통에 가깝고 잘 이해할 수밖에 없는 것이다.

예술은 다른 환경에 깊게 뿌리 내린 고려인의 의식에 민족정체성을 일깨워주는 역할을 한다. 이런 임무는 매우 어렵고 때로는 불가능한 부분도 있지만 예술가들은 한민족의 정체성에 뿌리 내리도록 많은 노력을 기울이고 있다. 그런 점에서 카자흐스탄의 고려극장은 오랜 세월 동안 헤아릴 수 없을 만큼의 가치 있는 활동과 공헌을 고려인 사회에 해왔다. 1982년에는 그간의 예술적 업적과 공헌을 기려 고려극장에 카자흐스탄 정부로부터 '명예훈장'이 수여되었고, 2017년에는 '아카데미 극장' 칭호가 부여되어 극장 자체적으로 배우단을 교육 및 양성하고, 학위까지 부여할 수 있는 자격을 부여받았다.

고려극장에서 진행 중인 설날 행사 모습

카자흐스탄의 고려인 설날. 카자흐스탄의 고려인들은 독립 이후부터 음력 설명절을 적극적으로 기념하기 시작했다. 이는 한국과의 외교관계 수립과 알마티에 들어 온 한국 사회단체들과의 교류를 통한 문화 부흥-르네상스의 결과라고 할 수 있다. 카자흐스탄에서 설명절은 가족명절만이 아닌 중요한 사회 명절로 큰 의미를 갖고 있다. 카자흐스탄 고려인협회와 알마티고려민족센터, 그리고 각 지역의 센터들을 중심으로 카자흐스탄 전역에서 설명절을 기념하고 있다.

설명절을 보내기 위한 고려인들의 시나리오는 이미 표준화되어 자리를 잡고 있다. 고려인들은 축하 행사를 위해 건물이나 극장, 또는 큰 식당을 임대한다. 티켓은 고려인협회나 민족센터 등을 통해 미리 판매가 된다. 메인 행사장 입실 전에 행사장 주변에서는 기념품이 판매되거나 전시회, 퀴즈대회, 민속놀이 등이 먼저 진행된다.

행사가 극장에서 진행되는 경우에는 고려극장 공연배우들이나 타민족 예술인들을 초대해서 콘서트를 보여주기도 한다. 수도인 아스타나에서 진행되는 행사에는 현지 정부인사와 한국문화원 관계자, 기업가들이 초대되기도 한다. 축하 인사 과정에서 그동안의 노고와 공적을 치하하기도 하고, 고려인 중 저명한 인사가 감사장과 선물 등을 수여하기도 한다.

각 지역의 고려인 단체들도 조직적으로 높은 수준에서 전통명절 행사를 진행한다. 축하 행사는 새해가 오랫동안 기억에 남을 수 있도록 다양한 콘서트와 레크레이션 프로그램이 수반된다. 이 명절에는 카자흐스탄 거주 한국인들도 함께 하는 경우가 많다. 한국에서는 카자흐스탄의 고려인처럼 공식적인 축하행사 없이 가족과 함께 주로 집에서 보낸다. 한 조사에 따르면 인구의 93%가 양력이 아닌 전통적인 음력설을 기념하기를 원한다고 한다.

한 가지 주목할 점은 고려인 사회에서 독립 이후에 봄명절인 단오를 기념하기 시작했다는 점이다. 알마티에서 멀지 않은 캅차가이 지역에서 단오 명절 행사가 어떻게 치러졌는지 한 사례를 보자. 캅차가이 지역의 레크레이션 센터 "Tau Samaly"에서 다양한 연령대의 약 450명의 여러 국적의 사람들이 모인 가운데 단오행사가 개최되었다. 여기에는 한국교육원장이 이끄는 40명의 한국 대학생들도 함께 했다. 캅차가이 시청에서도 본 행사에 큰 관심을 보였다. 또한 알마티고려민족센터와 민속합창단 "고향"과 "비단길", 댄스 앙상블 "남성" 및 기타 공연단체들이 함께 한 가운데 행사가 성대하게 치러졌다.

"남성" 앙상블은 웅장한 기운의 한국춤을 보여주었다. 사물놀이팀 또한 관객들의 뜨거운 박수와 환영을 받았고, 참가자들에게 뜨거운 민족 기운을 전달해 주었다. 이외에 그룹 "엑스트림"은 현대춤의 뛰어난 기술을 보여주었고, 손 세르게이(Сон Сергей)의 인형극장은 아이들에게 큰 기쁨을 주었다. 본 행사에 알마티 독립유공자협회 대표였던 계 니콜라이도 참석하여 분위기를 돋우어 주었다.

한국에서 온 지재천은 한국의 전통악기인 단소를 연주하였는데, 단소 소리에 매료되어 많은 이들에게 역사적 조국을 떠올리게 하는 시간이 되었다. 행사 중에 전통놀이, 전통 수공예 제작 시범 등의 다양한 프로그램들이 행해졌다.

단오 명절 행사를 진행 중인 고려인들

단오 행사는 캅차가이에서 처음으로 진행되었다. 이 행사를 진행하는데 캅차가이 고려민족문화협회 대표 김 갈리나의 역할이 컸다. 이외에 열성있는 고려인들과 다른 민족 대표들의 도움이 있었다. 행사 대본(일정)은 "메루예르트" 아동예술학교 극장 감독 알라 즈보르기나가 맡았다.

단오 행사는 악토베에서도 개최되었는데, 그곳에는 카자흐스탄 고려인협회 악토베 지부의 무용앙상블 "친선"이 존재하고 있다. 무용단 조직 이력을 보면, 1992년에 우시토베에서 고려인 예술제가 진행된 후 악토베에서도 무용단을 구성하고 싶은 소망이 생겨나면서부터이다. 공연단원 선발과 교육이 실시된 후인 1995년 음력 설날에 처음으로 공연이 이루어졌다. 첫 공연은 가장 인기 있고 유명한 민속노래 '아리랑'이었다. 본 "친선" 무용단의 구성원으로 강 아셀(Кан Асель), 김 나제즈다(Ким Надежда), 김 엘리나 (Ким Элина), 김 빌레나(Ким Вилена), 올호프스카야 안토니나(Ольховская Антонина)와 고가이 이리나(Когай Ирина)가 활동했다.

1990년대에 "친선" 무용단은 알마티 고려인 예술제에도 3차례 참여했다. 무용단은 주로 한민족 전통춤을 추었는데, 여러 지역의 문화 프로그램에 적극적으로 참여하며 이름을 알렸다. 2003년에는 러시아의 오렌부르그에서 개최된 '카자흐스탄의 날' 행사에서 공연을 했으며, 알마티 고려예술제(1995, 1997, 1999), 옴스크 국경축제(2008) 뿐만 아니라 각 지역 민족센터가 주최한 축제, 대회 및 콘서트에도 참가하여 한민족의 공연예술과 전통을 알렸다.

"친선" 무용단은 2000년부터 악토베주 카자흐스탄 민족소의회가 16년째 주최하고 있는 '민족의 우정' 축제에 성공적으로 참여해 오고 있다. 무용단의 출연은 고려인들의 행사와 명절을 빛나게 하면서 문예 부흥과 발전에 주요한 기여를 하고 있다.

친선 무용단 공연 모습

2000년대 초반에 "로뎀" 문화센터의 도움으로 "친선" 무용단에 한국에서 온 새로운 전통 의상, 전통 악기(북, 장구 등), 부채 등이 제공되었다. 무용단의 공연 목록과 프로그램은 더 많이 늘어났고, 그중 부채춤은 가장 큰 인기와 환영을 받았다. 부채춤은 고려인 앙상블에게 가장 상징적인 프로그램이다.

최근에 무용단 구성원은 여러 차례 바뀌었고, 구성원들 또한 다양한 곳에서 경험하며 경력을 쌓아왔다. "친선" 무용단은 적극적이고 헌신적인 활동에 힘입어 국가로부터 2008년에 "민족무용단"이라는 칭호가 수여되었다. 국내외 여러 대회들에서 수상을 했으며, 무용단의 예술감독 아즈갈리예바 갈리나 레오니도브나(Ажгалиева Галина Леони довна)가 무용단을 지도하고 있다.

2012년에는 "로코스" 회사가 전통의상과 전통악기 및 필요 물품 구입에 후원을 해주었다. 그 덕분에 무용단의 공연 프로그램을 더 새롭게 개선할 수 있었는데, 부채춤 '도라지'와 칼춤, 소고춤, 그리고 노래 '전통 명절', '새타령', 춤 '용과 여자', '비둘기' 등의 프로그램이 더 보강되었다. 현재 무용단은 고려인 외에 카자흐인, 러시아인 등 다양한 민족으로 구성되어 있는데, 마하날리나 굴한(Маханалина Гульхан), 제테노바 아셀(Жетенова Асель), 테기스바예바 다나(Тегисбаева Дана), 움베토바 아셀(Умбетова Асель), 조 엘리나(Де Элина), 긴쳄베토바 탄숄판(Кинжембетова Таншолпан), 페트로바 류드밀라 (Петрова Людмила), 물다쉐바 아이나(Мулдашева Аина), 불레케노바 아이 좐(Булекенова Айжан), 이 예카테리나(Ли Екатерина), 님 알료나 (Ним Алена) 및 리 디아나(Ли Диана)가 활동하고 있다.

2014년 한 해 동안 "친선" 무용단은 장애인 등을 위한 자선콘서트에 4차례 참석했다. 그보다 앞선 2009년 여름에는 고려인들이 많이 거주하고 있는 부겟사이 마을에서도 공연을 하여 현지인들로부터 뜨거운 환영을 받았다. 또한 무용단은 2011년, 2012년에도 같은 마을에서 2차례 공연을 했다(2012년 공연 시에 한국에서 온 공연단도 참가). 친선 무용단은 1998년부터 카자흐스탄 고려인협회 악토베 지부장 채 콘스탄틴 발렌티노비치의 지원을 받고 있다.

알파라비 카자흐국립대 한국학과 교강사진 모습; 2020

한국학의 부흥과 디아스포라 연구. 소련 붕괴 이후 카자흐스탄과 한국 간 외교관계가 수립되고 경제, 정치 및 인문 분야 등 여러분야에서 교류가 확대되었다. 이어 한국어를 할 수 있는 전문가들의 필요성이 더욱 높아졌다. 뿐만 아니라 한국과 한국어에 대한 관심이 점점 높아지면서 한국학의 본격적인 부활로 이어지게 되었다.

결국 1990년대 초반에 카자흐스탄의 주요 대학들에서는 한국어를 가르치는 첫 학과가 개설되기에 이르렀다. 한국과의 문호가 개방되면서 이른바 한국학의 붐이 서서히 불기 시작한 것이다. 현재 카자흐스탄에서 주요 한국어 및 한국학 전문교육 기관으로는 우선적으로 알파라비 카자흐국립대학교(동양학부 한국학과)를 꼽을 수 있다. 이어 아블라이한 국제관계 및 세계언어대학교와 크즐오르다국립대학교, 탈디쿠르간대학교, 동카자흐스탄기술대학교, 세계저널리즘대학교, 국가안보아카데미, 카자흐국립경영대학교 등에서 정규 혹은 비정규 형태로 한국

한국학 수업을 진행 중인 명 드미트리 교수

어 혹은 한국학 교육이 수행되고 있다. 학생들은 카자흐스탄에서 1,2학년
을 공부하고, 이후 협정을 맺은 한국 대학들에서 1~2학기 동안 교환학
생으로 체류하며 일반 학부와 어학당에서 교환학생으로 한국어 연수과
정을 거친다. 현재 수백 명의 학생들이 한국에서 정규 학부과정 혹은
어학연수 과정을 거치고 있다.

　현재 한국학 전문가-교수진수는 한국학과 졸업생들의 증가와 함께
늘어나고 있는 추세이다. 매년 석사 학위, 박사 학위를 취득한 신진 연
구자-교강사진의 수가 늘어나고 있다. 또한 한국학과에는 한국에서 온
초빙교수들도 근무하고 있다.

　한국어 교강사진은 한국어 교과서를 제작하기도 한다. 또한 한국어
교육의 기반을 향상시키는데 있어 한국의 정부와 정부기금, 대한민국 대
사관 및 총영사관, 기타 정부 기관들의 도움을 받고 있다. 가령, 컴퓨터,
오디오/비디오 장비, 사무실 장비 및 교육 자료들이 여기에 해당된다.

한국학과와 한국 대학들 간의 관계가 매년 활발해지고 있다. 예를 들어, 한국에서 온 교환학생들은 카자흐스탄에서 러시아어와 카자흐어 공부를 위해 어학당(예비학부) 과정을 거친다.

최근 해외대학의 학생들을 대상으로 하는 한국 정부 및 대학 자체 장학프로그램 덕분에 젊은 층에서는 한국어에 대한 관심이 증가했다. 더 많은 지식과 학위 보유가 더 나은 일자리를 가져다 줄 수 있다고 보기 때문이다. 이런 점에서 알마티 한국교육원 또한 한국어능력시험 시행과 체계적인 한국어 교육을 통해 한국어와 한국학에 관심을 두고 있는 사람들에게 매우 유익한 교육활동을 수행하고 있다.

그런데 여기서 한 가지 주목할 점은 카자흐스탄에서의 한국학 부흥이 고려인 디아스포라 연구와 밀접하게 관련이 되어 있다는 것이다. 즉 1980년대 말부터 고송무 교수를 중심으로 시작된 고려인 디아스포라 연구가 선배세대와 기성세대를 이어 온 김 게르만, 명 드미트리, 강 게오르기 교수 등에 의해 집중적으로 전개되었고, 그 연속선상에서 각 일

카자흐스탄의 고려인 디아스포라 연구를 이끌어 가고 있는 3인의 고려인 원로교수들
왼쪽부터 명 드미트리, 김 게르만, 강 게오르기

선 대학에서도 한국어 혹은 한국어문학과 등이 개설되어 오늘에 이르고 있는 것이다.

물론 고려인 문제에 대한 연구는 소련 붕괴 이후 집중적으로 시작되었다. 하지만 소련 시기인 1960년대 중반에 이미 용기있는 고려인 역사학자 김승화에 의해 연구가 시작되어 단행본 출간으로까지 이어졌다. 그의 저술물 '소비에트 고려인사 개요'는 이후 고려인 연구의 참고서가 되었다. 해당 저술물이 갖는 역사적인 의미는, 당시까지만 해도 금기시되어 있던 고려인의 역사 문제를 학술적인 차원에서 용감하게 제기했기 때문이다.

카자흐스탄 고려인 디아스포라 연구는 다양한 분야(역사, 정치학, 철학, 언어학)에서 이루어졌다. 그 중심에는 김 게르만, 강 게오르기, 명 드미트리 등의 교수들이 있었다. 이들 모두 적지 않은 연령대에 있지만 아직도 현직에서 고려인 연구에서 많은 업적을 일구어 나가고 있다. 이들 학자들에 의해 다량의 단행본과 연구 논문들이 나왔으며, 후학들에게 큰 도움이 되고 있다. 최근에는 카자흐스탄의 역사학자들에 의해 한반도 문제도 적극 연구되고 있는데, 이는 핵문제로 얽혀있는 한반도의 통일을 향한 여정에서 조금이나마 도움이 될 수 있으라 본다.

한국어나 한국학이 개설되어 학교들에서는 학부와 대학원 과정에서 3개의 세부전공(한국어 분야, 한국어문학 분야, 한국역사 분야) 하에서 한국의 언어와 문학, 역사를 체계적으로 공부하고 있다. 학생들은 일정 시기에 필요한 어학연수를 받으며, 한국학 전문가로 성장하고 있다. 높은 자격을 갖춘 인력은 알마티와 한국에서 석·박사학위를 취득할 수 있는 기회도 주어진다. 매해 카자흐스탄 전체적으로 우수한 수십명의 졸업생들이 한국정부초청장학생 프로그램으로 한국의 유명 대학들에서 석박사 과정을 밟고 있다.

카자흐스탄 고려인 디아스포라 연구물들 중에서 일부는 외국어로 번역되어 나오기도 했다. 또한 학술저널이나 해외 언론에서는 카자흐스탄 한국학 전문가들의 논문을 어렵지 않게 볼 수 있다. 카자흐스탄 디아스포라 학자들은 많은 국제학회나 포럼, 심포지엄에 참가하여 발표하는 등 한국학 발전에 많은 공헌을 해왔다. 이 모든 것은 카자흐스탄 한국학이 사회과학 분야에서 확고히 자리를 차지해 왔음을 보여주는 것이라 할 수 있다.

최근 들어 학문적으로 잘 훈련이 된 젊은 한국학 인력이 대학 강단으로 돌아오고 있다. 젊은 세대들이 국내 혹은 해외에서 박사학위를 취득하고 학과에 복귀하는 것이다. 이는 현재 카자흐스탄의 경제적인 상황과 급여 및 처우 등을 고려해 볼 때 매우 고무적이고 감사한 현상이라 할 수 있다. 한국학 교육과 디아스포라 연구의 세대교체가 자연스럽게 실현될 수 있는 가능성이 주어지기 때문이다. 이제 카자흐스탄의 한국학과 디아스포라 연구는 카자흐스탄 내에서 서로 상생하는 가운데 카자흐스탄 동양학의 한 부분으로 굳게 뿌리내려가고 있다.

스포츠 생활. 소련이 붕괴되고 카자흐스탄이 독립을 이룬 이후에도 고려인들의 스포츠 영웅들은 계속 배출되었다. 카자흐스탄의 국가 스포츠 중 활발하게 발전하고 있는 분야 중의 하나가 태권도이다. 1973년도에 세계태권도연맹이 설립되었고, 현재 세계 200개국 이상에 지부들과 약 2천 5백만 명 이상의 선수들이 활동하고 있을 정도로 태권도는 세계적인 스포츠로 자리잡고 있다.

카자흐스탄의 태권도 인구는 1만 1천 명 정도이고 그중 85%는 어린이이다. 카자흐스탄에서 태권도가 체계적인 발전을 이루기 시작한 것은 2013년에 저명한 사업가 김 뱌체슬라프(Ким Вячеслав)에 의해 카자흐스탄태권도연맹이 설립되면서 부터이다. 그는 태권도 교육을 위해 한국과 프랑스에서 유명한 전문가들을 초빙하기도 했고, 카자흐스탄 스포츠관광아카데미에는 태권도학과가 설립되었는데, 세계태권도 선수권 대회 우승자(평양, 1992)인 강 스베틀라나 올레고브나(Кан Светлана Олеговна)가 학과장 직을 맡고 있다. 카자흐스탄의 무도 분야 발전에는 현 카자흐스탄 명예코치 황 표도르 텔마노비치(Хван Федор Тельманович)의 기여도 크다.

이외에 복싱, 레슬링 및 역도 분야에서 카자흐스탄과 고려인 사회의 위상을 올린 고려인들을 언급할 필요가 있다. 카자흐스탄 복싱 발전에 큰 기여를 한 인물로 채 유리 안드레레비치(Цхай Юрий Андреевич)를 들 수 있다. 앞서 이미 소개한 바가 있는 그는 소련 및 카자흐스탄의 공훈 코치를 지냈다. 그는 카자흐스탄 대표 복싱팀을 수년간 이끌었으며, 소련과 한국 복싱팀에서도 코치를 지낸 바 있다. 또한 카자흐스탄 복싱 발전에 적극적으로 참여한 최 펠릭스 티호노비치(Цой Феликс Тихонович)(카자흐스탄 공훈 코치)와 카자흐스탄 복싱대표팀의 코치로 활동했던 김 안톤 그리고리예비치(Ким Антон Григорьевич)(카자흐스탄 공훈코치이며, 최고등급의 복싱 코치로 인정받았고, 올림픽 및 기타 국제 경기 카자흐스탄 대표팀을 지도함)를 들 수 있으며, 카자흐스탄 챔피언이자 영웅인 최 나탈리야(Цой Наталья)는 여성으로 복싱세계선수권 심판으로 활동했다.

카자흐스탄의 레슬링은 전세계에서도 큰 인기와 주목을 받고 있다. 이러한 성과는 레슬링 그레코로만형 코치 윤 빅토르 아나톨리예비치(Юн Виктор Анатольевич)와 그의 제자들의 장기적인 지도 덕분이다. 그의 제자 중 한 명인 스포츠 영웅-성공한 사업가 김 파벨(Ким Павел)이 있다. 그는 스포츠연맹 크즐오르다주 지부장으로, 그레코로만형과 자유형, 여성 레슬링 발전을 위해 큰 기여를 했다.

크즐오르다주는 고려인을 포함하여 여러 민족의 대표자들이 스포츠 전통을 유지해온 지역으로 잘 알려져 있다. 그중에 주 스포츠위원회를 수년간 총괄해온 김 유리 표도로비치(Ким Юрий Федорович)와 카자흐스탄 핸드볼팀 공훈 코치 김 뱌체슬라프 체나보비츠(Ким Вячеслав Ченабович), 역도 공훈 코치 박 빌로리 빅토로비치(Пак Вилорий Викторович)를 말할 수 있다. 또한 스포츠 삼보와 유도의 분야에서 카자흐스탄의 공훈 코치인 박 블라디미르 일리치(Пак Владимир Ильич)의 기여도 매우 크다.

고려인들은 카자흐스탄 역도 발전에도 크게 기여했다. 카자흐스탄에서 역도를 창설 한 사람 중 하나는 카자흐스탄 역도 챔피언 김 미하일 바실레비치(Ким Михаил Васильевич)이다. 그와 더불어 카자흐스탄 국가대표팀 공훈 코치 니 알렉세이 겐나디에비치(Ни Алексей Геннадьевич)와 카자흐스탄 여성 역도팀 공훈 트레이너코치 니 빅토르 겐나디에비치(Ни Виктор Геннадьевич), 그리고 카자흐스탄 여성팀 수석코치이자 공훈 코치인 박 빌로리야 빅토로비치(Пак Вилорий Викторович)도 카자흐스탄의 역도 발전에 기여한 공이 매우 크다.

2016년에 리오 데 자네이로 올림픽에서 많은 우수한 선수들의 불참에도 불구하고 카자흐스탄은 금메달 1개, 은메달 1개, 동메달 3개 등 5개의 메달을 획득했다. 카자흐스탄 국내에서도 선수 훈련 과정에서 계 니콜라이 데니소비치(Ге Николай Денисович)가 개발한 역도 신기술을 사용하여 러시아, 스페인, 영국에서 국제적 인정을 받은 바도 있다.

이외에도 특별 사례로, 항일독립운동가 황운정(Хван Ун Ден)의 아들 황 마이 운데노비치(Хван Май Унденович)의 기여도 언급할 필요 있다. 황 마이는 카자흐스탄에서 소련 시기 최초의 고려인 공훈 코치 칭호를 받은 인물이다. 여기에 유사 분야에서 우리에게도 너무나 잘 알려진 전세계적인 카자흐스탄 스포츠 영웅이자, 2014년 올림픽 동메달리스트, 동계아시안게임 챔피언, 그리고 카자흐스탄의 피겨스케이팅 챔피온(5회) 텐 데니스도 위대한 고려인 스포츠 영웅 중의 한 명이다.

카자흐스탄의 고려인들 중 다른 스포츠 분야의 발전에 큰 기여를 한 인물들은 많다. 가령, 알피니즘-손 안토니나(Сон Антонина), 축구-천일성(Чен Ир Сон), 펜싱-오가이 니콜라이(Огай Николай Александрович), 수영-서가이 미하일(Шегай Михаил Иванович) 등이 있다. 세계적으로 큰 인기를 누리고 있는 고려인의 뿌리를 가진 복싱선수 골로프킨 겐나디 겐나디예비치(Головкин Геннадий Геннадьевич)(1985년생)도 그중 한 명이다. 골로프킨 겐나디 겐나디예비치는 카라간다 출신으로, 그는 WBA(SUPER), IBO, IBF, WBC(INTERIM) 세계복싱챔피언이다. 2015년 10월 17일, 세계적으로 유명한 매디슨 스퀘어 가든 경기장에서 캐나다의 데이비드 레미유와의 시합에서 프로복싱 통산 34승을 거두었다. 이 중 31 TKO로 승을 거두는 등 전설적인 기록으로 카자흐스탄의 위상을 전세계에 알렸다.

기록자료를 보면, 스포츠 분야에서 고려인들 중 17명이 소련과 카자흐스탄의 공훈코치 칭호를 받았고, 3명은 소련 공훈 스포츠선수, 21명은 소련 및 카자흐스탄 스포츠 마스터 칭호를 받았다.

4. 시대 변화에 대응하는 고려인 언론

현재 고려인 디아스포라의 95%는 러시아어를 사용하고, 그 과정에서 역사적 모국어인 한국어는 외국어가 되어 버렸다. 불행하게도 한국어를 아는 독자들의 수가 점점 줄어들면서 고려인 매스미디어도 러시아어로 발행되고 있다.

소련시대인 1923년에 극동 한인사회에서 등장한 신문이 순수한 한글판『선봉』이다. 물론 극동 한인사회에서『선봉』신문이 나오기 전에『해조신문』(1908), 『권업신문』(1911) 등의 신문들이 있었으나 모두 단명하고 말았다.『선봉』은 1937년 강제이주 직후인 1938년 5월부터『레닌기치』로 개명되어 다시 발행되기 시작했다.『선봉』처럼 순수한 한글판 신문인『레닌기치』는 1990년까지 이어졌고, 이후 1991년부터는 한글을 모르는 독자들을 고려하여 러시아어-한글 혼용판으로, 그리고『고려일보』로 개칭되었다.『고려일보』는 카자흐스탄 뿐만 아니라 CIS 지역 전체 고려인 디아스포라의 모든 영역을 다루어 주던 신문이었다.

1991년에 제호가 변경되어 발행되기 시작한『고려일보』는『레닌기치』의 후계자가 되었다. 아울러 한글을 모르는 젊은 세대와 독자층 확보를 위해 러시아어와 한글판이 혼용되어 발행되기 시작했다. 신문의 전환 과정을 간단히 살펴보면, 당시『레닌기치』신문은 부록판으로 독자적인 등록지였던『고려』를 100호가 넘게 발행하고 있었다. 이 무렵 부록『고려』의 편집진에는 저명 작가들인 박 미하일(Пак Михаил)과 강 알렉산드르(Кан Александр), 역사학자 김 게르만(Ким Герман Николаевич), 아동작가 강 겐리에타(Кан Генриетта)가 포함되어 있었다.

한편 당시『고려일보』의 편집장 서영환은 국가지원을 포기하기로 결정했고, 『고려일보』는 독자적인 민영신문의 지위를 갖게 되었으며, 그로 인해 자체적으로 재정문제를 감당해 나가야 했다. 그러나 편집자의 계산처럼 재정문제는 쉬운 문제가 아니었다. 처음에 신문은 창립자 겸 전소고려인협회 부회장이었던 허웅배의 지원을 받았다. 그럼에도 상황은 어려워 결국『고려일보』는 일주일에 5회 발행 대신 3회 발행되어

1991년부터 제호가 변경되고, 러시아어−한글판으로 발간되기 시작한 『고려일보』모습

나왔고, 부록 형태로 러시아어로 토요일 호로 발행하기로 결정되기에 이르렀다.

1990년대의 경제 위기는『고려일보』신문사의 운영에 큰 영향을 미쳤고, 당시 많은 신문들이 문을 닫았다. 이 극도로 어려운 시기에 한국 정부는『고려일보』편집부에 큰 지원을 아끼지 않았다. 그러나 당장은 긴축재정으로 신문을 유지해 나가야 했다. 그래서 1997년 하반기부터 『고려일보』는 16면(A3 형식)에서 12면으로 줄였다. 다행히도 1998년 까지만 해도 카자흐스탄 정부는 여전히『고려일보』를 포함해서 다른 국가 신문들의 유지비용으로 보조금을 배정하고 있었다. 보조금은 신문사의 정상유지를 위한 비용의 60% 정도에 해당되었다. 그러나 1999년 초부터 카자흐스탄 문화언론공공동의부는 연간 총예산에서 30%까지 보조금을 삭감했다. 그로 인해『고려일보』편집부는 직원을 최소한으로 줄이고 발행면수를 12면에서 8면으로 줄였고, 발행 횟수도 월 4회에서 2회로 줄였다.

한편 1999년 말에 카자흐스탄 문화언론공공동의부는『고려일보』등 모든 국가 신문을 민영화하기로 결정했고, 입찰을 통해 완전히 민간에 양도하기로 했다. 이때 카자흐스탄 고려인협회는『고려일보』신문사를 인수하고 싶다는 희망을 표했으나 내부적으로 출판사의 미래의 운명을 우려한 나머지 인수까지는 이루어지지 않았다.

하지만 결국 2000년 1월 1일부터『고려일보』는 카자흐스탄 고려인 협회의 자산이 되었다. 그러나 그러는 사이 6개월 동안『고려일보』의 새 편집부는 발행을 5회 밖에 하지를 못했다. 이에 고려인협회 지도부는 상황을 심각하고 받아들이고 전문 언론인 반 알렉세이(Пан Алексей) 를 새 편집장으로 영입했다. 그는 1990년대에『고려』와 유력 일간지들 에서도 근무한 경험이 있는 인물이었다. 그가 온 후에 신문은 전과

『선봉』 – 『레닌기치』 – 『고려일보』로 이어진 창간 80주년 행사 모습

마찬가지로 매주 16면 흑백으로 정상 발행되기 시작했다. 그러나 여전히 발행 부수는 매우 적었다. 2001년 하반기에는 신문의 발행 부수가 더욱 줄어들어 1,000부를 조금 넘기는데 그쳤다. 반 알렉세이는 편집부원들과 함께 발전방안을 수립하여 고려인협회 지도부에 제출하기로 되어 있었는데 외부로부터 영입제의를 받은 후 신문사를 떠나고 말았다.

이후 차기 편집장은 1990년대에『고려』에서도 근무한 경험이 있는 채 유리(Цхай Юрий) 기자가 맡게 되었다. 카자흐스탄의 경제상황이 점진적으로 개선되고 국가 예산과 고려인협회로부터 지속적으로 지원금을 받은 덕분에 신문은 점차 제 궤도를 찾아나가기 시작했다.

『고려일보』직원들 근무 모습
왼쪽부터 정 디아나, 김 콘스탄틴(책임편집장), 진 타마라, 남경자(한글판 편집 책임)

　　그러나 신문의 발행 부수는 여전히 낮게 유지되었고, 결국 신문의
운영 수준을 필요한 수준으로 끌어 올리지 못한 채 유리도 신문사를 떠
나고 말았다. 이후『고려일보』편집장직은 표준 한국어를 잘 알고 있
고, 또 오랫동안 한국어 라디오 방송 프로그램을 이끌었던 사할린 출신
최영근(Цой Ен Гын)이 맡게 되었다. 또 이후에는 그를 이어 러시아
어 카자흐스탄 출판사에서 근무한 경험이 있는 젊은 기자 박 미하일이
편집부를 맡았다.

　　2009년 들어 다시『고려일보』편집부는 김 콘스탄틴(Ким Константин)
이 이끌기 시작했다. 김 콘스탄틴은 책임편집장으로 러시아어판을 담
당하고 있고, 한글판은 사할린 출신의 남경자가 담당하고 있다. 그 상
황은 2020년 현재까지 이어지고 있다. 현재『고려일보』는 정부주문을
이행하며 국고지원을 받고 있으며, 부족한 부분은 고려인협회와 다른
통로를 통해서 충당받고 있다. 덕분에 신문은 매주 1회(금요일) 16면씩,

러시아어-한글 혼용판 신문으로 안정적으로 발행되고 있으며, 정기 구독자 수는 1,200~1,300명 수준을 유지하고 있다.

2018년에『고려일보』신문은 95주년을 맞이했다. 그 역사적인 기간 동안에『고려일보』는 많은 변화들을 겪어왔다. 여러 차례에 걸쳐 신문사가 이전되었고, 재정 위기를 겪으며 직원 수도 줄이는 등 많은 어려움이 있었다. 또한 현재는 한글판 편집 부분을 이어나갈 후속 세대가 양성되고 있지 못하는 큰 고민도 안고 있다.

어찌되었든, 이러한 어려움들에도 불구하고 신문은 카자흐스탄 정부와 고려인협회, 그리고 한국 단체들의 지원으로 고려인 사회의 입과 귀의 역할을 해나가고 있다. 신문을 통해 독자들은 고려인 디아스포라에서 일어나고 있는 최신 이벤트와 뉴스를 접하고 있다. 유명 작가와 언론인, 학자들과 일반인들이 자신들의 여러 활동과 관련해서, 혹은 문제점이나 사업 성과, 공식 행사 및 기타 행사개최 등과 관련하여『고려일보』와 적극적으로 협력을 하고 있다.

오늘날 앞선 선배세대 고려인들이 일구어 놓았던『고려일보』의 역사가 이어져 나가고 있으며,『고려일보』는 고려인 민족의 문화와 언어의 보존을 위한 지킴이의 역할을 훌륭하게 수행해 나가고 있다.

고려말라디오 방송. 이전 시기 고려인 신문매체들과 마찬가지로 고려인라디오 방송 또한 마치 운명이었던 것처럼 순탄치 못한 길을 걸어왔다. 1984년 5월부터 우여곡절 끝에 가까스로 방송의 길이 열리게 되었고 살얼음판 걷듯 하루 하루를 걸어왔다. 고려인 사회의 '입'의 역할을 해주는 매체이기에 카자흐스탄 고려인라디오 방송의 역사는 고려인 역사에서 특별한 의미를 갖고 있다.

고려인라디오 방송이 한 단계 도약을 하는 계기는 1980년대 후반에 한국에서 열렸던 두 차례의 국제 스포츠 축제 이후부터이다. 국제적으로 일어나고 있는 변화들에 고려인라디오도 변신을 꾀해야 했고 그 일환으로 해외와 근해의 라디오방송국들과 협력을 맺게 되었다. 특히 1988년 서울올림픽은 특별한 계기가 되었는데, 1989년 초에 한국의 KBS TV방송 및 라디오 방송과의 협력이 가능해진 것이다. 1989년에 양측 간의 접촉과 교류 논의가 시작되었고, 이듬해인 1990년에 카자흐스탄 국영TV라디오와 한국의 KBS TV방송 및 라디오 방송과의 협력에 관한 협약서가 체결되었다.

1994년에 개최된 한국어기자 국제대회 '서울프라이즈'에서 카자흐스탄의 라디오방송국이 가장 높은 평가를 얻었다. 2대 편집장 최영근이 올해의 '언론인상'(Journalist of year)을 받았다. 1994~2000년까지 방송국 아나운서를 30년 경력의 김옥례(Ким Ок Не; Тамара Николаевна)가 진행해 왔다. 그녀는 1996년에 한국의 김영삼 대통령령으로 국가문화발전 기여에 대한 공로로 '무궁화' 훈장을 수여받았다.

1992년 7월부터 고려인라디오는 '유라시아'(Eurasia) 채널에 들어갔다. 대신 해외와 근해로도 방송 송출이 가능해 졌다. 이것은 고려인라디오 역사에서 중요한 사건이었다. 즉 중앙아시아와 러시아 뿐만 아니라 미국, 일본, 중국, 한국에서도 카자흐스탄 고려인라디오 방송을 들을 수 있는 기회가 생긴 것이다. 해외방송과 국내방송 모두 1주일에 4회, 20분 분량으로 방송이 송출되었다.

당시 카자흐어, 러시아어, 위구르어, 독일어, 영어로 방송을 송출하고 있던 공화국 라디오 방송의 국제적인 성격(글로벌적 방송)은 고려인라디오 방송의 전체적인 방향에 영향을 미쳤다. 카자흐스탄공화국 라디오 방송에 의해 여러 민족의 명절에 대한 프로그램, 민요 등이 방송되기 시작했다. 외국청취자들은 카자흐스탄에서 살고 있는 민족들과 문화에 대해 알 수 있었다. 하지만 고려인라디오 방송에도 변화가 필요했고, 결

고려말라디오 방송 관계자들

국 1999년에 고려인라디오 방송의 해외 방송이 중지되었다. 이후 '도스 틱' 채널에서 고려인라디오 방송이 1주에 1회(20분 분량), 성 이리나(С ен Ирина) 기자에 의해서 다시 진행되었다. 현재 고려인라디오 방송 은 다시 중단된 상태이다. 고려인라디오는 많은 어려움을 겪었으면서도 모국어 계승과 보존의 역할을 충실히 해 온 1등 공신이었다. 고려인 사 회에서는 다시 한번 고려인라디오 방송을 재개해야 한다는 과제를 안게 되었다.

5. 고려인의 종교 생활의 변화

카자흐스탄은 다민족 국가일 뿐만 아니라 다종교 국가로도 잘 알려 져 있다. 이슬람교와 함께 정교회, 개신교, 불교 및 다른 종교들이 한

곳에서 평화롭게 공존하고 있다. 이는 안정적인 사회, 정치적 상황을 유지하는 데 있어 중요한 요소가 되고 있다. 모든 종교는 기본적으로 거의 동일한 도덕원칙, 즉 사람에 대한 사랑, 부도덕적 행동에 대한 배격, 용서, 관용적 태도를 갖고 있다.

고려인의 종교와 종교적 태도. 소련시기의 무신론은 샤머니즘, 불교, 유교 및 도교와 같은 고려인들의 전통적인 신앙, 종교 및 종교의식을 금지시켰다. 고려인들은 현재까지 장례식과 망자를 추도하는 정도의 유교의식의 껍데기만 유지하고 있다. 구세대는 젊은 세대에게 종교의미적 내용에 대한 탐구 없이 기계적인 의식 수행 경험만 전달했다.

지난 세기의 말까지 일부 고려인들은 거주지를 변경하거나 학교에 진학하거나 결혼을 할 때, 점쟁이(박수)의 점에 의지를 했다. 점쟁이들은 풍수지리의 비밀이 담긴 책들을 통해서, 혹은 콩 점괘를 통해서 운수나 운명을 전하곤 했다. 많은 고려인 여성들은 자신이 직접 소원이 이루어지기를 바라는 마음으로 화투로 점괘를 맞추어 보기도 했다.

한국교회들의 적극적인 선교활동으로 고려인들의 개신교로의 이동이 발생했지만 그에 대한 정확한 통계자료가 없으며, 목회자들도 그에 대한 정보를 제공하지 않는다. 1990년대 말에 문선명 통일교회가 과거 소련지역 국가들에서 뿌리를 내리려 노력했지만 성공하지 못했다. 알마티에 기독교 단체들 외에 원불교라는 작은 공동체가 생겼다. 일반적으로 카자흐스탄에서 종교는 고려인의 삶에 크게 영향을 미치지는 않는다.

카자흐스탄 침례교 선교. 1990년 8월에 한국에서 열린 세계침례교회의 (World Baptist Congress)는 중앙아시아 침례교 선교사업의 원동력이 되었다. 카자흐스탄 최초의 한국인 선교사는 김동성이었다. 그는 "호산나" 알마티침례교교회를 설립했다. 현재 알마티중앙침례교회

(Alma-Ata Central Baptist Church) 명칭으로 한 알렉산드르가 운영을 하고 있다. 뿐만 아니라 여러 도시에 11개의 지교회들을 두고 있으며, 다른 도시들로 선교사를 파견하고 있다. 한국인과 고려인들이 카자흐스탄에 한국 침례교의 형성과 발전에 주요한 역할을 했다.

최초의 침례교 선교사들은 카자흐스탄에 살고 있는 러시아인, 카자흐인 등 다른 민족에게도 복음전도를 하고자 했다. 이 일의 선구자는 1991년 여름에 카자흐스탄-미국 문화교류축제를 주최한 주민호였는데, 많은 기독교 단체들이 이 행사에 참가했다. 이때 "샛님"에서 많은 통역원들을 행사에 투입했는데, 이들 중 일부는 나중에 침례교 신앙을 받아들였고 후에 최초의 카자흐인 침례교회의 토대가 되었다(1992년 말에 카자흐인 신도수는 29명이 되었음). 그 이후 주민호 선교사는 1991년 10월 23일~11월 2일 기간에 모스크바, 비쉬케크, 침켄트 및 알마티에서 한국문화축제를 개최했다. 이 축제에 한국에서 22명이 왔는데, 그중에는 한국인 목사들과 미국 남부침례교 국제선교협회(Council of Southern Baptists USA) 선교사 빌 퍼지(Bill Fudge), 요이다 침례교회의 사업가들, 그리고 부산 침례교병원 의사들이 있었다. 이들 초기의 한국 침례교 선교사들은 의료활동, 비즈니스 컨퍼런스, 음악콘서트 등을 통해 새로운 교회개척을 위한 기반을 조성했다.

1992년에 주민호는 동료들(김수신, 인야서, 성 앤드류)과 합류했고, 1996년 4월 26일에 50명이 등록된 "살렘"(Salem) 교회가 문을 열었다. 이 교회는 한국선교사들이 세운 첫 교회가 되었다. "살렘" 교회는 500명의 성인 신도와 150명의 어린이를 포함하고 있고, 12개의 지교회를 두고 있다. 또한 교회 내에 카자흐리더십발전센터가 열렸는데, 내부에 컴퓨터-언어센터, 치과, 청소년개발센터, 알코올 및 마약중독치료재활센터를 갖추고 있었다. 1995년에 교회는 선교를 위해 두 가정을 몽골과 중국으로 보냈다.

선교활동이 활발해지고 신도수가 늘어남에 따라 한국인 선교사들에게는 현지인 리더들-도우미들이 필요해졌다. 따라서 한국인 선교사들은 1996년 중앙아시아 침례교학교를 설립했다. 2002년에는 한국 침례교의 지원으로 알마티 현지인 리더들을 위한 집중교육과정이 시작되었으며, 2006년에 교육과정을 마친 116명의 리더들이 모교회로 복귀했으며, 그들 중 일부는 다른 나라에 신교회들을 개척하기도 했다.

2005년에 한국인 침례교 선교사들의 노력으로 카자흐스탄, 키르기스스탄, 우즈베키스탄에 83개의 교회가 문을 열었다. 소속된 신도들은 총 6,698명에 이르렀고, 그중 2,187명이 침례 교인이었다. 2007년에 카자흐스탄에 한국인 침례교 선교사들은 52개의 교회를 설립했는데, 신도의 수는 5,000명 이상이었고, 그중 2,500명이 침례를 받았다.

카자흐스탄과 중앙아시아 다른 국가들에서의 복음전파의 성공에는 몇 가지 요인들이 있다. 첫째는 고려인들과 중앙아시아 국민들 간의 인종적, 언어적 유사성이다. 양국의 언어가 우랄-알타이족에 속해 있으며, 문장 구조가 같아 한국 선교사들에게는 서양인들에 비해 현지어를 배우는데 비교적 수월했다. 둘째는 문화적 유사성이다. 카자흐 민족과 한민족 간에는 문화적 유사성이 있어 짧은 기간 내에 문화적 적응이 어렵지 않다는 것이다. 이러한 점은 한국인 선교사들이 카자흐스탄에서 성공할 수 있었던 요인으로 작용했다고 생각해 볼 수 있다.

카자흐스탄의 불교. 카자흐스탄 내 투르케스탄 서부와 동부에서 발견된 불교 유적들을 연구해 보면, 초기의 불교는 중국뿐만 아니라 중앙아시아의 다른 나라들로도 확산되었다. 불교는 처음에 소그디인으로부터 소승불교 형태로 투르크왕국으로 전해졌고, 이는 쿠샨왕조 시기 (AD, II-III세기) 말부터는 대승불교의 성격도 갖게 되었다. 투르크인들

사이에서 북부와 서부 왕국이 존재하던 시기에 투루판 지역 출신의 대승불교 승들이 우세했다.

현대의 카자흐스탄 영역으로 불교가 들어 온 것은 대실크로드 시기와 중가르-카자흐 간 전쟁시기이다. 고대도시인 아크-베쉼과 세미레체(쥐트수)(Semirechye; Zhetysu) 강가의 크라스나야 레치카(Red River)에서 불교상들이 발견되었다. 최근 연구에 따르면 불교는 세미레체 지역에서 이슬람이 자리잡은 X-XI세기 이후에도 널리 퍼져 나갔다. 기욤 드루브룩(Guillaume de Rubruk)은 XIII 세기 중반에 북동부 쥐트수의 불교사찰들에 대해서 전하고 있다.

카자흐스탄에서 불교 확산의 두 번째 흐름은 중세도시 탈히르와 동일시되는 탈가르에서 발견되었다. 불교의 세 번째 흐름은 중가르의 카자흐스탄 침략 시기와 관련이 있다. 칼므키인들은 카자흐스탄에서

사원과 수도원들을 세웠다. 동카자흐스탄 칼빈산맥 기슭의 우스트-카메노고르스크에 가까운 아블라이키트(아블라이켄트) 수도원과 카르카랄린스크에서 멀지 않은 켄트산맥에 있는 크즐켄트 수도원이 그것이다.

세미레체에도 불교 수도원이 세워졌다. 1716~1733년 시기에 작성된 중가르 왕국 지도에는 58개의 불교사원과 수도원이 나타나고 있다. 또한 불교는 바위에 새겨진 불상과 티베트 문자들과도 관련이 있다. 그러한 불상 중 하나는 캅차가이 계곡의 일리강 우안에 위치하고 있는 탐갈르-타스이다. 그것은 대실크로드의 교차점에 있다. 이슥쿨(Issyk-Kul) 호수의 더 동쪽 혹은 더 서쪽에 위치한 일리강과 추강 주변에서는 바위에 새겨진 많은 불교 유적들이 발견되었다.

1758년에 청왕조에 의해 중가리아 왕국이 붕괴된 이후 청은 동 투르케스탄과 줴트수를 포함한 대주즈와 중주즈의 일부 영토를 차지했다. 청은 또한 서쪽 지역을 방어하기 위해 칼므키인들을 이용했고, 불교 사원들과 수도원들을 소유했다.

카자흐스탄의 원불교. 1910년에 한반도는 일제의 식민지가 되었다. 바로 이 시기에 원불교라는 신종교가 발생했으며, 점차 주변 지역으로 확산되었다. 원불교는 설립자 박중빈(1891~1943)에 의해 설립되었는데, 그는 원불교의 교리와 제도를 만들고 익산에 본부를 두었다. 동그라미 "원" 한자는 "동그라미"를 의미

일원; 원불교의 상징

하여, 자연의 궁극적 현상을 상징한다. 따라서 원불교는 진정한 자연에서의 계몽으로의 길을 의미한다.

원불교 스님(김태일)의 불공 모습

　원불교의 알마티공동체는 주로 고려인들로 구성되어 있다. 1992년에 한국원불교 본부에서 카자흐스탄으로 김태일이 파견되어 왔다. 1994년에 설립된 사원에는 오피스와 주거용 공간, 또한 종교수행 공간이 달려 있었다. 이보다 조금 앞선 1년 전에 원불교는 공식적으로 등록이 되었다. 신도들과의 종교수행은 러시아어나 한국어로 일요일마다 진행되고 기도 대신 명상수련도 수행되었다.

　현재 카자흐스탄에는 몇 가지의 불교 형태가 있다: 원불교, 티베트 불교 및 선불교이다. 일반적으로 원불교는 고려인의 일부만 따르고 있고, 브리야트인과 칼므키인들이 믿고 있다. 최근에는 카자흐인과 러시아인 사이에서도 불교에 대한 관심이 높아지고 있다.

제3장

소련 붕괴와 카-한 신국제관계의 형성과 발전

1. 카-한 신국제관계의 형성과 고려인의 역할

한국은 1991년 12월 30일에 카자흐스탄의 주권을 최초로 인정한 국가 중 하나이다. 양국은 1992년 1월 28일에 외교관계를 수립했으며, 그후 1993년 6월 30일에 주카자흐스탄 한국대사관이 알마티에 문을 열었고, 2년 뒤인 1995년 5월 12일에 카자흐스탄은 누르술탄 나자르바예프(Нурсултан Назарбаев) 대통령 명령으로 주한 카자흐스탄대사관을 서울에 열었다.

1992년 수교 이후 양국 간 경제관계는 확대 및 활성화되기 시작하며 문화적·인적 협력도 확대되어 나갔다. 세계가 하나로 연결되고 서로 의존하게 되는 국제화 시기에 양국 간 경제, 정치, 문화 분야의 협력은 그 어느 때 보다 중요하다. 최근에 환태평양 국가의 경제적 중요성이 증가함에 따라 양국 간의 상호 협력은 더욱 중요해지고 있다.

카자흐스탄과 한국은 민주주의와 시장경제라는 공유의 가치를 추구한다. 양국은 비핵확산체제의 강화와 국제 테러 및 극단주의에 맞선 투쟁의 강화, 그리고 지역분쟁의 해결과 같은 국제관계의 주요 이슈에 있어 입장을 같이 한다. 카자흐스탄은 또한 세계 평화와 번영, 그리고 한반도 평화의 강화를 달성하고자 하는 한국의 평화번영정책에 대한 지지의사를 표명하며, 북핵문제를 대화를 통하여 평화적으로 해결하고자 하는 한국의 입장에 대하여도 지지의사를 표명한다.

노무현, 이명박 그리고 박근혜 등 한국 대통령들의 카자흐스탄 국빈방문과 누르술탄 나자르바예프 카자흐스탄 대통령의 공식 방한은 양국 간 협력관계 발전에 커다란 기여를 했다. 먼저 양 정상은 양국 간 상호 협력과 국제 문제를 논의하였는데, 특히 무역 및 투자 협력 강화, 카스피해 에너지 자원 공동개발, 중소기업 간 직접적인 거래관계의 활성화, 건축재료 생산, 석유 및 가스 부품 제조, 농산물 가공 등을 전문으로 하는 합작기업 설립에 관한 의견을 교환했다. 또한 양자는 원자력의 평화적 이용에 관한 협정, 정보통신협력에 관한 협정, 에너지-광물자원협력에 관한 협정과 같은 정부 간 문서들에 서명하며, 우호와 협력의 정신으로 미래 양국관계를 강화하고, 무역, 에너지, 광물자원, 과학 및 기술 분야에서 보다 높은 실질협력의 수준으로 끌어올리는 것이 필요하다는 뜻에 양국 간 공동 성명을 채택했다.

2006년 9월에 한승수 국무총리의 카자흐스탄 공식 방문 시 잠불 유전탐사 공동개발권 계약이 체결되었고, '카자흐스탄-한국 간 협력의 새로운 전망'을 주제로 비즈니스 포럼이 개최되었다. 양국 국회 간 교류가 또한 성공적으로 이루어지고 있다. 카자흐스탄 국회 하원에는 한국과의 협력을 위한 위원회가 만들어져 있으며, 한국 국회에는 한국-카자흐스탄 친선협회가 설립되어 있다.

한국이 가진 경제 및 정치적 경험은 카자흐스탄의 경제발전에 꾸준히 기여해 왔고, 오늘날의 카자흐스탄-한국 간의 관계는 전략적 동반자 관계로 깊게 나아가고 있다. 한국이 경험한 사회경제적 변화 과정은 카자흐스탄의 발전에 있어 특히 가치가 있는데, 그 이유는 한국의 경제성장이 카자흐스탄의 경제발전을 자극하는 동력이 될 수 있고, 양국 간 교역량 증대도 나라의 경제발전의 수준 제고에 긍정적인 영향을 미칠 수 있기 때문이다.

반면 한국은 카자흐스탄 천연자원의 이용과 카자흐스탄 시장 내 한국제품 진출에 관심을 두고 있다. 현재 카자흐스탄에 한국 자본으로 설립된 300여 개의 크고 작은 한국 기업체들이 활동하고 있는데, 그중에서 48개는 합작회사이며, 62개는 대표사무소이다. 이들은 정보통신기술, 건설, 석유 및 가스, 화학 공업, 가전제품 등의 다양한 산업에서 사용되는 장비와 기계, 산업용 부품을 제조·생산하는 업체들이다.

카자흐스탄 우라늄 광산 개발을 위한 합작 투자기업을 설립하고 한국에 우라늄 공급을 확대하는 것과 관련, 양국 간 상호협력이 향후에도 전망되고 있다. 한국 기업들은 광산 채굴업 분야 뿐만 아니라 서비스, 정보통신 기술, 전자장비 분야에도 투자하고 있다. 카자흐스탄을 향한 한국 기업들의 적극적 관심을 바탕으로 양국 정부 및 기업가들이 첨단기술 분야에서 긴밀한 협력을 적극 추진해 나가면 한국은 카자흐스탄 경제의 현대화를 이끌어주는 경제성장의 동력이 될 것이라고 생각된다. 카자흐스탄의 경제성장은 한국처럼 노동집약에서 기술집약, 자본집약 산업구조로 전환될 수 있고, 성장에 필요한 노동력과 에너지, 자본의 도입은 나라의 경제성장을 더욱 빠른 시간 안에 이룰 수 있게 해준다.

이러한 양국 간의 관계에서 고려인 디아스포라는 한국과 카자흐스탄 간의 협력관계를 강화하는 가교로서 중요한 역할을 담당하고 있다. 또한 카자흐스탄의 합리적인 국가 정책은 양국관계의 점진적 발전에 중요한 역할을 하였다. 누르술탄 나자르바예프 카자흐스탄 대통령은 고려인 정주 80주년 기념 축하편지를 통해, "오늘날 고려인은 카자흐스탄 인민의 한 구성원이 되었고, 카자흐스탄의 경제·사회·문화 발전에 크게 기여하고 있습니다. 국가와 사회 발전의 새 단계에서 고려인들은 첨단 기술 및 비즈니스 개발과 지식 숭배, 프래그머티즘, 경쟁, 경제 및 사회의식의 근대화를 통해 타의 모범이 되었습니다. 고려인들은 역사적 조국과 관계를 유지하고 강화하면서 카자흐스탄과 한국 간의 우호를 공고히 하고, 상호이익의 협력을 강화하는 데 기여하고 있습니다" 라고 말하며 고려인사회를 칭찬했다.

문재인 한국 대통령 또한 "고려인 동포들은 다양한 분야에서 활약하면서 카자흐스탄과 한국 간의 우호협력 증진에 크게 기여하고 계십니다. 카자흐스탄에서 고려인들은 '네 번째 주즈'라고 불릴 만큼 높은 평가를 받고 있습니다. 고려인 강제이주 1세부터 이어진 노력이 카자흐스탄 정부의 포용성과 어우러져 이뤄낸 소중한 결실이라고 생각합니다. 화합과 공존의 가치를 실현하고 있는 나자르바예프 대통령께 깊은 존경과 감사를 표합니다. 고려인 동포들의 성공과 성취는 카자흐스탄은 물론, 우리의 자부심이기도 합니다. 한민족의 정체성을 지켜가기 위한 동포들의 활동도 적극 뒷받침해 나가겠습니다. 저도 한국을 더욱 자랑스러운 나라로 만들어 나가겠습니다"라며 마음을 담은 축사를 카자흐스탄 고려인 사회에 전했다.

카자흐스탄 고려인협회는 카자흐스탄 거주 고려인 사회를 통합하는 역할과 함께 양국 간 교류와 협력발전에 적극적으로 참여하고 있다. 또한 본 협회는 카자흐스탄 민족의회의 일원으로 국민의 화합과 단결을 강화하고 한민족의 문화와 언어, 그리고 전통의 발전에도 적극적으로 기여하며 활동하고 있다. 카자흐스탄 고려인협회는 한국으로부터 협조와 지원을 받고 있으며, 한국 정부는 카자흐스탄 고려인들에게 역사적 조국과의 유대관계를 강화하기 위해 법적·제도적 지원을 제공하고 있다. 카자흐스탄은 한국의 과거와 현재에 지속적인 관심을 기울여 왔으며, 앞으로도 계속된다는 것에는 의문의 여지가 없어 보인다.

카자흐스탄은 역사와 지리적 배경으로 인해 동양과 서양을 잇는 교차로에 굳건히 자리를 지켜왔다. 세계화의 가속화와 한국의 경제성장 과정에서 한국이 21세기 세계 경제의 성장엔진 역할을 할 것이라는 많은 전문가들의 전망은 틀리지 않은 것으로 보인다. 2015년 2월에 카자흐스탄-한국 간 체결된 상호비자면제협정은 양국 간 경제 및 인적교류 관계발전을 위한 강력한 동력이 되어주고 있다. 정보에 따르면, 비자면제 관련 협정이 체결된 이후부터 한국을 방문하는 카자흐스탄 국민의 수가 급속히 증가하고 있고, 역으로 카자흐스탄을 방문하는 한국 국민의 수도 계속 늘고 있다.

카자흐스탄 진출 한국기업 활동. 1990년대부터 한국은 카자흐스탄 지역의 가장 매력적인 투자자 중 하나로 자리매김하고 있다. 그동안 한국의 대기업인 삼성, LG, 현대, 대우같은 기업들의 본격적인 투자진출이 이루어져 왔다.

한국이라는 나라와 고려인에 대한 카자흐스탄 국민의 긍정적 평가는 현지에서 한국기업 진출을 촉진하는 중요한 계기가 되었다. 한민족은 부지런하며 근면하고, 우호적이고 온화한 국민성을 가진 민족이다. 한국은 중국과 달리 카자흐스탄-한국 간 협력을 이끌어 줄 수 있고 든든한 기둥이 되어주는 고려인 디아스포라를 갖고 있다. 고려인들은 "KUAT", "VEK" 같은 건설사들과 "Kaspi Bank", "Planeta

Electronics", "Sulpak", "Technodom Plus" 같은 기업들을 바탕으로 카자흐스탄 경제발전을 이끌어가고 있다.

한국인들의 카자흐스탄 진출에서 고려인들의 역할은 적지 않다. 카자흐스탄과 한국 양국 간 거래 관계를 형성하고 강화하는데 개인 외에 카자흐스탄 고려인협회가 크게 기여하고 있다. 본 단체는 양국 간 공동 프로젝트를 실행할 수 있게 하는 관리 역할을 하기도 한다. 양국 간 기업은 거의 모든 분야에서 협력을 하고 있는데, 주로 경제, 첨단기술, 통신기술, 농업분야 개선 프로젝트에 우선 순위가 부여되고 있고, 교육, 문화, 관광 분야에서도 양국 간의 협력이 깊어지고 있다.

카자흐스탄에 진출한 한국기업과 고려인들의 현지에서의 협력과 기여활동은 양측의 사고방식 차이와 공동 사업수행 방식의 차이를 좁히는 데 도움을 준다. 누르술탄 나자르바예프 카자흐스탄 대통령은 의회 연설에서 "우리는 고려인들의 재능, 근면성, 성실성을 높이 평가합니다. 국제관계에서 그들은 우리의 상호친선과 신뢰를 튼튼하게 하는 돈독한 다리가 되어주고 있으며, 실무적 연계와 확대에 도움을 주고 있습니다."라고 고려인 사회의 양국 간 중간자 역할에 대해 높이 평가하고 있다.

한국 정부는 해외에 거주하는 재외동포를 위한 지원 사업을 실행하고 있다. 1990년대 말 한국 정부는 해외에 거주하는 동포들을 위해 재외동포정책을 추진하며 재외동포재단을 설립하였다. 2005년 12월에 대한한국 정부는 CIS지역 고려인 동포를 위한 종합적인 지원대책을 확정하였다. 카자흐스탄과 한국의 전통문화와 풍습에 공통점이 있다는 점도 양국 간의 밀접한 협력 관계를 강화하는데 도움이 되었는데, 특히 어른을 공경하고, 민족의 전통예절과 문화를 계승하는 모습에서 그런 모습을 찾아볼 수 있다.

2014년 말 기준 카자흐스탄에는 300여 개의 합작 업체가 활동하고 있었다. 한국 기업들은 카자흐스탄 내 시장 상황변화에 신속하게 대응해 나가고 있다. 알파라비 카자흐국립대 김 게르만(Ким Герман) 교수는 "알마티에 카지노 사업이 발전하고 있었던 그 당시 한국 투자자들은 카지노 분야에 대규모로 투자하여 "Olympus", "Thulbone", "Miracle"과 같은 대규모의 게임·오락 시설 카지노를 설립하였다. 2000년대 초반 건설붐 기간 동안 수십 개의 한국 건설회사와 건축자재, 건설장비 및 공구를 공급하는 업체들이 카자흐스탄 건설시장에 진입하였다. 하지만 카자흐스탄 금융위기 이후 경제성장 둔화가 시작되면서 많은 업체들은 철수를 하거나 사업방향을 전환하였다"고 전하고 있다.

한국 투자자들은 첨단기술, 전기통신, 건설, 농업, 엔지니어링, 에너지 분야에 투자하는 것을 선호하고 있다. 2013년에 카자흐스탄과 한국 기업인들의 공동노력으로 코스타나이 "AgromashHoldings" 농기계 및 자동차 조립공장에서 쌍용(합착회사)자동차를 조립하기 시작했다. 또한 우스트-카메노고르스크 지역에서 기아자동차의 조립생산이 진행되고 있고, 현대자동차는 알마티 공장에서 트럭을 조립생산하고 있다.

삼성, LG전자, LG글로벌, SK그룹, NTC, Ritex, 우림 건설, 성원 건설, 한진 건설 등은 카자흐스탄에 진출한 가장 성공한 한국기업들이다. 한국의 국민은행, 신한은행, 우리은행도 카자흐스탄에 진출하여 영업하고 있다.

대규모의 국제 공동 프로젝트는 국가에 의해 운영되고 있다. 누르술탄 나자르바예프(Нурсултан Назарбаев) 대통령은 박근혜 대통령과의 회담에서 카자흐스탄 산업혁신개발 촉진에 한국 기업의 기여에 대해 논의했는데, 발하쉬 화력발전소 건설과 아트라우 지역 통합 가스화학 복합단지 개발, 잠불 유전 탐사 및 개발과 같은 대규모의 프로젝트들이 그에 해당된다. 또한 몇 해 전에는 한국의 적극적인 지원과 참여로 '2017 아스타나 엑스포'가 성공리에 종료되기도 했다.

카자흐스탄은 우즈베키스탄에 비해 한국 투자 및 기술 수용에 있어 선두 국가는 아니다. 중앙아시아 국가들 중 우즈베키스탄은 한국 투자자들로부터 큰 관심을 받고 있으며, 한국 기업들이 우즈베키스탄에서 광범위한 활동을 하고 있기 때문이다. 지난 10년 동안 우즈베키스탄 공장에서 대우 자동차가 조립·생산되어 왔고 현재에도 계속 진행 중이다. 한국은 우즈베키스탄 칸딤 가스전 개발 사업을 수행하고 있으며, 칸딤 가스 처리 플랜트를 건설하고 있다. 또한 한국은 우즈베키스탄의 2번째로 큰 도시인 사마르칸트에서 100 메가와트(MW) 태양광발전소 건설공사를 진행하고 있으며, 농업 생산 기술을 현대화하려는 양국의 야심찬 공동 계획을 실행하며, 자동 관개·관수 시스템 설치를 제공하고 있다.

카자흐스탄 정부는 한국 투자자를 유치하기 위해 항상 여러 가지 다양한 행사를 진행해야 한다. 매년 카자흐스탄-한국 비즈니스 포럼을 개최하는 것도 하나의 예이다. 양국의 폭넓은 경제 교류에도 불구하고 한국에서의 카자흐스탄 기업 진출과 개발이 이루어지지 못하고 있고, 양국이 공동으로 소유하고 있는 모든 사업체들은 카자흐스탄 영내에서만 활동하고 있다. 한국 시장의 치열한 경쟁으로 인해 카자흐스탄 기업들이 한국시장에 진입하지 못하고 있는데, 그것은 한국 경제의 약 98%를 중소기업이 차지하고 있다는 독특한 특징 때문이기도 하다.

카자흐스탄의 석유-가스 부문에서 한국 기업들의 참여가 미진하다. 러시아와 중국 사이에 위치한 카자흐스탄은 중개 국가로 원자재 수출 시장과 품목을 다변화하며, 원자재 수입 수요를 증대시켜야 한다. 이 점에서 한국은 카자흐스탄의 주요 국제 파트너로 중요한 외부 균형자 역할을 수행할 수 있다. 카자흐스탄의 한국에 대한 호의는 앞으로 한국

기업들의 카자흐스탄 시장 진입, 진출의 버팀목이 되어줄 것으로 전망된다. 카자흐스탄은 한국을 포함한 외국인 투자자, 신뢰할만한 파트너와의 협력에 관심을 갖고 있다.

2. 한국의 지원과 고려인 교육, 문화의 발전

1991년 카자흐스탄이 독립 이후 고려인들에게도 많은 가능성들이 열렸지만 이를 실천하고 기회를 이루는 것은 쉽지 않은 일이었다. 고려인들은 사회적 난관을 극복하고 그 동안 잊혀진 모국어와 전통, 정체성 회복 노력에 주력해야 했다.

1991년 8월에 설립된 알마티 한국교육원의 창립자이자 초대 원장이었던 신계철 원장은 1990년대 초반부터 카자흐스탄에서의 한국어 교육과 보급에 큰 기여를 했다. 신계철 원장은 카자흐스탄 현지인들의 전통과 사상, 문화를 잘 몰랐음에도 현지에서의 한국어 교육 발전에 적극적으로 헌신했다. 처음에는 고려인만을 대상으로 한국어 교육이 이루어졌지만, 나중에는 한국어에 관심을 갖는 다른 민족에게도 기회가 열리며 타민족들도 교육원을 다니기 시작했고, 현재는 다양한 연령대의 수강생들이 한국교육원에서 한국어를 배우고 있다. 이러한 어려운 상황에서 신계철 원장의 부인 문명례 작가는 교육원에서 한국문화와 예술을 가르치며 신계철 원장을 적극적으로 도왔다.

한국교육원에서는 한국어뿐만 아니라 음악, 춤, 스포츠를 포함한 전반적인 교육이 이루어졌고, 한국에서 제작된 예술영화와 기록영화도 상영하였다. 또한 교수들과 문화계 인사들을 초청해 학술회의와 세미나를 개최하였고, 한국어능력 시험과 언어 관련 경시대회도 시행했다.

한국어를 수강하는 학습자들의 최종목표 중 하나는 한국어능력시험
(TOPIK)을 잘 치르고, 그 결과를 바탕으로 한국 유학을 가는 것도 포
함되어 있다.

카자흐스탄 알마티에 있는 '알마티 한국교육원' 모습

2020년 현재 알마티 한국교육원은 소련 붕괴 이후 카자흐스탄의 시
작과 함께 문을 연지 30년을 맞이하였다. 교육원은 그동안 수천 명의 학
생을 배출해 왔는데, 교육원에 다닌 대부분의 학생들은 수료 이후 대학
에 입학하여 공부를 계속하고, 대학 졸업 후 한국 회사에 취직하곤 했다.
  현재 한국교육원은 젊은 세대에게 한국어를 지속적으로 가르치며
교육사업을 성공적으로 수행하고 있다. 지난 30년 동안 교육원의 교육
사업이 확장되며 내용도 다양해졌다. 한국어 강좌는 자격있는 원어민
강사들에 의해 새로운 교수법으로 진행되고 있다.

한때는 고려인협회 사무실과 고려극장,『고려일보』신문사가 한 동안 교육원에 함께 자리 잡고 있었던 적도 있다. 과거에는 알마티 고려인들의 주요 행사들이 교육원에서 열렸고, 고려극장도 공연을 교육원 대강당 무대에서 진행하기도 했었다. 그동안 카자흐스탄과 한국의 여러 조직 및 기관 간의 협력이 알마티 한국교육원에서 이루어진 결과 한국교육원을 다니는 학생 수도 점점 증가하기 시작했고, 전통춤 동아리와 국악연주 동아리를 찾는 사람도 점차 많아졌다.

한국교육원에서 한국의 언어, 문화, 전통 등을 배우고 싶은 학생들을 위한 한국어교육 진행은 지금도 무료로 진행되고 있다. 교육원은 교육사업 외에 다양한 행사를 실시하며, 한국의 모든 명절을 기념하여 현지인 학생들에게 한국의 생활문화를 체험할 기회를 제공해주기도 한다.

카자흐스탄에서 한국교육원과 한국어에 대한 인기는 매우 높고 뜨겁다. 매년 2회에 걸쳐 수강생 등록이 이루어지는데, 매번 수강등록 희망가의 규모가 1,500명에 이른다. 본 교육원에서는 약 40개의 학습반이 있으며, 각 반을 운영하는 22명의 한국어 교수진이 근무하고 있다. 교육원에서 한 학기당 15주 과정으로, 총 40 시간의 수업이 진행된다. 한국어강좌 이외에 연극반, K-pop 동호회, 봉사활동, 신문제작, 사진반 등 다양한 동아리가 개설되어 있다.

한국어 학습자의 수가 많은 것은 한국어에 대한 카자흐스탄 사람들의 관심의 정도가 어느 정도 인지를 잘 보여주고 있다. 교육원 근무 강사들의 말에 따르면, 학생들의 대부분이 한국어 초급 수준의 학습자들이다. 따라서 학생들이 초급 수준에만 머물지 않고 중·고급 수준의 한국어 공부에 대한 관심도 생길 수 있도록 돕는 것이 교육원의 가장 중요한 목표 중 하나라고 한다.

매년 5월 말이면 알마티 한국교육원 대강당에서 한국어 수강생의 수료식이 진행되며, 총 350명에서 400명 정도가 참여한다. 수료축하 행사에서 교육원 수강생들은 그동안 배운 한국 전통음악을 연주하거나, 사물놀이, 연극 등 여러 가지 공연을 수료식에 참가한 관람객들에게 보여주기도 한다.

알마티 한국교육원은 카자흐스탄 현지인들에게 한국의 언어, 문화 등에 대한 선행 교육을 제공한다는 점에서 중요한 의미를 지니고 있다. 신계철 초대원장으로부터 시작된 카자흐스탄에서의 한국어 교육 사업은 오늘날 젊은 세대 전문가들에 의해 성공적으로 이어지고 있다.

3. 세계화의 앞에 선 카자흐스탄 고려인들

오늘날 세계화 과정에서 다양한 인종 문화적 배경을 가진 한 지역 안에서 다른 집단이나 문화, 또는 더 넓은 문화권, 즉 다른 나라 문화의 영향을 받지 않고 살아가는 민족집단은 없다. 다양한 문화와 사회 간의 상호작용의 증대는 카자흐스탄 내 소수민족 간의 관계에 있어서도 중요한 문제로 대두되고 있다. 카자흐스탄 정부는 국가 내 모든 소수민족을 하나의 카자흐스탄 국민으로 통합시키고, 공통의 국가적 정체성을 만들어내는 새로운 국가통합정책을 수행해 오고 있다.

유목민족인 카자흐인들 땅에서는 오랜 세월에 걸쳐 많은 민족과 종교, 전통의 운명이 교차해 왔다. 현재 140개의 민족과 40개의 종교가 평화롭게 공존하고 있다. 카자흐스탄의 발전과 국가의 사회·경제적, 또는 정치적 근대화 전략의 가장 중요한 조건은 민족과 종교 간 평화와 화합을 이루며, 국민의 통일성을 유지하는 것이다. 그래서 이를 위한 국가 통합 독트린이 형성되어 있는데, 이 독트린은 카자흐스탄 헌법, 카자흐스탄 민족의회, 국가의 규범적 법률 행위 및 이러한 분야의 국제법에 근거하여 설정되었다. 독트린 안에는 국가 정책의 목표와 목적, 또는 원칙과 정책시행 방안이 제시되어 있다.

오늘날 한반도 이외의 지역에 거주하는 재외동포(코리안 디아스포라)의 수는 수백만 명에 이른다. 한국의 재외동포의 규모는 약 800만 명 정도로, 중국, 러시아, 이스라엘, 이태리 다음으로 많은 재외동포를 두고 있다. 강제이주를 당한 극동지역의 고려인 수는 17만 명이 넘었고, 소련 붕괴 당시 고려인의 수는 55만 명에 이르렀다.

중앙아시아 지역에 사는 고려인들, 특히 카자흐스탄 고려인들은 다른 국가의 한인들보다 훨씬 동질적이다. 그들은 소련이라는 국가 안에서 동질의 민족적 정체성을 유지할 수 있었기 때문이다. 하지만 소련 붕괴 이후 국가별 다른 환경에서 개별적 의식을 가진 다양한 정체성이 형성되고 있는 것도 현실이다.

프랑스와 미국 등 모든 시민국가들은 지배적 민족 집단과 연결된 언어 및 문화적 배경과 역사적 배경을 가지고 있다. 이러한 지배적 집단들이 국가 전체 인구의 다수를 차지하며, 국민정체성 형성의 도구가 되어 왔고, 지금도 계속되고 있다. 일반적으로 국가의 국민이 되는 것은 자발적이지만 일정 조건 하에서 가능하다. 이는 국적보다 더 큰 의미를 지니고 있다. 또한 공통의 과거를 기본으로 하지 않아도, 공통의 현재와 미래를 기본으로 하는 공통의 역사적, 문화적 특성을 받아들이며 이해하고 내면화한다는 의미도 함께 담고 있다.

언급했듯이 카자흐스탄은 다민족 국가이다. "민족 간, 종교 간 타협에 이르다"라는 개념의 의미를 정의해야 전 국민을 하나의 국민으로 통합하는 것이 가능하고 합리적인 것으로 보인다. 카자흐스탄 국민의 이미지(정체성)를 형성할 때 다수민족인 카자흐 민족의 자의식, 특히 카자흐인들만의 전통적 애국심을 기반으로 해서는 안 된다. 왜냐하면 카자흐스탄에 거주하는 모든 국민들이 자신들을 평등한 국가 시민으로서 인식할 수 있어야 하기 때문이다. 그래서 카자흐스탄 정부가 추구하는 국가의 공식 이데올로기는 다원주의에 의해서 진행되어야 한다.

다행히 카자흐스탄의 민족정책에는 비카자흐인의 문화생활을 제한하고자 하는 태도는 없다. 소수민족을 하나의 국민국가를 형성하는데 있어서 방해 요소로 보지 않고, 또한 카자흐스탄의 통일성을 위협하는 잠재적인 분리주의의 요소로도 보지 않는다.

소연방 해체 이후의 모든 다민족적 소련 구성공화국들에서 민주주의 원칙에 기반한 국가를 세우는 것은 여전히 가능하다. 민족 간의 민족적, 문화적 차이를 비롯한 차이에 관계없이 모든 시민의 입장에서 국가적 충성도를 높이는 것이 바로 민주주의 원칙이라 할 수 있다.

누르술탄 나자르바예프(Нурсултан Назарбаев) 카자흐스탄 대통령은 제15차 민족의회 연설에서 "수십 개의 민족이 같이 공존하는 미국은 전세계에서 가장 다민족 국가이지만, 이들 모두가 '미국인'입니다. 브라질을 공식 방문했을 때, 브라질도 민족이 다양하지만, 국민은 하나-'브라질인'이라는 것을 알게 되었습니다. 프랑스와 프랑스의 식민지였던 국가의 국민들은 자신을 '프랑스 사람'이라고 합니다. 이와 유사한 과정이 호주, 말레이시아, 싱가포르, 인도 및 기타 국가에서도 나타나고 있습니다. 오늘날 국가의 통합은 공통 국가의 공동 건설과 관용, 국적, 거주국 국가언어의 의무적인 습득과 같은 조건들에 의해 이루어집니다. 그러므로 우리도 이 길을 따라야 합니다. 하지만 모든 변화는 시간이 필요하기 때문에 서두를 필요는 없습니다"라고 말했다.

카자흐스탄 고려인의 상황은 어떤가? 카자흐스탄에 거주하는 고려인들에 관해 말할 때, 국민이라는 용어를 사용하는 것 보다 "소수민족" 이라는 용어를 사용하는 것이 타당하다. 왜냐하면, 카자흐스탄 고려인 들은 프랑스계 캐나다인, 스페인의 카탈루냐, 또는 영국의 스코틀랜드 처럼 정부에 의해 인정되는 특별한 집단적 권리를 갖고 있지 않기 때문 이다. 또한 카자흐스탄 정부는 이들 소수민족에게 이러한 권리를 보장 해 주지 않는다. 더욱이 카자흐스탄은 국제무대에서 스스로를 민족 국 가로 표현하는 것을 선호하지만 실제로는 그렇지 않다.

한반도 외에서 한국어의 지위를 유지하는 것은 매우 힘든 일이다. 따 라서 이에 관한 일들은 과거와 마찬가지로 가장 중요하면서도 가장 어 려운 일이다. 역사적 조국의 모국어(한국어)는 모든 고려인들의 의사소 통의 언어로서 기능을 하고는 있지만, 다수의 CIS 국가에서, 가령 러시 아어처럼 부차적인 권리를 갖고 있는 언어로는 인정받고 있지 못하다.

역사적 조국의 모국어는 거의 모든 고려인들이 서로 의사소통할 때 사용하는 수단으로서 고려인 문화의 필수적인 부분이었고 앞으로도 그 럴 것이다. 카자흐스탄의 국가언어인 카자흐어가 실제로 민족 간 소통 언어로서의 완전한 사용이 이루어질 때까지는 고려인에 대한 한국어의 영향은 지속될 것이다.

카자흐스탄 고려인들 앞에 어떤 운명이 기다리고 있으며, 어떻게 될 것인지를 예측하는 것은 어렵다. 하지만 다음과 같이 조심스런 추측은 가능하다.

1. 대표 민족과의 동화-발생가능성이 매우 낮음
2. "진정한" 의미의 다민족 시민 국가의 형성을 위한 투쟁-타민족들 과 정치엘리트들이 관심을 가지지 않는 이상 이런 전략이 성공할 가능성이 희박함

3. 민족 집단의 지위를 높이기 위한 활동-법적인 권리가 차별없이
   실제적으로 소수민족에게 적용, 집행될 수 있는 사회 분위기 조
   성 운동

위의 상황들을 보면, 가까운 미래에 카자흐스탄 고려인의 지위는 바
뀌지 않을 것이라는 주장도 가능하다.

고려인 사회를 위한 또 하나의 전략이 있는데, 그것은 한국으로 이
민을 하는 것이다. 한편으로 이는 역설적인 상황처럼 보인다. 왜냐하면
최근에 한국은 인구 위기에 봉착한 상황에서 이민자들을 받아들이고
있지만, 재외동포를 끌어들이는 방안을 강구하고 있지는 않은 듯하다.
그러나 미래에는 모든 것이 더 좋은 방향으로 바뀔 수도 있다고 본다.
경제적 성장이 계속되고, 생활수준이 계속 높아진다면 한국은 재외동
포들에게 다시 매력적인 나라로 인식될 것이다. 카자흐스탄 고려인들
이 잠재적인 한국으로의 이민자로 인식되고 있지는 않는 것 같다. 하지
만 미래를 예측하는 것은 너무나 어려운 일이다.

다른 지역 재외동포나 CIS 지역 고려인들이 역사적 조국에 보이는
다양한 태도는 다른 해외 민족 집단에는 없는 한민족만이 가지고 있는
특징이다. 최근 한국에 대한 긍정적 인식이 확대되어 가고 있다. 이와
같은 상황에서 카자흐스탄 고려인들은 양측 간 차이를 좁히며, 공동관
심사 개발에 따른 과정을 지원하고, 역사적 조국에 대한 긍정적 인식을
확대해 나갈 필요가 있다고 본다.

오늘날 고려인들은 새로운 정치적 환경에서 살고 있다. 현재 약 800만
명의 재외동포들이 해외에서 거주하고 있는데, 부지런하고 근면하며,
환경 변화에 대한 적응력도 강한 편이다. 그들은 낯선 땅에서도 민족의
전통과 풍습을 보존하며 후손들에게 고스란히 전달하고, 역사적 조국

과의 유대관계를 유지하며 살아가고 있다.

과거 강제이주 역사의 트라우마로 인해 서로 흩어지고 헤어질 수밖에 없었던 고려인들은 그들의 역사적 조국 뿐만 아니라 타국의 동포들과도 편지도 주고받고, 국제학술대회 및 세미나에 참석하는 등 활발한 교류를 나누며 고려인의 존재를 알리고 있다. 카자흐스탄 고려인들은 그들의 열정적인 노력과 재능 덕분에 정치, 경제, 사회, 문화, 교육 등의 모든 분야에서 활동하고 있다. 그래서 우리는 고려인의 르네상스가 시작되었다고 확실하게 말할 수 있는 것이다. 세계화의 맥락에서 고려인이 해야 할 주요 임무 중 하나는 이제 21세기의 새로운 도전에 적응하는 것이다.

3부

고려인 공통체의 미래와 민족정체성: 계승과 동화

−신진세대 고려인들

제1장
변화하는 카자흐스탄 사회와
고려인 공동체

1. 카자흐스탄의 고려인 인구

1999년 카자흐스탄의 첫 번째 인구조사의 결과에 따르면, 고려인의 수는 99,665명이었고 10년 뒤 두 번째 인구조사에서 고려인 수는 103,931명이었다. 카자흐스탄에서 고려인 인구의 비율은 20년간 0.7%를 유지하고 있다. 카자흐스탄의 10대 민족 집단에서 1999년에 고려인의 수는 9위였고 2009년에는 한 단계 상승한 8위를 차지했다.

고려인 인구는 여전히 5개주(알마티주, 잠불주, 카라간다주, 크즐오르다주 및 남카자흐스탄주)와 알마티시에 주로 집중되어있다. 고려인이 전체 지역 인구에서 높은 비율을 차지하는 지역은 알마티(1.7%), 크즐오르다주(1.5%), 잠블주(1.4%)이다. 가장 낮은 비율을 차지하는 곳은 동카자흐스탄주, 서카자흐스탄주, 파플로다르주, 그리고 북카자흐스탄주로 각각 0.1%의 비율을 차지하고 있다. 카자흐스탄의 수도인 아스타나에는 고려인의 비율이 0.6%이며 2,028명의 고려인이 거주하고 있다.

고려인의 다섯 명당 한 명 비율인 19.2%가 알마티시에 살고 있고, 알마티주에는 17.5%가 살고 있다. 카라간다와 잠불주에는 각각 14.2%, 14.1%의 고려인이 거주하고 있다. 조사한 인구조사 시기 동안 고려인의 수는 눈에 띌 만큼 증가했다. 수도인 아스타나에는 52.6%, 알마티에서는 27.9% 정도가 이 기간에 증가했다. 동시에 인구 유출도 있었다. 알마티주에서는 5.4%, 카라간다주에서는 3.9%, 크즐오르다주에서는 25.4%, 남카자흐스탄 주에서는 14.4%의 인구 유출이 있었으며, 고려인의 인구가 가장 적은 북카자흐스탄주(534명)에서는 28.4%의 유출이 있었다.

지난 1990년대 초부터 타지키스탄, 우즈베키스탄, 키르기스스탄 등 외국에서 고려인들이 이주해 들어 왔다. 이러한 상황에는 여러 가지의 이유가 있었다. 타지키스탄의 고려인 같은 경우는 내전을 피해 왔고, 우즈베키스탄과 키르기스스탄 출신의 고려인들은 일자리를 위해 이주해 왔다. 우즈베키스탄 출신의 고려인 노동자와 타지키스탄 출신의 고려인 난민 수는 집계가 어렵다. 그들은 입국과 출국을 반복하기 때문에 정확한 수를 집계하기가 어렵다.

소련 시기의 고려인들은 중앙아시아의 다른 소수 민족들과는 달리 도시화 되는 속도가 빨랐다. 카자흐스탄 거주 70년의 역사에서 최근 50년 동안 고려인들은 주로 농촌에서 도시로 이주했다. 1989년에서 1999년의 시기 동안 카자흐스탄에 거주하는 고려인의 경우 도시 인구는 1.9% 증가했으며, 이는 자연 인구 증가와 농촌 지역으로부터의 유입에 의한 결과이다. 그로 인해 지난 10년간 고려인의 농촌인구는 15.9%에서 13.4%로 감소했다.

고려인의 도시화가 가장 높았던 시기의 지역별 고려인 분포는 다음과 같았다: 1999년도 만기스타우스크주 98.9%, 아틔라우주 96.8%, 카라간다주 96.6%, 파블로다르주 94.3%, 크즐오르다주 93%의 비율이다. 농촌지역의 고려인 비율이 높은 지역은 아크몰린스크주 51.2%였고, 그 다음은 북부카자흐스탄주 44.5%, 알마티주 40.7%, 서카자흐스탄주 22.8%였다.

카자흐스탄이 독립되기 전에 행해진 1989년 인구 조사에 따르면, 고려인의 연령 분포는 아래와 같다. 14세 미만 어린이가 29,797명, 15~25세까지의 연령대가 13,402명, 25~45세가 35,419명, 45~65세가 17,896명, 65세 이상이 6801명이었다.

이와 같이 카자흐스탄 고려인의 3분의 1은 16세 이하였고, 약 57%가 노동가능 인구였으며, 13%가 비노동인구(노년층) 인구였다. 1999년에 카자흐스탄의 첫 번째 인구 조사에서는 0~9세 및 30~39세까지 인구가 현저히 감소한 것으로 나타났다. 1989년에 이 연령대들의 비율은 19.6%와 19.8%였으나 1999년에는 각각 12.4%와 12.7%로 감소했다. 10~29세 고려인은 4.1%, 40~49세는 7.2%, 50세 이상은 3.0% 증가했다. 1989년 30세 이하 인구의 비율은 49.6%, 그 반대는 49.7%였다. 30~59세까지는 41.2%, 60세 이상은 12.2%를 차지했다. 1989년에 고려인의 평균 연령은 31세였는데, 남자는 30세 여자는 32세였다. 10년 후 앞선 수치들은 다음과 같이 변경되었다. 남자 평균 나이는 32세, 여자 평균 나이는 34세가 되었다.

1960~1970년 소련 시대에 시작된 고려인 사이에서의 출생률을 낮추기 위한 과정이 소련 붕괴될 때까지 이어졌다. 그로 인해 10년 동안 출산율의 급격한 감소가 계속되었으며, 또한 외부로의 이주 역시 카자흐스탄의 고려인의 수 감소에 영향을 주었다.

1999년의 인구조사에 따르면 고려인 규모가 남성이 48,529명이고, 여성은 51,136명이었다. 100명당 49명이 남성이며 51명이 여성인 것이다. 남성이 여성보다 적었고 비율은 각각 48.7%와 51.3%이다. 농촌지역의 남자 수는 여자 수보다 적었으며 그 비율이 48.7% 대 51.3%이였다. 1,000명의 여자 당 949명의 남자 비율이었다(1989년에는 980명). 또한 도시의 남자 수는 936명이었고 농촌의 남자 수는 1,037명이었다. 고려인의 남성 비율은 1989년 49.5%에서 1999년 48.7%로 감소했다. 노동가능 나이보다 많은 여성의 수는 1989년 7.8%에서 1999년 7.1%를 차지했다.

인구 조사 방법에 따르면 가족의 범주는 친족 관계 또는 결혼으로 인해 발생하는 관계와 관련된 사람과 같이 사는 사람들로 간주되었다. 가족 구성원이 아닌 사람들은 인구 조사에서 독신이나 가족과 떨어져 사는 사람으로 두 범주로 나눴다. 1989년 인구 조사 결과에 따르면 소련 내 카자흐사회주의공화국 지역에 등록된 고려인 가족은 19,300가구이었으며 이 중 알마티에는 3,100가구가 등록 되었다.

동시에 위에 언급된 가구의 사람 수는 70,200명(총 67.9 %)이고, 알마티에는 11,600명(72.4%)이었다. 한 가족의 평균 구성원은 3.7명으로 전체 카자흐사회주의공화국의 비율인 4명보다 0.3명이 적은 수치였다. 또한 알마티에서 한 가족의 평균 크기인 3.5명보다 0.2명이 많은 수치였다. 1999년 인구 조사 자료에는 고려인 가정의 규모에 대한 정보는 포함되어 있지 않지만, 지난 기간들 동안 평균 가정 구성원의 크기가 더욱 감소했다고 볼 수 있다.

이주와 관련해서 고려인은 독일인, 유대인들과는 매우 다른 특징을 갖는다. 러시아인들은 카자흐스탄의 상당한 러시아화에도 불구하고 카자흐스탄을 떠나 역사적 고향인 러시아로 떠났다. 카자흐스탄 고려인들이 외부로의 이주에 갖는 생각은 약간 부정적이다. 이민의 대부분인 90%가 러시아의 대도시로 이주하였다. 극동으로의 귀환도 있었으나 일반적으로 경제적으로 보다 역동적인 유럽 및 러시아의 시베리아지역, 그리고 카자흐스탄의 두 수도로의 이주를 더 선호했다.

카자흐스탄으로부터의 고려인 인구의 유출은 타지키스탄, 키르기스스탄, 우즈베키스탄과 같은 경제적으로 침체된 중앙아시아 국가들로부터 이주해 오는 고려인들로 채워졌다. 이는 카자흐스탄에 지난 30년간 거주하고 있는 고려인의 수가 10만 명 정도로 계속 유지가 되고 있다는 것으로 설명되고 있다. 카자흐스탄 내에서 카자흐인과 마찬가지로 고려인의 이주 활동은 매우 활발하다(러시아인들과는 차이가 있다). 고려인들은 소득이 적은 농촌 지역을 떠나 더 많은 경제 활동의 기회를 제공해 주는 도시로 떠났다.

소비에트시대에 다져진 토대는 주권 독립국가에 새로운 발전을 가져다주었다. 그리고 이는 고려인 사회와 관련해서도 충분히 드러났으며, 이는 민족집단 간의 관계를 강화하는데 중요한 역할을 했다.

경제적 요인은 고려인들 자신의 조직적 기술을 펼칠 수 있는, 자신들이 살고 있는 지역에서 매우 중요한 요소이다. 고려인들은 자신들의 잠재성을 국가의 발전을 위해 기술적으로 이용할 줄 알았다. 소련 시대에 고려인들이 농경 지역에 거주하며 능력을 발휘했다면 현재는 산업 지역에서 우위를 점하고 있다.

위의 모든 것을 요약해 말하자면, 고려인들의 미래는 카자흐스탄의 발전 과정과 유기적으로 연결되어 있다고 말할 수 있다. 그리고 이러한 카자흐스탄의 발전 과정은 국가를 강화시키고, 문명을 제공하며 카자흐스탄을 하나로 연결시켜 줄 것이다.

시장 체제로의 전환과 함께 고려인들에게는 시장에서 크고 다양한 측면에서 중요한 성과를 얻을 수 있는 길이 열렸다. 하지만 고려인들의 미래, 그리고 카자흐스탄의 발전, 이 모두는 결국 사회 발전에 전적으로 달려 있다는 것을 잊어선 안 된다. 또한 앞으로의 성장은 고려인들의 모든 사회 시스템의 통합이라 할 수 있는데, 이러한 통합은 이미 성공적이라 말할 수 있다.

2. 고려인의 현대적 가족제도

소련시기와 독립 이후 고려인의 삶 속에서 영향을 많이 받아 온 부분 중의 하나가 바로 가족제도이다. 카자흐스탄의 경우, 다양한 국가정책을 통해 민족 간 화합을 외치고, 러시아어를 공통어로 규정하며 민족적 다양성을 외치고 있지만, 소수민족 사회는 통합과 단합이라는 구호 하에 서서히 동화되어 가고 있다. 정신문화가 더 무뎌져 갈 수밖에 없는 이유이다. 선배세대-기성세대로 이어 온 고려인의 가족제도도 변화해 가는 대상 중의 하나이다. 다행스런 것은 고려인들 스스로가 민족문화 보존을 위한 노력에 진심으로 적지 않은 노력을 기울이고 있다는 점이 그나마 약간의 위안을 주고 있다. 그런 노력의 덕분인지 카자흐스탄 고려인 사회에서는 가족제도의 골격은 아직은 유지되어 가고 있다. 물론 카자흐스탄에서만이 아닌 CIS전체 고려인 사회에서도 목도될 수 있는 부분이기도 하다.

카자흐스탄 고려인들이 생각하는 가족제도의 가치는 무엇일까? 제도적 상황들에 대한 고려인들의 인식과 그 변화모습을 몇 가지 살펴보자. 예전에는 고려인들이 대가족을 이루는 사는 경우가 많았다. 이는 한민족의 전형적인 가족구성 형태로 여러 세대가 함께 살았다. 아이들은 양육과정에서의 어려움도 있으나 조용한 삶과 미래에 대한 자신감을 가져다주는 요소이기도 했다. 한 가족 내에 6~7명 정도의 자녀들이 있는 것이 이상하지 않았다. 하지만 고려인들은 이제는 다산을 선호하지 않는다, 그리고 삶의 패턴이 변하면서 대가족보다는 부모와 자녀로만 구성된 핵가족 형태가 증가해 가고 있다.

한편 전통적으로 고려인 가정에는 아버지가 당연히 가장이었다. 다른 모든 가족 구성원들은 가장의 희망이나 바램을 암묵적으로 충족시켜야 하는 것을 당연한 것으로 여겼다. 어린이나 손자들이 어른들의 의견에 반대의사를 표하는 것은 받아들이기 상상하기 어려운 것으로 인식되었다. 또한 윗사람들에 대한 복종은 자연스러운 것이고 인간의 주요 덕목 중 하나로까지 여겨졌다. 반면 원칙적으로 가장은 모든 가족 구성원에게 공평하게 대해야 했다. 가장에게는 가정 구성원에게 명령할 수 있는 권리 외에, 반대로 전통적으로 가족의 이익을 대변하고, 그것을 유지하고 보호할 의무를 부여받았다. 가족에 대한 의무를 다하지 않으면 가장의 권위를 잃게 되는 것이다. 집안에서의 질서는 어른에 대한 종속, 즉 자녀들이 부모에게 복종하고, 부인이 남편에게 복종함으로써 유지된다. 즉 이러한 오랜 전통을 존중하고 공공도덕의 규범에 따라 연장자에게 엄격히 복종하는 것이 집안 내에 자리를 잡고 있었다. 고려인들 또한 이러한 유교적 질서에 기반을 둔 한민족의 가족제도가 정신적으로 몸에 배어있었다.

친척 관계 또한 중요시되고 있다. 고려인 가정에서도 친척들과 같은 씨족 구성원들 간 긴밀한 관계를 중요시한다. 그러한 관계는 좁은 개인적 관심사나 이익에 대한 고려보다는 신성한 의무로서 상호 지원과 협력이라는 전통적인 개념에 기반을 두고 있다. 가족제도는 어려움에 처한 경우 친척의 부조에 의지하고 믿을 수 있는 보호 시스템인 것이다.

CIS 고려인의 전반적인 상황이기는 하지만, 가족제도에서 중요하게 여겨지는 것 중의 하나가 제사 문제이다. 이는 조상들에 대한 존중을 바탕으로 하는 것으로 가족제도에서 상징하는 바가 크다. 고려인들은 조상들의 사망일을 기억하고 집에서, 혹은 묘지에서 제사를 지낸다. 제사상에 올라가는 진설품은 조금 달라졌어도 제사를 반드시 모신다. 특히 4월 한식은 가장 정성스럽게 지켜지는데, 이날 대부분의 고려인들이 성묘를 한다. 제사의 수행은 예절과 효행, 덕행의 가장 중요한 표시 중 하나로 고려인들 사이에서도 동일한 가치체계가 이어지고 항상 중요시되고 있다.

이상에서 언급된 것 이외에도 가족제도에 대한 한민족 고유의 정서가 유지되고 있는 요소들을 고려인 사회에서 찾아볼 수 있다. 장남의 부모 모시기라든지 돌과 결혼, 환갑, 장례 등이 일생의례(통과의례)적인 측면들에서 고려인 사회에서도 중요시되고 있다. 문제는 카자흐스탄 사회가 계속 변화하고 있고, 고려인들도 그 변화의 물결에 휩쓸려가고 있다는 것이다.

강제이주 이후 소련 시기를 거치며, 그리고 카자흐스탄을 비롯한 독립국가들에서의 새로운 삶은 카자흐스탄을 포함한 CIS 고려인 사회에도 많은 변화를 가져다주었다. 특히 소련 시기는 고려인의 전형적인 한민족적 요소들의 보존과 계승에 물리적이고 직접적인 영향을 미쳤다. 많은 민족전통 요소들이 상실되거나 무뎌졌다. 소련 붕괴 이후 독립한 구성공화국들에서의 삶 속에서 언어와 전통 등 한민족의 정신문화를 복원하려는 노력은 계속되고 있지만 다민족, 다문화 국가 카자흐스탄의 국가통합 정책과 지향점을 고려해 볼 때, 소수민족의 정신문화 보존과 계승이 그렇게 녹록해 보이지만은 않는다. 가령 카자흐스탄 고려인 스스로가 언급하고 있듯이, 이제 고려인들도 "진심으로" 카자흐어를 모국어로 받아들여야 할 때가 점점 가까워지고 있고, 이미 국가통합이라는 국가차원의 정책이 사회 곳곳에서 시작되고, "조용히" 적용되어가고 있기 때문이다.

3. 고려인 여성의 사회생활

CIS 지역은 과거 사회주의 체제를 경험한 곳으로 전통적으로 여성들의 사회적 지위가 높은 편이다. 사회주의 건설에 박차를 가하면서 국가는 여성들의 사회활동을 적극 요구했고 사회 각 부분에 여성들의 비율은 매우 높았다. 현재도 관공서나 기타 조직의 남녀구성 비율을 보면 어떤 경우는 여성의 비율이 더 높다. 사회주의권 국가들의 탁아소 제도가 잘 되어 있는 것도 따지고 보면 우연이 아니다. 그만큼 여성들의 노동력을 중요시했고 또 필요했던 것이다. 이러한 상황은 현재까지도 이어지고 있는데, 오늘날 카자흐스탄 사회에서도 다르지 않다. 여성들의 사회생활 비중이 매우 높고, 무엇보다 사회 속에서 바라보는 여성에 대한 인식이 한국에서의 그것보다 사뭇 다르다. 이슬람적인 문화의 규제를 받는 사회라서 여성들의 순종과 복종이 미덕으로 받아들여지는 측면이 있는 반면, 다른 한편으로는 러시아의 지배, 즉 소련의 지배 하에서 자리잡은 여성의 높아진 사회적 지위와 대우가 동시에 존재하고 있는 것이다.

고려인 여성들의 사회적 지위와 대우도 그러한 사회적 분위기에서 영향을 받아왔다. 현대적인 삶 속에서 고려인 여성들도 오늘날 자기개발과 성공을 추구하고 있는데, 그들의 활동 또한 국가에 적지 않게 기여해 왔고 실제로 큰 인정을 받아왔다. 고려인 여성들은 꿈과 야망의 실현을 가족 다음으로 중요시 하는 경향이 있다. 오늘날 카자흐스탄 고려인 사회의 현실 속에서 나타나는 고려인 여성들의 사회활동에 대한 인식과 가치관을 들여다보자.

많은 고려인 여성들이 전문 능력과 기술의 습득을 통해 자기실현을 추구하고 있다. 그중에는 주부의 삶을 내려놓고 가정에서의 편안한 삶, 즉 물질을 추구하며 직업경력을 쌓아나간다. 사회 활동에 대한 적극적인 참여가 성공, 자기실현이라는 개념과 결부되어 적극적으로 사회생활을 해나간다. 하지만 대부분은 가정 의무를 병행하며, 자기실현을 추구해 나가는 것이 일반적이다.

고려인 여성들의 학력은 대체로 대학 이상이며 전반적으로 높다. 많은 이들이 교육이나 의학 분야에서 활동을 하고 있다. 과거 소련 시기에도 그랬듯이 고려인 여성들은 고학력이고 국가의 지적생산 활동에 큰 기여를 하고 있다. 고려인 여성들에게 경제적 무능이나 전문성 부재 등의 단어는 어울리지 않는다. 교육과 문화, 전문 업종, 사회생활 참여도에서 결코 남성보다 뒤떨어지지 않을 뿐더러 경우에 따라서는 남성을 앞서기도 한다.

고려인 여성의 높은 사회활동은 여성의 지평을 넓히고 지적 세계를 풍요롭게 한다. 반면에 가족 내에서 배우자와의 역할이 평등하다는 인식이 생겨나며 남녀의 역할 차이를 모호하게 만드는 측면도 있고, 한편으로는 신생아 출생률에도 영향을 미친다. 일반적으로 카자흐 민족은 아직까지는 한 가정에 평균 4~6명의 자녀를 두는 문화이다. 그에 비해 고려인 가정은 한국에서와 같이 훨씬 적은 가족구성을 추구하고 게다가 핵가족화되어 가고 있다.

오늘날의 고려인 여성들에게는 사회적 지위는 단순한 수단이 아니라 사회적 평등을 이루는 데 있어 가장 중요한 측면 중 하나로 받아들

여지고 있다. 실제로 자본주의를 전제로 한 생산 활동은 규칙적이기 때문에 어느 정도 여성들의 경제적 독립성과 평등을 강화하는 데에도 도움을 주고 있다. 카자흐스탄의 고려인 여성들은 높은 교육을 받은 고급 인력들로서 역사적으로 보더라도 절반 이상이 여성이었다. 고려인 여성들의 왕성한 사회활동은 앞으로도 계속 이어질 것으로 어렵지 않게 추측해 볼 수 있다.

역할이나 전문분야 등에서 오늘날과 비교 코드가 조금 다를 수는 있지만 역사적으로 고려인 여성들의 활동은 소련 시기와 독립 이후에도 국가 형성과 번영에 큰 공헌을 함으로써 많은 주목을 받아왔다. 가령 68명의 고려인 노동영웅 중 11명의 고려인 여성이 사회주의 노동영웅 칭호를 받았다. 강혜숙(Кан Хе Сук), 김연순(Ким Ен Сун), 이 나데쥐다(Ли Надежда), 리 타티아나(Ли Татьяна), 문 카피톨리나(Мун Капитолина), 박금선(Пак Гым Сен), 박 엘레나(Пак Елена), 박 나데쥐다(Пак Надежда), 황 알렉산드라(Хван Александра) 등이 그들이다. 여기에 10명 이상의 아이를 낳은 고려인 여성 66명이 '어머니 영웅' 칭호를 받기도 했다. 나아가 소련 시기에 소련 최고회의 대의원을 지낸 김 엘라 이바노브나(Ким Элла Ивановна), 카자흐사회주의공화국 최고회의 대의원을 지낸 김 로사(Ким Роза), 장 올가(Тян Ольга), 허가이 크세니야(Хегай Ксения), 신 베라 바실레브나(Шин Вера Васильевна), 그리고 마쥘리스(하원) 의원을 지낸 서 라이사 페트로브나(Шер Раиса Петровна) 등은 대표적인 고려인 여성계 선두주자들이라고 할 수 있다.

앞서 소개되어 있듯이, 고려인 여성들은 문화, 예술, 학계 분야에서도 고려인 여성의 사회활동의 진수를 보여주었다. 이미 많은 인물들이 언급되어 있기에 여기에서는 중복하지 않으려 한다. 선배세대 고려인들의 전통을 이제는 신진세대가 이끌어 가고 있다. 80여 년의 "카자흐스탄살이" 동안에 고려인 여성들은 남성들에 못지 않게 충분히 민족적 역량과 우수성을 보여주었고, 신진세대가 그 발자취들을 이끌어 가고 있으며, 21세기에는 신진세대 고려인 여성들의 활약이 더 기대된다.

4. 고려인의 이민족 간 결혼

소련 시기에 여섯 가족 중 한 가족은 이민족 간의 결혼으로 구성된 가족이었다. 이는 소련 시기의 민족 간 우호적인 관계의 긍정적인 지표 중의 하나이기도 하다. 오늘날 독립된 카자흐스탄 사회에서 이민족 간 결혼은 보편화되어 있고, 그 결과 신세대 고려인 가정에서도 혼혈 가정이 적지 않게 많다. 이러한 현상은 카자흐스탄 내 모든 구성민족들 사회에서 발생하고 있는 일반적인 현상이다. 여기서 한 가지, 흔히 "국제결혼"과 "혼혈결혼", "이민족 간 결혼"의 개념을 동의어로 사용하기도 하는데, 저자가 의미하고 있는 "이민족 간 결혼"은 "타 민족들과의 결혼"을 지칭한다.

고려인의 이민족 간의 결혼은 이민족과의 접촉이 발달한 결과이며, 고려인의 이민족 간의 결혼이 증가하는 것은 민족적응의 지표 중 하나로 볼 수 있다. 그러나 결혼 100건당 30건, 혹은 심지어 50건의 이혼이 발생하고 있는 상황 역시 정상은 아니다. 직접적으로 2세들에게 영향을 미치기 때문이다.

이민족 간의 결혼이 크게 늘어난다는 것은 두 민족 공동체 간의 문화적 경계가 모호해지고 사람들은 더 이상 서로를 다른 민족 집단의 대표자로 인식하지 않는다는 것을 의미하는 것이기도 하다. 또 이민족 간 결혼 규모의 성장은 국가적 차원의 동화와 통합 과정을 촉진시키는 지표로도 작용한다. 현대사회에서 완전한 족내혼 민족은 없다. 이민족 간의 결혼 결과로 새로운 형태의 민족공동체가 발생하기도 하고 우수한 인종이 발생하기도 한다. 예를 들어, 고려인 사회에서도 혼혈이면서 고려인 공동체에서, 또 카자흐스탄 국가차원에서도 탁월한 능력을 보여준 인물들이 적지 않다. 체조 올림픽, 세계챔피언인 김 넬리(Ким Нелли)와 록가수 최 빅토르(Цой Виктор), 권투선수 골로프킨 겐나디(Головкин Геннадий), 그리고 볼쇼이극장의 오페라 가수 남 류드밀라(Нам Людмила), 저명한 역사학자 강 게오르기, 그 외 국회의원, 군장성 등 많은 인물들이 혼혈로서 고려인의 성을 갖고 명성을 떨쳤었다.

고려인의 이민족 간의 결혼의 비율이 매우 높다는 것은 민족의 족내혼의 붕괴를 의미한다. 그러나 타민족과 구성된 혼혈가정이 단일민족 가정에 비해 내구성이 떨어지는 것은 아니라는 연구결과도 있다. 중요한 것은 민족이 아닌 사람 그 자체이다. 이 세상에 나쁜 민족은 없으며, 있다면 나쁜 사람이 있을 뿐이다.

현재 카자흐스탄 사회에서 고려인의 이민족 간의 결혼은 자연적인 사회적 경향으로 받아들여지고 있다. 게다가 이민족 간의 가족이 형성될 가능성을 높이는 요인은 계속적으로 작용하고 있다. 민족 간 문화 친화적인 관계의 강화와 전통적인 생활방식의 약화, 국가차원의 통일과 단합 정책 추구 및 강화 등이 결과적으로 민족 간 결혼을 위한 자연스런 요인으로 지속, 심화되어 가고 있다. 향후 신진세대 고려인 사회에서는 더 많이 이민족 간 결혼 사례가 나타날 것이다. 그렇게 되면 지금과는 사뭇 달라진 고려인 공동체의 모습을 보게 될 수도 있다.

제2장

신진세대 고려인 공동체의 미래와 민족정체성

1. 고려인의 생존 전략과 미래

이 연구에서 저자는 고려인의 정착으로 인한 도시화와 문화적 통일 과정이 그들과 다른 문화 간의 차이를 평준화하는 결과를 낳았다는 것을 이야기하고자 한다. 개인적 차원에서 민족 간 불가피한 접촉은 민족 정체성의 본질이 더욱 복잡해지는 결과를 낳았고, 고려인-러시아인, 고려인-카자흐인과 같은 여러 민족의 정체성을 가진 사람들의 수가 증가하고 있다.

앞서 언급했듯이, 2009년에 시행된 카자흐스탄의 마지막 인구 조사에 따르면 카자흐스탄에는 10만 명이 넘는 고려인이 살고 있었다. 소련 전체적으로 55만 명 이상의 고려인이 살았었으며, 우즈베키스탄에 가장 많은 수인 20만 명, 러시아에는 13만 명, 그리고 나머지 수는 다른 공화국에 분포되어 살고 있었다.

우리는 카자흐스탄 고려인들의 문화적 성격은 그들의 정체성의 성격 분석을 통해 묘사할 수 있다는 가정 하에 문화적 정체성이 개인적 지향과 이주 태도 모두에 영향을 미친다고 본다.

한 사회학적 연구가 고려인의 70%가 살고 있는 다민족 지역(알마티주, 크즐오르다주, 남카자흐스탄 주)에서 행해졌다. 연구를 위해 언어, 전통 및 문화를 보존하고 있는 고려인 밀집거주 지역을 선택하는 것이 중요했다. 고려인들은 소련 시대에 행해진 대거 강제추방에 희생된 민족을 대표하고 있다는 사실을 고려해야 한다.

사실 오늘날 우리의 입장에서 더 이상 고려인의 수는 중요하지 않다. 분산된 형태의 정착이 지배적이기 때문이다. 위에서 언급한 예를 제외하고는 지역 선택은 지역 차원에서 필요한 행정 및 조직 지원을 받을 수 있는 가능성에 따라 영향을 받았다.

연구수행에 있어 야기 된 첫 번째 문제는 응답자의 선정이다(여기에는 민족뿐만 아니라 연령에 관한 제한이 있음). 두 번째는 "민족성(정체성)" 자체의 모호성이다. 따라서 의식적으로 소수민족 정체성을 가진 사람들, 즉 민족문화와 관련된 활동을 하거나 이와 가까운 사람들에게 초점을 맞추기로 했다.

응답자 선발은 현지 고려인 기관과 조직의 지원으로 이루어 졌으나 인터뷰 대상자들이 일반적으로 그 민족을 대표할 수 있는지, 특히 사회적 계층화의 중요한 범주로서 자발적이건 비자발적이건 민족적 문제를 과장하거나 왜곡했는지 고려하지 않을 수는 없었다. 응답자 선정은 연령, 본인 확인, 활동 분야, 결혼 여부, 학력 등의 기준에 따라 선정되었다.

표준화된 인터뷰의 단점을 평준화하고, 고려인 문제와 민족정체성의 특성, 문화적 성향에 대한 이해의 차이을 식별하기 위해서 포커스 그룹이 구성되었다. 포커스 그룹들은 자신을 카자흐스탄 고려인으로서 인식하는 젊은 세대들로 구성되었다. 보다 질적인 자료를 얻기 위해 세 개의 포커스 그룹을 나누고, 각 그룹의 모든 토론 결과를 비교했다. 두 개의 그룹에는 카자흐스탄의 서로 다른 지역의 학생들이 포함되었다.

질적인 방법에 우선순위를 두면서 양적인 방법도 보완하기 위해 젊은 세대 고려인들을 대상으로 대규모의 설문조사를 실시했다. 대표성의 문제가 아니라 샘플링의 문제로 어려움을 겪었다. 연구 대상 자체가 이미 구체적이기 때문에 할당량이나 무작위 표본 추출 방법을 사용할 수 없었다. 따라서 응답자 선출은 어느 정도 자격조건을 갖춘 사람들로서 스노우볼 샘플링 표집 방법을 선택했다. 총 100명의 젊은 고려인을 인터뷰 했으며, 이 수는 해당 조사 지역들에 있는 18~35세 연령층에 있는 5~6% 이상에 해당된다.

직업적 전략. 직업적 전략을 적극성 전략 그룹, 관망적 전략 그룹, 현실적(회의적) 전략 그룹으로 구분했다. 첫 번째 그룹은 역동적으로 직업을 재설정 하는데 적극적이고 준비된 인생관을 가진 그룹이다. 그들은 모스크바나 외국에서 좋은 교육을 받았기 때문에 그들 자신을 다양한 프로젝트의 관리자로서 간주한다. 한국에서는 한국어와 영어 또한 능통하게 구사해 자신의 능력을 사용할 수 있다고 확신한다.

두 번째 유형의 그룹의 전략은 관망적 태도라고 볼 수 있다. 일반적으로 대학에서 공부하는 젊은이들 사이에 우세하다. 그들은 아직 본인 미래의 직업에 대해 확신할 수 없으므로 스포츠, 음악 등 취미 생활을 통해 그들의 미래 직업에 대한 기대를 연상시킨다. 그들은 한국이라는 나라를 그들의 창조적 커리어의 가능성을 발전시키고 실현할 수 있는 나라로 생각한다.

세 번째 유형의 그룹은 한국에서 거의 볼 수 없으며 자신들의 경력 전망에 현실적(회의적)이다. 이 유형의 그룹에는 30~35세의 고려인들이 포함되어 있다. 그들의 사회적 지위는 이미 형성 되어 있으며 그들의 커리어는 경력 발전 및 달성 가능한 목표 설정과 관련되어 있다. 그들이 설문조사를 통해 나타낸 직업관은 아래의 대답과 같다. "아직 자녀들은 어리지만 직장과 거주지를 바꿀 생각은 없다. 다만 나는 훌륭한 의사 또는 변호사가 되는 것을 희망하고 있다."

시민적 정체성. 인터뷰를 한 거의 모든 응답자들은 카자흐스탄을 고향으로 불렀다. 카자흐스탄 영토에 집중 또는 분산되어 살며, 정착 전 역사적 기억을 보존해 온 고려인들에게는 극동은 작은 조국이다. 고려인의 정착지가 분산되어 있는 지역에서는 시민적 정체성에 있어 작은 조국이 갖는 의미가 크지 않다. 한국에 대한 개념은 관념적이거나 보다 정확하게 말하자면 신화적이다. 거주지에 상관없이 거의 모든 응답자들의 커리어 전략은 카자흐스탄과 연관이 있다.

우리는 민족적 정체성을 구성주의형과 원형주의형, 두 가지 유형으로 나눴다. 첫 번째 유형은 자신을 카자흐스탄 고려인들의 문화와 의식적이고 실용적으로 연결시키는 것으로 개인의 커리어 전략 요소 중 하나이다. 두 번째는 유전적 문화적 뿌리의 개념과 연대성을 통해 카자흐스탄의 고려인 그룹과 자신을 동일시하는 것이다.

위와 같은 구분은 조건부적인 연구 방법에 의해서가 아닌 오랫동안 카자흐스탄 고려인들이 영향을 받아 온 문화 과정에 의해 결정되는 것이다. 민족 간의 통합은 여러 민족그룹 대표자들끼리의 친밀한 대인관계의 결과이며, 또한 사회적, 정치적 과정(도시화, 카자흐스탄 사회 구조변화, 공공 정책)의 결과이다.

그 결과 문화적 전통과 고려인들의 사고방식이 변화하였다. 더욱 복잡해진 그들의 자기 인식과 자기 인지는 내부로부터의 평가를 통해 입증되었다. 도시에 살고 있는 고려인들과 농촌에 집중적으로 정착한 고려인들 간에는 오래 전부터 문화적 포지션의 차이가 있었다. 그러나 나라의 역사적 발전 과정의 특성으로 인해 이러한 차이는 평준화되었다.

이러한 사실들은 연구 자료에 의해 증명된다. 응답자들 사이에서 구성주의적 유형의 정체성을 가진 응답자들이 우세했다. 그들은 25세의 젊은 세대로 부모 중 한 명이 고려인이다. 이들의 경우 본인이 고려인임에 대한 자각이 늦게 일어났다. "불행히도 나는 나의 친척 특히 한국 친척에 대해선 거의 알지 못한다. 나는 고려인 아버지를 두었으며 그는 한국에 대해 아무것도 알지 못한다. 나는 비교적 최근에 나의 민족이 한민족임을 인지했으며, 내가 이를 인지를 하게 된 사건은 청년 고려인 정기포럼과 관련되어 있다. 그때 이후로 나는 내가 카자흐스탄의 고려인임을 인지하기 시작했다."

위의 예에서 알 수 있듯이 카자흐스탄의 고려인으로서의 자각은 청년 단체의 활동과 관련되어 있다. 이러한 동질감은 커리어 발전을 위한 기본적 요소이다. "19살 때까지 나는 알마티에 살았으며 엄마가 고려인이다. 학교 졸업 후 알파라비 카자흐국립대학교 동방학부에 입학했다. 2학년 때 나는 서울 한국외국어대학교에서 1년간 교환학생으로 공부했다. 나는 차후 나의 전문적 커리어를 한국학과 관련된 분야로 생각하고 있다."

원형주의적 아이덴티티 그룹은 우시토베와 같은 곳에서 집중적으로 모여 사는 특징을 갖고 있다. 그들은 스스로의 민족정체성을 그들 민족의 기원에서 찾으며, 또한 1937년까지 자신들의 선조가 살았던 극동지역과도 연결시키고 있다.

카자흐스탄 고려인들이 집중적으로 모여 사는 장소는 단일민족 가족 특징인 뿌리와 상당한 연관성을 갖는다. 고려인의 민족정체성의 특성은 러시아인-고려인, 그리고 고려인-카자흐인 정체성과 같은 다문화 민족정체성보다 우세하다.

민족정체성과 시민정체성의 상관관계는, 위와 같은 세 가지 유형의 정체성이 카자흐스탄과 연관된 고려인들의 정체성과 카자흐스탄 사회 안에서의 고려인의 통합을 가르키고 있음을 보여주고 있다. 이러한 통합은 여러 민족적 정체성과 카자흐스탄 시민정체성의 중요성에서 드러난다. 이것은 또한 "조국" 개념에 대한 주관적 인식으로 나타난다. 80%는 조국을 출생지와 거주지라고 생각하며, 16%는 조상의 국가, 남은 4%는 조국이 어디이든 신경 쓰지 않는다고 응답했다.

   민족 간 상호작용, 문화적 지위 및 결혼 전략. 모든 응답자들은 두 가지 그룹으로 분리 될 수 있다. 첫 번째 그룹은 결혼이 다음 세대에 있어 본인의 민족을 재생산할 수 있는 좋은 기회라는 것을 인지하고 있음에도 불구하고 인생의 배우자를 고르는 것을 민족이나 인생과 관련되는 원칙으로 생각하지 않는다. 두 번째 그룹은 결혼에 있어 우선적 조건으로서 특정 민족 집단을 중요시 여긴다. 그들은 본인의 민족적 정체성을 보전하는 것에만 초점을 맞추는 것이 아니라 다음 세대로의 전승에도 초점을 맞추고 있다. 그들 중 64%는 본인들의 자녀가 고려인으로 남았으면 좋겠다고 응답했으며, 27%는 그것은 자녀의 선택의 문제라 말했다. 응답자들 중 민족 간 결혼을 더욱 중요하게 생각하는 응답자들도 있었다.

   결혼 전략은 카자흐스탄과 관계가 있다. 카자흐스탄 고려인들은 결혼 상대자를 선택할 때 민족을 기반으로 선택하는 것을 선호하며 한국으로 갈 생각이 없으며 본인 자신을 카자흐스탄 고려인으로 인지한다. "카자흐스탄에서는 내 자신이 가치 있는 사람이라고 느껴지며 자유롭게 살 수 있다. 그리고 자신의 권리를 안다. 그러나 한국에서는 한국어를 모르는 것으로 인해 우울함을 느낀다. 또한 한국에는 카자흐스탄과 다른 삶의 법칙들이 있다."

언어, 관례 및 전통은 민족차별 요소에 있어 중요한 부분으로 인식되며 종교와 같은 요소는 문화차별 요소로서 아무런 역할을 하지 못한다. 민족성의 필수 요소에 중요한 결정 요인은 능동적인 결정 요인이다. 가장 중요한 식별 요소로는 언어로 응답자들은 언어를 통해 본인과 다른 민족 집단 간의 다름을 느끼며 언어를 통해 그들 민족 집단의 정체성을 확인한다고 말했다.

카자흐스탄 고려인은 소속감에 있어 긍정적이다. 그들의 대다수는 민족적 정체성을 숨기지 않는다고 말했다. 응답자들은 "외국인 혐오" 증상에 대해 그것은 어떠한 공포감을 일으키는 것이 아니라 카자흐스탄 사회에 퍼져있는 일반적인 외국인에 관한 혐오 감정이라고 말했다.

민족의 차별화 및 민족 통합의 중요한 요소는 언어이기 때문에 일상생활에서 언어 사용 습관과 숙달 정도의 수준을 평가하는 것이 중요했다. 처음에는 젊은 세대 고려인들의 언어 식별에서의 특성에 관심을 기울였다. 고려인들 대부분이 100% 러시아어를 모국어라고 응답했다. 젊은 세대 고려인들에게 있어 러시아어는 중요한 의미를 갖는다. 어떤 언어로 말하느냐, 그리고 사회화 과정에서 그 언어가 어떠한 역할을 하느냐는 중요하다. 언어적 능력은 그 언어를 말하고 읽고 쓰는 능력들을 말한다.

카자흐스탄과 한국에서의 직업비교. 커리어 전망 관련 주제에 있어서 응답자들은 다른 의견을 보였다. 아직 개인 커리어를 시작하지 않은 학생들의 경우 카자흐스탄과 한국 두 나라 모두 같은 가능성과 기회를 갖고 있다고 응답했다. 또한 고려인들은 카자흐스탄과 러시아에서의 커리어 전망은 같다고 여긴다.

중심 의견 – 모든 것은 민족적 요소가 아니라 자기 자신한테 달려있다고 본다. 학생들의 환경에서 중요한 것은 자기 개발과 구체적 본보기를 향한 노력이다. "문화적 환경 기준" 준수는 부차적이다. 중요한 것은 젊은 고려인 활동가들이 이 주제와 관련해서 모이고 많은 이들이 한국에서의 커리어를 그들의 미래 전략에 있어 하나의 중요한 선택으로 생각한다는 사실이다. 그러나 카자흐스탄에서나 한국에서나 그들을 아직 전문가로서 자기를 표현한 경험이 없다.

다음 포커스 그룹에서 직업 평등에 대한 의견은 전문적으로 직업 분야에 있어 성공한 사람들의 영향을 받았다. 이웃과의 관계부터 직장 공동체와의 관계에 이르기까지 다양한 영역에서의 사회적 상호작용의 성격은 일반적으로 긍정적으로 평가된다. 즉 고려인들에게 영향을 미치는 사회적 환경이 그들에게 이질적이지 않다는 것이다. 이러한 사실은 설문 조사 데이터에 의해 증명된다. 동시에 카자흐스탄 고려인들의 마음속에 형성된 한국 문화의 이미지는 긍정적이다.

카자흐스탄 고려인 또는 고려사람은 카자흐스탄과 독립국가연합 국가들과 긴밀하게 연결되어 있다고 말할 수 있다. 그들의 가족 역사는 그 나라에 뿌리내려 정착했던 민족의 역사를 의미한다. 이들과 국가가 갖는 관계의 복잡한 특성은 그들의 문화적 성격에 영향을 주지 않았다.

정체성 보존과 부분적 문화 보존. 반면에, 탈민족화 되어버린 고려인들의 그룹에 속한 사람들은 한국어는 대부분 모르거나 한국 문화에 대한 이해가 부족하다. 민족적으로 전통은 그들의 생활 방식에 있어 유기적인 부분이 아니다. 그들의 민족적 정체성에 있어 이중성을 띤다. 그들은 자신을 한민족이라 계속해 인지하지만 동시에 자신들이 한민족의 정체성에 대해 명확히 이해하고 있다 말할 수 없는 어떤 문화적 상황의 문턱에 있다. 이 그룹의 민족에 대한 이와 같은 인식은 전형적인 성격을 나타낸다.

이러한 연구 결과는 카자흐스탄 고려인들의 문화적 균질화가 일어나고 있음을 시사한다. 실질적으로 도시에 살고 있는 고려인과 좁은 시골 지역 공동체에서 살고 있는 고려인 간의 차이가 사라졌기 때문이다. 디아스포라의 문화적 관계에 있어서는 균질성이 덜하다. 대부분의 응답자들이 자신들은 단순한 고려인이 아니라 정확하게 카자흐스탄 고려인으로 생각하고 강조했다. 본질적으로 카자흐스탄 고려인 중 다수의 민족정체성은 압도적으로 러시아-고려인이다.

소련의 붕괴는 의심할 여지없이 카자흐스탄 국가에 강력한 타격을 가했다. 단일 영토는 주 경계선뿐만 아니라 민족, 종교, 그리고 다른 요소들로 인해 많은 조각으로 찢겨졌다.

결과적으로, 카자흐스탄은 가치를 재평가하고, 구체적 국가 정체성과 이에 적합한 국가 프로젝트를 결정하고 새로운 현실에 적응할 필요가 있었다. 처한 현실 그 자체가 아래와 같은 질문에 답을 요구했다. 우리는 누구인가? 그리고 우리는 어디로 가는가? 이러한 관점에서 정체성 문제에 대한 중요성은 오늘날 카자흐스탄에게 매우 중요하며 경제 문제들만큼 중요한 문제이다.

오랜 역사 동안, 카자흐스탄에는 다양한 기후 및 사회 문화 조건 속에서 다양한 발전 수준에 도달한 다양한 민족들이 살았다. 따라서 다양한 민족 공동체가 나라의 민족 정체성 확립에 기여했으며 이러한 다양한 민족 공동체들의 각 공동체는 고유의 민족-역사적 경험, 가치, 전통, 정신, 규칙 및 행동 규범들을 카자흐스탄에 가져왔다.

이로 인해 카자흐스탄은 전통, 문화, 언어 등의 차이와 관련된 몇 가지 어려움에 직면해 있다. 특히 민족적 관계의 정치화 경향이나 민족적 자의식이 정치 성향으로 연결 되는 경우가 있다.

이러한 문제와 관련하여 카자흐스탄에서 "다양성 안에서의 통합" 그리고 "통합 안에서의 다양성"은 모두 현실적으로 중요한 주제이다.

시민 또는 정치 국가의 정체성은 단일 민족이나 다른 공동체가 아닌 사회 전체가 형성하는 상징적 존재이다. 고려인들은 이러한 사회 구성원들 중 일부이며 카자흐스탄의 시민이다.

전통적으로 카자흐스탄에서는 카자흐스탄의 정체성을 해석할 때 민족적 원리와 초 민족적 원리가 서로 공존한다. 다시 말해, 카자흐 민족의 정체성, 카자흐스탄 국민으로서의 정체성, 고려인의 정체성, 다른 민족들의 정체성에 대한 이해 사이에는 명백한 모순이 있다. 고려인의 정체성이 민족적 의미를 지닌다면 카자흐스탄 시민으로서의 정체성은 초국가적 정체성에 기반을 둔다.

유감스럽게도 카자흐스탄의 시민권, 카자흐스탄 국가의 시민 또는 정치적 정체성을 사회-문화적, 정치-문화적으로 통합하는데 있어 불안정하다는 사실을 확인할 필요성이 있다. 이것은 민족들의 역사, 전통, 문화, 언어, 종교 등에 상관없이 민족그룹들의 다양한 요소들의 재구성과 관련된 것이다.

물론, 카자흐스탄에서는 민족 간, 문화 간, 종교 간 기타 문제가 없다고 말하는 것은 옳지 않다. 하나의 국가 안에 여러 세대가 섞여 살아가는 상황이었던 소련시기에 다수 민족 집단의 거의 모든 삶의 부분들이 세속화와 근대화에 있어 엄청난 변화를 겪었다.

세계화는 전례 없이 이주, 민족의 혼합, 보편화 과정을 증가시키고 있다. 즉 사회의 가장 중요한 영역들을 통합하고 있다. 이러한 조건 하에, 카자흐스탄에서 동화되려는 경향이 소수민족에게 영향을 미친다.

현재 많은 젊은이들이 좋은 교육을 위해 카자흐스탄을 떠나고 다른 나라에서 일을 한다. 많은 수가 러시아로 떠나며 다른 나라 중 역사적 조국인 한국도 포함되어 있다. 일반적으로 새로운 장소에서 살다 보면 정착이 분산되고 이로 인해 고향 민족 그룹 간의 연결도 끊어진다.

이에 따라 고향 문화와 관습을 실현할 수 있는 공간과 가능성이 축소되고 이러한 상황에서 언어, 문화 등 민족 문화적 정체성 유지에 관한 문제가 증가한다.

세계화와 정보화의 강력한 바람에 순수한 민족 문화화 민족 정체성을 지키기란 어렵다. 더욱이 민족의 동화 경향은 어쩔 수 없이 가속화되기 때문에 이에 따라 민족의 물리적 생존 문제가 제기 된다.

안타깝게 여겨지는 고려인의 사례. 이러한 경향은 특히 도시에 살고 있는 사람들에서 두드러지게 나타난다. 현대의 젊은 세대는 한민족의 정체성을 결정하는 그들의 모국어(한글)와 민족문화 등을 잃어버렸다. 그리고 이는 미래에 그들의 자식에게 영향을 미칠 것이다. 우리는 카자흐스탄에 거주하고 있는 대부분의 고려인들의 상황이 이와 같다는 것을 인정해야 한다.

카자흐스탄의 민족 그룹들은 서로 다른 흥미와 시작에도 불구하고 하나로 합쳐지고 있다는 것을 고려할 때 이러한 주장의 중요성은 더욱 분명해진다. 모든 민족 그룹들이 직면해 있는 중요 과제는 전체 카자흐스탄 시민의 정치적 정체성의 형성이다. 시민 또는 정치적 정체성은 국가에 의해 민족과 관련될 수 있으며, 국가적 사명을 가진 통일 된 사회-문화 및 정치-문화 시스템 통합에 의한 국가적 이상의 복합체와 연관될 수 있다.

카자흐스탄의 대다수 민족의 삶이 거의 모든 측면들에서 세속화와 근대화로 인해 커다란 변화를 겪고 있다는 사실을 부인하지 않을 수 있다. 이러한 변화들은 사회, 경제 및 정치 구조뿐만 아니라 삶의 방식 자체에도 깊은 영향을 미쳤다.

21세기에는 사회의 모든 영역에 통합적으로 침투한 다자간의 유대관계가 카자흐스탄에도 예외 없이 민족 집단의 주요 이익에 영향을 미치거나 훼손하지 않으면서 살아가는 삶의 모든 것이 되어버렸다. 러시아 문화와 러시아어를 통해 고려인들은 세계 문명에 발을 들였고, 그들을 뭉치게 하는 중요한 열쇠이기도 하다.

대부분의 고려인들에게 러시아어는 단순한 국제 의사소통의 수단이 아니다. 언어의 국제화는 전례없이 높은 수준에 이르렀다. 대부분의 고려인들에게 러시아어는 모국어가 되었다. 러시아어와 러시아 문화는 세계 문명으로 통합되기 위한 수단이며 관문이었고 앞으로도 그럴 것이다. 고려인들에게 러시아어가 없는 삶의 의미는 상상할 수 없다.

카자흐스탄 사람-이는 본질적으로 민족에 상관없이 카자흐스탄공화국의 모든 민족 집단을 아우르는 명칭이다. 이는 카자흐스탄 국가 안에서 순수한 정치-법적 의미에서 카자흐, 슬라브족 등 다른 민족은 없고 법 앞에 동등한 카자흐스탄공화국 시민만 있음을 의미한다.

역사적 전망을 주장하는 국가에게는 좌표 시스템이 필요하다. 국가 좌표 시스템은 카자흐스탄의 모든 민족 집단에게 카자흐스탄 단일 국가 사상의 공통된 기초와 단일 민족 정체성이 될 수 있는 하나의 이해 가능한 이데아 형성의 필요성을 전제하고 있다. 이는 카자흐스탄의 경제적 사회적 진보를 위한 바램을 제공할 수 있다.

카자흐스탄 고려인, 그들은 누구인가? 카자흐스탄 고려인들은 한반도의 한국인들과 어떤 차이를 갖는가? 이러한 차이점이 문화, 그리고 세계관의 이데올로기적 특징에 근거한다고 말할 수 있을까? 고려인들의 정신은 한국의 한국인들과는 다르다. 이는 고려인과 한국의 복잡한 사회화에 의해 확인할 수 있다. 독립국가연합의 고려인들이 한국 현지에 적응하는데 어려움을 겪고 있다는 것이 그 예이다. 그 이유는 조상의 언어인 한국어를 모르고 역사적 고향의 문화와 전통을 잘 알지 못하기 때문이다. 그래서 카자흐스탄과 독립국가연합에서 한국으로 이주한 고려인들이 "외국인"이라 불리는 것도 그 예라 할 수 있다.

세계 여러 나라에 거주하는 한민족의 민족정체성 문제에 관해서 학자들 사이에 다른 견해가 존재하며 서로 대립되는 견해 또한 존재한다. 따라서 다른 외국 국가는 말할 것도 없고 CIS 내에 살고 있는 고려인들 모두 똑같을 수 없다. 한반도의 한국인들의 이해에서도, 이미 알려진 이유들로 인해 고려인들은 외국의 다른 한민족들과 동일시 될 수 없다.

정체성 확인의 문제는 CIS 안에서 중요한 문제로 남는다. 예를 들어 "그들의 소속과 관계없이 누가 카자흐스탄의 시민인가"라는 질문에 아직 답을 찾지 못했다. 모든 공동체 이름으로 "카자흐스탄 인"이 제안되었으나 특히 여러 민족 공동체들의 반응은 적극적이지 않았고 "카자흐스탄 시민"이라는 단어가 이를 대신했다.

따라서 카자흐스탄의 국가 정체성 문제는 국가 생존의 문제이기도 하다. 어느 한 국가에 소속된다는 것만이 단순히 사람들을 하나의 사회를 묶어주진 않는다. 이는 카자흐스탄공화국의 모든 민족 공동체의 자유롭고 평등한 발전과 연관되어 있다. 새로운 정치 시민 사회의 새로운 역사적 공동체의 형성은 새로운 시민 공동체 의식 속에서 일어난다.

카자흐스탄에서는 이와 같은 과제가 성공리에 해결되고 있다. 우리는 국민들을 총체적으로 "카자흐스탄 인"이라 부르고 있으며, 이는 그 어떠한 오해도 불러일으키지 않으며, 세계 경제 동향에 따라 발전되어 가고 있는 사회의 정치적 표현의 편리한 형식으로 인식되고 있다.

현대 고려인은 이미 반은 러시아인 반은 카자흐인이라는 점에서 고려인과 한반도의 한국인들과의 차이점이 있다는 것이 전문가들의 견해이다. 연구자들에 따르면 고려인은 개방적이고 성실하며 다른 민족과의 관계에 있어 긍정적인 태도를 보이는 특징을 갖는다. 이러한 특징은 초기 고려인 디아스포라가 러시아의 창의적 문화와 유산, 그리고 독립

후에는 카자흐인들의 유산을 물려받았기 때문이다. 심지어 식문화에 있어서도 고려인들은 보르쉬, 펠멘, 베쉬바르막, 바우르삭 등과 같은 러시아와 카자흐인들의 전통 음식을 적극 받아들였다.

최근 들어 고려인들이 다른 민족과 결혼을 하는 경우가 많아졌다. 물론 국내 사회 이슈에서(의사소통, 다른 민족 집단 사람들과의 관계 등) 그들 사이의 분명한 차이점은 있지만 여기에는 다양한 민족정체성 확인이 포함 되어 있다.

동시에 고려인들의 공동체는 한국보다 더 단합되어 있다. 왜냐하면 한국의 각기 다른 지역은 서로 다른 정신적, 언어적, 심지어 문화적 요소를 갖는다. 그러나 고려인들은 이러한 차이가 존재하지 않는다. 왜 한국의 한국인들은 CIS 고려인들을 외국인으로 바라보는 것일까? 왜냐하면, 고려인들, 특히 4세대 이상의 고려인들은 그들이 살았던 곳에서 벗어나지 못할 것이기 때문이다. 고려인들은 거주하는 지역의 환경과 상관없이 하나의 문화로 통일되며 이는 정신적 차이를 줄인다. 그러나 차이점 역시 존재한다.

고려인과 그들의 역사적 조국에 거주하고 있는 사람들 간에는 정신적 차이가 있다. 동시에 고려인들이 카자흐스탄의 문화 환경에서 성장할 준비가 되어 있다는 것에 부정할 여지도 없다. 고려인들은 그들의 삶과 그들 자녀의 미래를 카자흐스탄과 연결지으며 그들의 열정을 국가와 함께 극대화시키기 위해 적절한 전략을 수립한다. 고려인들의 사고방식은 다른 문화에 대해서 관대하다. 특히 그들의 옆에 있는 민족들에게 관대하다.

카자흐스탄에는 여러 민족이 섞여있다. 고려인은 카자흐스탄의 러시아인, 카자흐인 및 다른 민족과 같이 섞여 사는 하나의 민족이다. 삶에 대한 인지와 교육이 같은 언어로 이루어지는 것은 매우 중요하다. 이것이

바로 모든 민족 그룹이 편안하게 서로 같이 살게 만들어 주고 있다.

이미 앞서 언급했듯, 고려인은 반은 이미 카자흐인이다. 왜냐하면 그들은 카자흐스탄에 살고 있기 때문이다. 첫 번째로, 단순히 이미 많은 것들이 카자흐인들과 섞여있다. 둘째로, 어떠한 경우이든 간에 이 나라에 계속 살고 있는 사람들은 카자흐 전통, 관습, 문화, 언어를 잘 알고 있다. 이는 무의식적으로 삶 속에 이미 들어와 있다. 다른 한편으로 고려인들은 실제 조국과 국경 너머의 역사적 조국과의 이원성을 느낀다.

독립의 새로운 현실적 맥락에서 카자흐스탄 고려인의 인식. 현대의 지정학적 현실은 일반적, 학문적 담론에서 "새로운 변화의 시대"로 특징지어진다. 이 시작은 소련의 붕괴와 카자흐스탄의 완전 독립이라는 사건을 통해 주어졌다. 이러한 조건 하에서 국가 정책의 주관적 공간과 정치 주체의 이미지 및 카자흐스탄 고려사람에 대한 인식의 결과를 결정하는 구성 메커니즘을 연구하는 것이 중요해진다.

이 연구에서 고려사람의 카자흐스탄에 대한 이미지는 카자흐스탄에서 "소프트 파워" 전략실현을 위해 사용된 일련의 기술이 상호 작용한 결과로 간주된다. 담론의 복잡한 시스템에 고려인을 포함시킴으로써 고려인들은 동시에 소비자와 창조자가 된다. 고려인의 주관적인 공간의 일부인 카자흐스탄에 대한 이미지 내용은 다양한 자원의 총체성을 반영하며 이는 국제 관계 시스템 안에서 그것의 잠재력을 결정한다. 이러한 이유로 현 젊은 세대들은 국가의 모든 것을 보호하고 보존해야 하며 다음 세대에게 전달해야 한다.

고려인들의 사회적 상황을 국가 전체적인 것과 분리해서 살펴서는 안된다. 카자흐스탄의 모든 국민들은 동일한 문제들을 경험하고 있다. 문명화된 현대사회로 가는 과정에서는 사회생활의 모든 영역에서 차별도 존재하는 것이 현실이다. 경제적 환경의 근본적인 변화 덕분에 다른 민족들과 같이 재산소유의 자격조건이 중요해졌다. 달리 말하면, 사회적 차별의 주요 요소는 물질적 상황과 재산소유 부분이다. 최근 몇 년간 발생한 고려인의 물질적 상황의 변화는 일반적인 생활수준의 경향뿐만 아니라 향후 사회적 붕괴의 과정을 반영한다고 이해할 수 있다.

　　사회적 불평등과 관련 18～29세 사이의 응답자들 중 23% 정도가 진보적인 접근을 보였다. 50～59세 사이의 성인 응답자들의 경우에는 13%가 그러한 입장을 취했다. 응답자 연령이 증가함에 따라 계층화 과정에 대해 입장이 달라졌다. 30%의 젊은 고려인 응답자들은 국가가 민족적 배경에 구분없이 평등한 기회를 지원해야 한다고 여겼다. 반면 60세가 되는 응답자들은 17%만 이러한 입장을 가지고 있었다. 따라서 응답자 연령의 증가는 사회적 불평등 심화에 대한 자유민주주의적 태도의 지지자들의 비율에 상대적으로 반비례했다. 한편 18-29세, 46%의 응답자들은 경제 및 직장 분야를 어렵다고 평가했다.

고려인 단체들의 공동 세미나 모습

한편 본 연구에 따르면, 고려인들은 카자흐스탄의 제일 중요한 문제들로 통화팽창, 실업률, 의료문제를 꼽았다. 일반적으로 사회수준은 정상적인 생활을 보장해주는 문제와 직접적으로 관련이 있다. 민족, 종교, 언어, 인구 등과 같은 보다 복잡한 사회시스템이 작동하는 문제들에 대해서는 덜 걱정하는 것으로 나타났다. 49%의 응답자들이 국가 내에 형성된 사회-정치적 상황에 대해 긍정적으로 보고 있었다.

최근 들어 고려인들의 사회 및 정치적 활동 수준이 눈에 띄게 늘어났다. 즉 고려인들의 정치의식이 현저히 증가했다. 마지막 시기에 치러진 선거들(상하원 선거, 시의원, 구의원 선거)에 고려인들은 카자흐스탄의 시민으로 적극적으로 정치적 의견을 표출했고, 그 결과 16명의 고려인이 시의원, 구의원 등 지방자치단체 의원으로 당선되었다. 현재의 젊은 세대 고려인들은 5~7년 전에 비해 기성세대들과 함께 적극적으로 정치에 참여를 하고 있다.

고려인들의 정치의식 구조는 다양하다. 대부분의 젊은 세대들은 모든 사람은 법 앞에 평등하다는 정치적 가치를 우선시 하고 있다. 이것은 대부분 고려인들은 민주주의 의식을 가지고 있다는 것을 뜻하는데, 특히 소유권(재산)의 우선순위와 관련한 고려인 대다수 젊은이들의 정치적 의식은 어느 정도의 자유주의로 구분된다는 점을 주목할 필요가 있다. 한편 설문조사에서 나타나듯이, 대다수의 젊은이들(27%)이 개인 비즈니스를 희망했다.

고려인 디아스포라의 문화생활에는 서구화 경향이 나타나고 있다. 고려인들은 점점 정신적 발전과 동화, 문화적 동화로 점차 나아가고 있다. 그렇기에 지식이 있는 젊은이들이 국적을 이탈한 지식인으로 변할까봐 우려가 생기고 있다.

고려인의 사회계층화 구조 문제에 대한 사회학적 분석은 한 사회 구조에서 다른 사회 구조로의 전환과 새로운 사회계층(상류층)의 출현, 중산층의 형성과 다른 계층의 빈곤화 등 몇 가지 변화를 보여 주었다. 최근 들어 고려인 사회에 새로운 계층, 새로운 사회구조적 계층이 등장했는데, 여기에는 기업가, 비즈니스맨(개인사업가), 자유 전문가 등이 포함된다.

이외에도 모든 연령에 상관없이 고려인들이 고용되어 있는 시장경제의 주요 그룹을 분석해보았다. 이 그룹에는 중산층에 원활하게 진입할 수 있는 주식회사와 합작회사 운영자들, 농산물 생산 및 마케팅에 종사하는 농장과 농촌 기업가들, 민간 및 최근 민영화된 기업의 근무자 및 공공 부문의 사회-전문직 그룹이 포함된다.

카자흐스탄이 독립된 지 거의 30년이 되어가며 고려인 디아스포라 내에서는 근본적으로 새로운 원칙과 태도를 갖고 높은 자부심과 책임감 하에 경제활동을 수행해 오고 있는 새로운 계층이 형성되어 왔음을 알 수 있다. 여기에서 이들을 3가지 그룹으로 나누어 보면 다음과 같다:

- 기업 소유주, 중소기업의 소유주, 주식회사 소유주 등
- 국영기업 기업 관리자, 합작 회사 고위직 임원, 증권거래소 및 사무소 책임자 등
- 기업가 또는 개별 그룹의 이익을 대표하는 사회단체장들

현재의 고려인 사업가는 누구일까? 연령대로 보면 29~45세 사이의 고려인들이 여기에 해당된다. 여성 사업가도 늘어나고 있으며 일부는 남편, 또는 친척들과 같이 사업을 한다. 이들의 학력수준을 보면, 대학교를 졸업했거나 일부는 박사 학위를 소지한 전직 대학 교원들도 포함되어 있다.

사회-정치적 과정 속의 복잡하고 다양한 양상들이 고려인 지식인의 운명에 영향을 미치고 있다. 그중 제일 우려가 되는 것은 지식인의 타 분야로의 유출이라 할 수 있다. 그 과정은 다음과 같이 진행이 되었다:

1. 신생 카자흐스탄공화국이 형성되는 과정에서 일부 지식인들이 정부 기관에 들어갔고, 이들 지식인들은 관료주의적이고 형식주의적인 사람이 되어 버렸다.

2. 국가 전반적인 부문에서 급여 수준이 급격히 떨어지는 상황에서 자신과 가족을 부양할 능력이 없어지면서 지식인들이 학계를 떠나 직업을 바꿨다. 이들은 기업에 들어가거나 은행원이 되거나 여러 형태의 중소기업을 운영하는 등 사업 활동에 뛰어들었다. 즉 지식활동과 관련이 없는 분야로 이직했다는 뜻이다. 이는 파산한 기업을 폐쇄하고 실업상황에서 물질적 상태를 개선하기 위해 학문과 문화 분야에 대한 배분을 줄이는 과정에서 더 심화되었다.

지식인들의 물질상황이 나빠진 것은 설문조사에서도 나타나는데, 현재와 과거 소련 시기 간 생활을 비교했을 때, 응답자의 40%는 아주 많이 나빠졌다고 답했고, 20%는 조금 더 나빠졌다고 답했다. 이런 답변이 응답자의 60%를 차지한다. 그렇기 때문에 지식인들의 30%는 학계에서 활동하면서 동시에 경제 분야에서도 활동하기를 원했다. 이러한 과정의 결과는 고려인 디아스포라에게 매우 중요하다. 즉 민족의 지식적 및 도덕적 가치가 파괴되면 어두운 과거로 퇴보될 수 있기 때문이다.

한편으로 학계에서는 활발하고 효율적으로 활동할 수 있는 젊은 신진 학자와 연구자들이 떠나고 있어 신구세대 간에 연령 격차가 생긴다. 젊은 학자들은 주로 자기 가정의 생계를 위해 학계를 떠난다. 사회는 가장 재능있고 젊은 학자들을 잃게 되고, 그들은 상업적인 영역이나 비지니스, 관리직 분야로 내몰리고 있다. 신구세대 간의 교체 매커니즘이 작동하지 않기에 학계는 노쇠해지고 있다. 물론 저명한 우수 학자들의 경우 어느 조건에서든지 자리가 있어 큰 문제가 없다. 하지만 은퇴 기간이 다가온 다수의 학자들은 학계를 떠나지 않고 있다. 은퇴 이후에 적은 퇴직연금이 있지만 그것만으로는 생계에 턱없이 부족하기 때문이다.

전체적으로 보았을 때 최근 고려인 디아스포라 내에서는 새로운 사회적 계층이 형성되고 있다. 그 계층은 생산물 분배에서의 국가의 역할에 의존하지 않고 있다. 이 새로운 계층에서는 핵심부와 주변부가 구별되는데, 계층 성장에 필요한 코어가 있다.

카자흐스탄의 계층통계국 자료에 따르면, 고려인들은 여러 유형의 기업활동에 종사하고 있다. 사회학 설문조사에 따르면, 약 1만~1만 5천 명의 소위 "신고려인"이 유럽 중산층 수준의 삶을 누리고 있다고 한다. 여기에는 우선적으로 주식회사의 책임자들, 국영회사 사장들 및 이사들, 사장단 임원들, 민간 회사 대표들 및 이사진 등이 포함된다. 대다수가 민간 기업이나 합작회사, 그리고 외국기업체들에서 근무한다.

알려진 바와 같이, 전체주의 체제의 가장 중요한 특징은 독점적으로 지배하는 정당으로부터 벗어나 독립적인 조직을 구성하는 것을 금지하는 것이다. 선배세대에 이어 기성세대 고려인들의 적극적인 정치활동 덕분에 일종의 "민족의 단합"-르네상스가 시작되고 사회계층 간의 관계가 강화되고 있다. 비국가적인 경제 부문이 존재하는 조건에서, 노멘클라투라를 제외하고 경제 엘리트의 특정 부분도 여기에 포함되어야 한다.

고려인 디아스포라에서도 일반적으로 엘리트가 형성되어 왔다. 여기에는 무엇보다 먼저 대기업과 중기업의 대표자, 학자, 언론사 대표가 포함이 된다. 고려인 사회에 새로운 엘리트층, 즉 비즈니스 엘리트층이 적극적으로 형성되고 있다. 크게 두 개의 엘리트층으로 구분해 볼 수 있는데, 바로 정치 엘리트층과 경제 엘리트층이다. 과거에는 노멘클라투라 범주에 있지 않았던 주로 젊은 세대들이 새로운 고려인 비즈니스계를 이끌어 가고 있다.

고려인 비즈니스계의 국가적 운동에 대한 영향력이 커질수록 고려인 사회의 민족적 권위도 상승할 것이다. 카자흐스탄에는 14개 주에서 약 11만 명의 고려인이 거주하고 있다. 평균적으로 2015년 기준으로 고려인 1천 명당 중소기업 약 4~5개를 소유하고 있다. 이러한 사업체들의 분포도는 지역별로 차이가 있다. 가장 많은 수의 고려인 기업체들이 등록된 곳은 알마티와 알마티주이며, 고려인 비즈니스 활동의 약 68% 가 남카자흐스탄, 크즐오르다주, 잠불주 및 카라간다주에 집중되어 있다. 이것은 지방 정부와 기업체들과의 긴밀한 상호작용 때문이기도 하다.

고려인의 카자흐스탄 사회-경제적 발전을 위한 기여. 2017년에 카자흐스탄의 고려인들은 카자흐스탄 정주 80주년을 맞이했다. 오늘날 고려인 디아스포라는 무엇인가? 다음과 같이 말할 수 있다: 고려인들은 높은 수준의 정신적, 물질적 성과를 이루었고, 또한 고등교육의 선도적인 지위를 차지하면서 지적이고 능력있는 민족으로 인정받고 있다. 그들은 쌀과 양파 농사에서 시작하여 부흥을 알렸고, 이제는 인류의 모든 문화적, 정신적 유산을 정복해나가고 있다.

오늘날 사회 곳곳에서 고려인들은 국회의원이나 군장성, 군간부로 활동하고 있다. 또한 학자나 장관, 대기업 CEO나 간부, 임원으로 역할을 하고 있다. 뿐만 아니라, '카자흐스탄 인민예술가' 칭호를 받은 인물들도 많고, 스포츠 영웅들도 활약하고 있다. 그러한 예는 너무 많다. 현재까지 약 100여 명의 대박사(doctor) 및 교수들이 배출되었고, 400여 명의 박사 학위(candidate)자들이 카자흐스탄의 학계 곳곳에서 활동하며 카자흐스탄의 국격을 높이는 일에 일조하고 있다.

탄압과 강제 추방에도 불구하고 고려인은 소수민족에 무관심한 소련 체제에서도 살아남을 수 있었다. 고려인 디아스포라는 여전히 고유의 정체성과 독창성을 가지고 있고, 유대인과 독일인 등 다른 디아스포라와도 유사한 점을 갖고 있다. 이들 간의 활동을 요약하면 다음과 같은 유사성이 발견된다: 최대한의 분산 상황, 사업 활동, 타문화에 대한 높은 적응력과 낮은 동화력 등.

2017년에 카자흐스탄공화국은 독립 26주년을 맞이했다. 고려인의 미래도 국가의 중대한 변화의 흐름과 유기적으로 연관되어 있다. 국가의 중대한 도전과 변화 속에서 고려인 사회에게도 유사한 해결책이나 공동의 노력이 요구되었고, 다른 민족들과 나란히 동일한 임무를 수행해 나갔다. 고려인들은 평등하고 합당한 사회 구성원으로서 미래가 자신의 손에 있음을 확신한다. 그것은 얼마나 굳건하고 지속적으로 신뢰 있는 모습으로 정체성 있는 길을 걸어가느냐에 달려있다고 본다.

카자흐스탄 고려인은 카자흐스탄 및 역사적 모국과도 긴밀하게 연결되어 있다. 또한 자신의 민족정체성과 더불어 타민족의 문화적 특성들도 어느 정도 이해하고 있다. 반면, 대부분 한국어가 능숙하지 않거나 제한적인 상황 속에 놓여있어 이중적 민족정체성이 드러나기도 한다. 고려인들은 스스로를 고려인이라고 밝히고 있지만 분명하게 민족정체성을 내세우기가 어려운 문화적 기로에 있음을 또한 이해하고 있다.

연구 결과에 따르면 카자흐스탄 고려인 문화는 균질화 되어있다. 예전의 작은 마을에 사는 고려인과 도시 고려인 사이의 차이는 거의 사라졌다. 설문에 참여한 대부분 응답자들은 자신은 단순히 고려인일 뿐만 아니라 "카자흐스탄의 고려인"이라는 것을 강조했다. 전반적으로 볼 때, 카자흐스탄 고려인의 대부분은 "고려인-러시아인"이라는 민족정체성을 갖고 있다고 판단된다.

2. 이어지는 고려인 교육의 열정

고려인들은 교육을 매우 중요하게 여긴다. 또한 "선생님의 그림자 조차 밟지 말아야 한다"라고 표현했을 만큼 선생님에게 깊은 존경심을 갖는다. 그래서 오랜 기간 동안 고려인의 교육은 이러한 원리에 기초를 두고 있다. 교육 시스템의 경우 공동생활의 다른 영역과 마찬가지로 변화가 있었지만 그럼에도 불구하고 많은 오래된 전통들이 보존되었다.

지난 수십 년 동안 우리는 다른 민족 집단으로부터 많은 것을 얻고, 인식하고 습득했다. 그리고 교육 분야에 있어서 많은 성과를 거두었다. 1937년 당시로 거슬러 올라가보면 그 때 당시 가난하고 문맹이고 두려움에 떨고 있던, 심지어 카자흐 지역의 언어와 관습을 모르는 우리를 카자흐땅은 받아주었다. 나의 할아버지와 아버지는 우리 민족이 문맹 퇴치를 이루는 것은 수십 년이 걸릴 것이라 생각했다. 그 당시 고려인들의 꿈은 한가지였다. 바로 자신들의 자녀들과 손자들을 위해 살아남는 것이었다. 1세대 고려인들에게 상당한 슬픔이 있었다면 그들의 꿈은 아이들에게 좋은 교육을 제공하고 모두 다 같이 이 나라에서 유용하게 사는 것이었다. 이 꿈은 고려인 2세대와 3세대에 의해 실현되었다. 고려인들의 지식에 대한 태도는 다음 그리고 다음 세대로 전해졌다. 그리고 그들은 교육 분야에서 많은 것을 일궈냈다.

이러한 전통은 기록되어진 법이 아닌 독특한 전통이며 수세기에 걸쳐 발전하였고 고려인의 민족적 특징이 되었다. 스탈린 정권에 의해 강제 추방 되어 삶을 이어가기 힘들었던 상황에도 불구하고 고려인 이민자들은 카자흐스탄 토양에 머물던 첫날부터 아이들에게 고등 교육을 제공하려고 노력했다.

이 수십 년 동안 고려인들은 매우 교육적인 민족이 되었다. CSD (Central Statistical Directorate) 통계에 따르면 고려인 인구는 11만 명으로 전체 인구의 0.6-0.7%로 인구수의 9위를 차지하고 있다. 이렇게 작은 점유율에도 불구하고 그들은 사회 모든 면에서 두드러진 영향력을 행사하고 있다. 다른 민족들처럼 그들은 카자흐스탄 헌법에 의해 부여된 권리를 누리고 있다. 그들은 성공적으로 그들의 시민적 잠재성을 실현하고 있다.

교육 수준에서 볼 때 고려인들은 카자흐스탄에 거주하는 다른 민족 집단과의 비교 순위에서 선두를 차지하고 있다. 고려인 지식인들은 또한 카자흐스탄의 교육 분야에서 중요한 역할을 담당해 왔다. 그들의 기성세대 중 많은 사람들이 대학교에서 교편을 잡고 있으며 학장, 학과장, 연구원 등 중요한 직책을 맡고 있다.

통계에 따르면 고등 교육을 받은 고려인의 숫자는 카자흐스탄 평균 수준의 두 배가 넘는다. 카자흐스탄 인구 1,000명 기준으로, 15세 이상의 고등교육을 받은 사람이 126명일 때, 고려인의 경우는 262명이었다(2009년 인구조사 기준). 대박사 및 박사 학위 소지자는 500명이 넘는데, 이는 고려인 1,000명당 5명의 비율로 세계 수준에서도 그 자체로 좋은 지표이다.

1953년까지, 극동에서부터 온 고려인 이민자들의 명예회복 때까지, 소련 땅에서의 이동 금지로 인해 젊은이들이 대학에 입학하는 과정이 제한적이었음을 명심할 필요가 있다. 고려인 1세대는 카자흐스탄 사회에서 전쟁과 전쟁 후 시기를 모두 겪었고 카자흐스탄 사회 구조 안에서 가치 있는 자리를 차지했었다. 오늘날 고려인들이 가진 모든 것의 기초는 바로 그들의 끊임없는 영웅적인 노력을 통해 만들어졌다. 소련시절 힘들고 잔인했던 시기에 고려인들은 사회주의 노동영웅이라는 높은 직책을 부여 받았다. 이를 통해 지식과 노력만이 다민족 사회에서 우선순위를 차지할 수 있다는 것을 미래 세대에게 증명했다.

1931년 블라디보스토크에서 설립된 고려사범대학교는 소련 고려인 교육 발전에 커다란 역할을 담당했으나 이후 크즐오르다로 강제이주 되었다. 이주된 후 대학은 "고골 크즐오르다고려사범대학교"로 불리었으며 한국어와 러시아어로 강의가 진행되었다. 그후 한글 수업이 중단되었지만 한글 지식의 기초는 남아있었다. 그 이후로, 젊은 고려인들은 러시아어로만 교육을 받았고, 러시아어를 사용하는 소수 민족이 되었다. 그 당시 러시아어에 대한 지식은 고려인들에게 영향력을 주었으나 한국어에 대한 습득은 사회에서 그들의 위치가 성장하는데 있어 아무런 커리어를 주지 않았다.

소련 근대에서 고려인 교육의 역사를 살펴보면 고려인 선생님들이 고려인들에게 모국어를 가르치기 위해 많은 노력했음을 알 수 있다. 이런 개척자들 중 한 명이 바로 니 파벨 필리포비치(Ни Павел Филиппович)이다. 그는 고려사범대학 부학장을 역임했고 한국어 교과서들을 집필했으며 러시아어로 된 교과서를 조선어로 번역하기도 했다. 이 파벨은 1896년 연해주 출생으로, 1915년에 옴스크에서 교사 세미너리를 졸업했으며 1918년에 사범대학을 졸업했다. 이어 사범대학 졸업 후에 그는 블라디보스토크의 농업학교에서 교사로 근무했고, 1932년부터는 고려인 학교교육 도위원과 니콜스크-우수리스크에 있는 조선전문학교 교학과장을 지냈다. 1929년부터 이 파벨은 게르첸 레닌그라드사범대학교에서 대학원 과정을 다녔으며, 1934년에 고려인 중 최초로 교육학 분야 논문으로 박사 학위를 받았고, 이어 도첸트 칭호를 받은 학자로서 승인을 받았다.

1933년부터 이 파벨은 고려사범대학교 부총장으로 재직했다. 하지만

1937년에 크즐오르다로 강제이주가 되었고, 이후 크즐오르다에서 화학과 학과장과 자연과학학부 학장, 부학장을 지냈다(도첸트 지위를 갖고 1946~1966년 시기에 화학과 학과장, 아바이 카자흐사범대학교 자연과학부 학장으로 근무함). 이 파벨의 자녀와 손자도 같은 길을 걸었다. 아들 니 레오니드 파블로비치(Ни Леонид Павлович) 박사는 교수로 일했으며, 카자흐스탄을 대표하는 주요 학자로 카자흐스탄 국립학술원의 회원으로 활동했다. 손자인 니 알렉산드르 레오니도비치(Ни Александр Леонидович) 또한 물리학 박사이자 교수였으며 모스크바 물리기술대학교를 졸업한 재원이었다. 니 파벨 필리포비치 고려인 가족의 자세한 교육활동은 고려인들이 얼마나 근면히 교육과 학술활동을 했는지 설명해 주고 있다.

소련 붕괴 이후에는 국가 경제에서 가장 높은 범주인 교육 분야에서 많은 학자들이 활동을 했다. 강 게오르기 바실리예비치(Кан Георгиий Васильевич), 리가이 마리야 알렉세예브나(Лигай Мария Алексеевна), 김 게르만 니콜라예비치(Ким Герман Николаевич), 리 니콜라이 니콜라예비치(Ли Николай Николаевич), 리 블라디미르 알렉산드로비치(Ли Владимир Александрович) 리 세르게이 바실레비치(Ли Сергей Васильевич), 명 드미트리 볼보노비치(Мен Дмитрий Вольбонович), 김 블라디미르 알렉산드로비치(Ким Владимир Александрович), 김 알라 미하일로브나(Ким Алла Михайловна), 한 나탈리야 니콜라예브나(Хан Наталья Николаевна), 김 나탈리야 파블로브나(Ким Наталья Павловна), 리 타티아나 블라디미로브나(Ли Татьяна Владимировна) 등의 대표적인 인물들을 들 수 있다.

소련 붕괴 이후 카자흐스탄과 대한민국 사이에 경제, 정치, 인문 분야에 있어 외교 관계가 발전하기 시작했다. 이에 따라 카자흐스탄에는 한국어를 구사할 수 있는 전문가가 필요하게 되었다.

1980년대 후반과 1990년대 초반, 카자흐스탄의 여러 대학에서 학과가 개설되기 시작했다. 알파라비 카자흐국립대학교 동방학부, 카자흐스탄 국제관계 및 세계언어대학교, 크즐오르다 국립대학교, 탈디쿠르간대학교, 동카자흐스탄기술대학교, 카자흐스탄 국가안보아카데미, 카자흐국립경영아카데미 등에서 현재 한국어와 한국학에 대한 지식을 갖춘 전문가들이 양성되고 있다.

여러 대학과 교육기관에서 한국어를 가르치고 있다. 카자흐스탄에서 한국어 전문가 양성 과정을 거친 후, 한국의 대학교에서 1, 2학기 동안 어학연수 과정을 거친다. 현재 교강사진들은 한국학과를 졸업한 졸업생들로 보충된다. 매년 석사 및 박사급의 젊은 교원들이 늘고 있다. 또한 한국학과에서는 한국에서 온 초빙 교수들도 정기적으로 근무하고 있다.

한국어 교강사진은 또한 한국어 교과서 및 교재들을 출판하기도 한다. 한국어 교육을 위한 자료 및 기술적 기반을 향상시키는데 한국 정부기금이나 대한민국 대사관 및 총영사관, 기타 정부 기관의 도움이 컸는데, 컴퓨터, 시청각 장비, 사무 장비 및 교육 자료를 제공받기도 했다. 한국학과와 한국 대학들 간의 관계는 매년 확대되고 있다. 한국에서 온 학생들은 카자흐스탄에서 여러 대학에서 어학연수(러시아어, 카자흐어) 과정을 밟거나 아예 학부에 입학하여 학부과정을 밟기도 한다.

한국의 지속적인 지원과 높은 한류 열기 덕분에 카자흐 젊은 세대 사이에서 한국어에 대한 관심이 높아졌다. 특히 한국어와 중국어의 인기가 높다. 한국어를 유창하게 구사하면 좋은 직업을 얻을 수 있는 기회가 많을 것으로 생각하기도 한다. 그런 면에서 알마티 한국교육원에서 유용하고 교육적인 프로그램이 많이 진행되고 있다.

카자흐스탄의 독립 이후 고려인들에게도 사회 모든 방면에 진출하는 것이 허락되었다. 물론 고려인들도 모든 것이 그렇게 간단하지는 않다는 것을 알고 있다. 고려인들은 잊혀진 역사적 조국의 모국어를 배워야 한다는 과제에 직면했다. 그런 고려인들의 욕구와 열망을 우선순위에 두고 조직된 것이 한국교육원이다. 신계철 교수는 1990년대 초 카자흐스탄에서 한국어를 보급하고 교육하는데 큰 역할을 한 인물이다. 그는 1991년 8월에 설립 된 알마티 한국교육원의 초대 원장으로 재직했다. 카자흐스탄의 전통과 문화를 알지는 못했지만 신계철 원장은 한국어를 가르치는 일에 최선을 다했고, 그의 아내 또한 신 원장을 열심히 도왔다. 처음에는 고려인 디아스포라에게 한국어 수업을 하였으나 나중에는 다른 민족들 또한 한국어를 배우기 시작했다. 교육원에서는 어린 학생에서 성인에 이르기까지 수강생 층이 다양하다.

한국교육원에서는 한국어 이외에도 노래, 춤, 스포츠 수업을 진행하며 한국에서 제작된 다큐멘터리 및 예술 영화 등을 상영할 수도 있다. 또한 한국에서 교수와 한국학, 문화 관련 인사들을 초대해 연구회 및 세미나를 개최하기도 한다. 여러 행사들 중 가장 카자흐스탄인들의 관심을 끄는 것은 매해 4월과 10월에 교육원이 개최하는 한국어능력시험(TOPIC)이다. 한국어 강좌를 듣는 학생들의 최종 목표는 한국어능력시험에서 높은 등급을 받는 것이다. 높은 등급은 학생들이 한국 유학 지원 시에 유리하게 작용하기 때문이다.

카자흐스탄에 한국교육원이 개설된 지 30년이 되어 간다. 그동안 무수히 많은 학생들이 교육원 수업을 받았다. 그들 중 일부는 대학에서 한국어 공부를 이어나가거나 한국에서 유학 중이고, 또는 한국 회사에서 근무를 하고 있다. 현재 한국어 교육원은 성공적으로 운영되고 있으며 젊은 세대에게 한국어 교육이 이어지고 있다. 물론 여기에는 카자흐스탄인 모두가 해당된다.

한국어 공부에 대한 열망이 너무 높다보니 모든 희망 학생들이 1년에 두 차례 진행되는 교육원 수업 등록에 성공하지 못할 정도이다. 한번에 1,000여 명이 훨씬 넘는 희망자들이 지원을 하기 때문이다. 교육원 수업은 철저하게 자격을 갖춘 원어민 강사진에 의해 진행된다. 교육원의 수업은 무료이며, 한국어와 문화, 전통 관련 수업이 주 내용이다. 교육원에서는 또한 한국어 교육 외에도 다양한 테마데이를 진행하며 한국 전통 명절 행사를 개최한다. 이는 학생들이 한국적인 경험을 할 수 있는 좋은 기회가 되어주고 있다.

매년 1,000명 이상의 학생들이 교육원 한국어 강좌에 등록을 한다. 매 학기 대략 40개의 반이 열리며 20여 명의 강사진이 활동하고 있다. 5월 말에는 매년 졸업식이 열리는데, 매번 350~400명이 참여하며, 졸업식 행사 동안에 학생들은 직접 공연에 참석하여 사물놀이나 K-POP 춤과 노래 등을 선보이기도 한다.

오늘날 한국교육원은 "카자흐스탄 국민들에게 수준 높은 한국어 교육 제공"이라는 기본 이념을 꾸준히 실천해 나가고 있다. 교육원은 누구나 원하면 한국어 공부가 가능한 곳으로, 역사적 조국의 모국어를 모르는 고려인들에게는 한국어를 배울 수 있는 최적의 장소이기도 하다. 하지만 안타깝게도 수강생들의 대부분은 고려인이 아닌 현지 카자흐인이나 타민족이 압도적으로 많다. 이러한 현상은 대학 내에 개설되어 있는 한국어 강좌나 한국어 및 한국학과의 대학생 민족 구성을 보면 알 수 있다. 사실 고려인들에게 한국어는 역사적 조국의 모국어일 뿐 자신들의 경력이나 출세에 도움을 보장해 주는 언어가 아니라는 인식이 강하다. 굳이 한국어를 배워야 할 이유를 고려인들은 느끼지 못하는 것이다.

3. 고려인 원로들이 바라보는 "고려인"

얼마 전 『고려일보』 신문이 카자흐스탄 민족의회 정기회기에 맞춰 "디아스포라에 대한 솔직한 진실들"이라는 새로운 칼럼을 연재했다. 칼럼 안에서 질문자와 답변자는 현대 카자흐스탄에서 카자흐 민족이 아닌 다른 소수민족들이 자신들의 미래를 어떻게 전망하는지, 또 그들이 국가에 기여한 것이 무엇인지, 그리고 향후 어떠한 리스크가 일어날 수 있는지(이 측면 관한 이야기를 빼 놓을 수는 없음)에 대해 이야기를 주고 받았다. 칼럼에서는 첫 번째로 고려인에 관한 대화를 먼저 다루고 있다.

카자흐스탄의 고려인협회는 가장 큰 민족 협회는 아니지만 존경받는 협회이며 열심히 활동하는 영향력 있는 협회이다. 수십 년 동안 고려인들은 다른 민족들과 심각한 갈등을 겪지 않았다. 고려인들은 진취적이고 신뢰할 수 있는 민족이며 모든 사람들과 이야기를 나눌 수 있는 좋은 대상으로 인정받아 왔다. 고려인 디아스포라는 스스로 카자흐인들을 자신들의 형제라 생각하며, 카자흐스탄을 진심으로 사랑하고 그 어디로든 이민 갈 생각이 없다고 말한다.

고려인 사회의 주요 인물 중의 한 명인 카자흐스탄 국회의원 김 로만 우헤노비치와 진행된 인터뷰 내용을 살펴보자.

Q. 김 로만 우헤노비치(Ким Роман Ухенович), 카자흐스탄에 살고 있는 고려인 디아스포라의 현재 상태에 대해 말씀해 주시겠습니까?

A. 2년 후인 2017년은 고려인들이 카자흐스탄으로 추방 된지 정확히 80주년이 되는 해입니다. 오늘날 카자흐스탄에는 우리 디아스포라의 고려인 5세대가 자라고 있으며 축복 받은 땅인 카자흐

스탄은 우리에게 진정한 고향이나 다름없습니다.

소련 시절부터 약 10만 명의 고려인들이 카자흐스탄에서 안정적으로 살아가고 있습니다. 그리고 어려웠던 1990년대 시절, 많은 사람들이 문자 그대로 살아남기 위해 고군분토 했을 때 많은 민족들이 카자흐스탄을 떠나기로 결정했습니다. 하지만 대다수의 고려인들은 카자흐스탄에 남아서 계속해서 모든 사람들과 신생독립국가 건설을 계속해 나갔습니다. 오늘날 우리는 우리 모두의 노력의 성과를 자랑스럽게 생각합니다.

고려인 디아스포라는 카자흐스탄 다국적 민족 부분에 있어서 없어서는 안 될 부분이며, 우리는 나라의 발전에 기여하고 있습니다. 우리 고려인들은 삶의 거의 모든 분야에서 대표되며 어디에서나 성공한 모습을 찾아 볼 수 있습니다. 우리의 아버지, 할아버지들은 카자흐스탄에서 고려인에 대한 근면하고, 교양 있고, 신뢰할 수 있는 이미지를 만들었습니다.

오늘날 우리는 카자흐스탄 고려인협회가 카자흐스탄에서 가장 활동적인 민족문화 협회 중 하나라고 자랑스럽게 말할 수 있습니다. 우리 고려인협회는 단순히 이분법적 이해관계를 넘어서 정치, 경제, 사회 등 모든 분야의 문제들을 해결하고 있습니다. 그리고 우리가 카자흐스탄의 시민으로서 국가 전체가 직면한 문제들을 적극적으로 해결해야 하는 것은 너무나도 당연한 논리입니다. 고려인협회 지부는 카자흐스탄 모든 지역에 있으며, 우리는 고려극장과 『고려일보』신문을 운영하고 있습니다.

Q. 카자흐스탄 당국이 고려인 디아스포라에 특별한 임무를 부여한다고 생각하시나요?

A. 오늘 날 카자흐스탄에는 120개 이상의 민족이 있습니다. 이 사실은 우리에게 큰 이점으로 작용됩니다. 누르술탄 나자르바예프(Нурсултан Назарбаев) 대통령은 모든 디아스포라에게 그들이 카자흐스탄과 그들의 역사적인 고향 사이에서 살아있는 외교 다리가 되라는 임무를 부여했습니다. 우리 고려인들은 대통령의 이러한 말을 단순히 아름다운 비유가 아니라 우리가 행해야 할 행동의 지침으로 받아들였습니다.

따라서 지난 수년간 고려인협회는 대한민국과의 국제 협력의 틀 안에서 농업 부문, 교육 부문, 의약 부문 및 산업 생산 분야에서 많은 프로젝트를 실현했습니다. 우리는 대한민국 대사관과 함께 알마티주 내에 현대식 한국 온실도 세웠습니다. 또한 카스피 공립대학교에 카자흐스탄-한국 비즈니스 센터가 문을 열었는데, 이는 카자흐스탄 시장에 한국의 투자와 혁신적인 기술을 끌어들이면서 양국 비즈니스 구조 간의 유대를 넓히는 것이 목적이었습니다. 우리는 또한 교육, 관광 및 인도주의 프로젝트의 실행에 적극적으로 협력하고 있습니다.

오늘날 두 정부는 서로에게 큰 관심을 가지고 있습니다. 카자흐스탄의 고려인 디아스포라는 양국 간 살아있는 교량일 뿐만 아니라 양국관계 발전에 영향을 미치는 적극적인 요소입니다.

Q. 조선민주주의인민공화국과는 어떻게 협력하고 있습니까? 그들과 협력관계를 맺고 있습니까? 아니면, 맺고 있지 않습니까?

A. 네, 우리는 북한 측과도 협력하고 있습니다. 카자흐스탄과 북한은 공식적인 외교 관계가 없지만 협회 차원에서 문화 및 인도주의 관계의 확대를 통한 다양한 협력 방안을 고려하고 있습니다.

고려인협회 회원들은 민주평화통일자문위원회 위원으로 활동하고 있습니다.

Q. "언어 문제"는 카자흐스탄에 살고 있는 모든 디아스포라에게 계속되는 문제로 남아 있습니다. 이에 대해 어떻게 생각하십니까?

A. 우리는 국가 언어에 특별한 주의를 기울입니다. 우리나라가 독립한 이래로 거의 30년이 지났습니다. 즉, 우리는 카자흐어를 배우기에 충분한 시간을 가졌습니다. 그러나 불행히도 카자흐어를 습득하는 속도는 느립니다. 많은 사람들은 방법의 부족, 교과서 부족 등을 언급하지만 이 모두는 변명일 뿐입니다. 가장 중요한 것은 "욕구"입니다. 사람들은 카자흐어를 배워야 할 충분한 동기부여가 없을 수도 있습니다.

카자흐스탄 정부의 대표는 항상 카자흐어는 러시아어를 해치는 것이 아닌 점차적으로 발전되어야 한다고 강조합니다. 우리는 대통령이 우리에게 시간을 주고 있음을 이해할 필요가 있습니다. 그는 프로세스를 지나치게 극단적으로 진행시키지 않기 위해 노력하고 있습니다.

고려인협회의 중앙과 지부에서는 모든 희망자들에게 국가언어 교육을 위한 무료 강좌를 제공합니다. 일부 특별 프로젝트도 진행하는데 그 일환으로 카자흐스탄-고려인 청소년포럼을 개최하여 한국 학생들을 초청한 바 있었습니다. 그런데 한국 대학에서 카자흐어과 학생들은 카자흐어를 배운지 3년 밖에 안되었고 카자흐어를 접할 수 있는 환경이 잘 갖추어 있지 않았음에도 카자흐어를 높은 수준으로 구사하였습니다. 이는 언어를 어떻게 배우는가에 대한 살아 있는 좋은 예라고 볼 수 있습니다.

Q. 오늘날 고려인과 대표 민족(카자흐민족) 사이의 관계에 대해 어떻게 생각하십니까?

A. 아시다시피, 전체주의 정권 수십 년 동안, 카자흐스탄으로 60여 개의 인종 그룹인 수십만 명이 강제 이주를 당했습니다. 전체주의 정권은 모든 민족들을 잔혹하게 억압했습니다. 1937년 10월에 우시토베역에 고려인과 함께 첫 번째 열차가 도착했습니다. 그 당시 이미 날씨가 추워지기 시작했고 눈이 내렸습니다. 많은 사람들이 길에서 사랑하는 사람을 잃었습니다. 가축을 운송하는 열차 안에서 엄격한 감독과 감시 때문에 죽은 사람들을 묻을 수조차 없었습니다. 도착하자마자 우리의 조상들은 비인간적인 상황에 빠졌으며 이미 모든 희망을 잃어 버렸습니다.

당국은 도덕적으로 망가진 사람들은 죽는 것이 당연하다고 여겼고 우리는 아무런 식량과 잠잘 곳 없이 대초원에 버려졌습니다. 그러나 카자흐스탄 사람들의 도움과 동정심이 불우한 사람들의 미래에 대한 믿음으로 돌아 왔고 고려인들에게 희망을 주었습니다. 당국의 금지에도 불구하고, 카자흐스탄 사람들은 민족의 적이라고 공표된 낯선 사람들과 마지막 빵 조각조차 나누었으며, 피난처를 제공하며 그들에게 도움의 손길을 넓혔습니다.

우리 부모님들은 지역 주민들의 도움 덕분에 생존했습니다. 우리는 절대 이를 잊지 않고 있으며 이는 항상 카자흐 민족에게 지고 있는 빚이 될 것입니다. 미래 세대가 이를 잊지 않기 위해 우리는 우랄스크와 우시토베에 기념비를 세웠습니다. 이것은 모든 억압 받던 민족들이 카자흐 민족에게 전하는 감사의 상징입니다.

다음은 김 게르만(Ким Герман Николаевич) 교수(알파라비 카자흐국립대학교, 아시아연구소 소장)와의 인터뷰 내용이다.

Q. 게르만 니콜라예비치, 고려인 디아스포라는 카자흐스탄 국가의 공동생활에 영향을 미치고 있습니까? 있다면, 어떠한 영향을 미치고 있습니까? 고려인들이 카자흐스탄에게 무엇을 해주었습니까?

A. 카자흐스탄 공동체 안에서 민족에 상관없이 고려인들은 다른 민족들과 마찬가지로 동등하고 평등한 역할을 합니다. 그러나 이와 같은 역할 외에, 우리 디아스포라는 카자흐스탄 대통령과 한국 대통령이 우리에게 부과한 몇 가지 구체적인 기능을 갖고 있습니다. 우리는 두 나라 사이의 연결 다리, 두 공화국 사이의 협력의 채널이어야 합니다. 아시다시피 세계 각국의 모든 디아스포라는 소위 말하는 가시적인 요소와 비가시적인 것으로 구분됩니다. 카자흐스탄에 거주하는 고려인은 적은 수에도 불구하고 그 수가 많은 것처럼 보여집니다. 저는 이러한 이유를 다음과 같이 설명하겠습니다.

고려인들은 본질적으로 매우 근면하며, 개인의 성공을 위해 애씁니다. 그러나 동시에 자신이 살고 있는 국가에 충실하며 성실하게 본인의 의무를 지킵니다. 그들은 어떠한 분야에서든지 성공을 거두며 사다리를 타듯 위로 올라갑니다. 그들은 비판을 거의 듣지 않습니다. 그들은 스스로를 먹여 살리고 다른 사람들도 먹고 살 수 있도록 해줍니다. 고려인들은 어지간해서는 분란을 만들지 않기 때문에 국가 공동체 안에서 편안하고 호감적인 민족으로 여겨집니다.

고려인들은 중소기업뿐만 아니라 대기업에서도 성장했습니다. 예를 들어, 건설회사인 "KUAT", "VEK", "Kaspi Bank", 전자제품마트 "Planeta Electronics", "Sulpak", "Technodom"
과 같은 회사들은 직원 수가 수백 명에서 수천 명까지 이릅니다.
즉 많은 사람들이 짧은 성(고려인의 성)을 가진 사람들의 뒤를 따
라가고 있는 셈입니다. 왜냐구요? 많은 것이 경영진이 자신들의
직원이나 파트너에 어떻게 대응하고 관계하는지, 그리고 정부의
정책이나 민족의 이데올로기에 어떻게 대응하고 관계하는지에 달
려 있다고 봅니다. 이런 면에서 저는 고려인들이 매우 잘하고 있
다고 생각합니다. 이러한 특성이 바로 다른 민족들의 모범이 되고
있다고 생각합니다.

　　고대부터 한국인들은 아이들의 교육과 훈육을 매우 중시했습
니다. 이는 유교에 의한 가르침 입니다. 오늘날 부모들의 주요 책
임 중 하나는 자녀들이 명문 대학에서 공부할 수 있도록 길을 제
공하는 것입니다. 따라서 오늘날 고려인들 중 구두쟁이나 철공은
거의 찾아보기 힘듭니다. 이는 눈에 띄는 변화입니다. 극동 지방
에서 강제이주 된 이후, 다수의 고려인들은 우즈베키스탄과 인접
한 카자흐스탄 집단 농장에서 일하도록 강요받았습니다. 그들은
여권도 없고 정착지를 떠날 권리도 없었습니다. 그러나 금지 조
치가 해제되자 고려인들은 다른 민족들보다 더 빨리 도시로 떠났
습니다. 여기에는 여러 가지 이유가 있었지만 무엇보다도, 아이
들에게 좋은 교육을 제공하기 위한 이유에서 였습니다.

　　고려인들은 새로운 조건에서 쉽고 빠르게 적응하는 능력이
있습니다. 이는 그들이 매우 짧은 기간에 다른 언어 코드로 전환
한 사실에서 알 수 있습니다. 오늘날 러시아어는 카자흐스탄 고
려인들에게 모국어입니다. 제 의견으로 어떠한 성공에 이르기 위
해서는 모든 디아스포라들보다 머리 반 만큼은 더 높게 있어야

합니다. 우리 조상들은 후손인 우리가 존엄하게 살 수 있도록 과거 많은 노력을 했습니다. 오늘날 고려인들은 카자흐스탄 대중의 삶에서 작은 수에도 불구하고 눈에 띄는 역할을 담당합니다. 불행하게도 일부 언론인들이 이러한 사실을 이용하여 고려인의 "알마티 통제"라고 부르며 대중에게 터무니없는 생각을 불러일으키고 있습니다.

물론, 많은 것들이 정부 정책에 달려 있습니다. 고려인들이 어떻게 다른 이웃 국가에서 살아가고 있는지, 그리고 그들이 어떻게 러시아와 역사적 조국인 한국으로 이민을 가는지에 대해 충분히 살펴볼 필요가 있습니다. 카자흐스탄에서는 이와 같이 적극적인 이민이 관찰되지 않습니다. 반대로 가깝거나 멀리에서 온 고려인들은 우리를 열망합니다. 우리 정부는 우리에게 매우 충실하며 우리 또한 정부에 충실합니다. 우리는 카자흐스탄을 매우 사랑하며 카자흐스탄의 발전을 위해 모든 힘을 다하고 있습니다.

어린 운동선수인 텐 데니스는 이 나라를 위해 무엇을 했는지, 그가 어떻게 카자흐스탄을 명예롭게 했는지 보십시오. 저는 그가 이 승리를 위해 얼마나 열심히 노력했는지, 그의 부모님 또한 얼마나 고생했는지 알고 있습니다. 해외에서의 수많은 러브콜에도 불구하고 그는 조국 카자흐스탄을 선택했습니다.

Q. 고려인 디아스포라의 대표자 중 가장 영향력 있는 인물은 누구입니까?

A. 제가 생각하는 영향력 있는 사람이란 반드시 높은 지위 또는 중요한 지위를 가진 사람만은 아닙니다. 동시에 영향력 있는 고려인은 고려인 내 디아스포라뿐만 아니라 국가적 차원에서 인정을

받고 명성을 누립니다. 여기에서 저는 카자흐스탄 헌법재판소장이었던 김 율리 알렉세예비치와 법인 '카작무스' 이사회 의장이자 법인 'HOZU' 회장인 이 블라디미르 바실레비치에 대해 회고하려고 합니다.

그들은 국가의 큰 기업인들이었습니다. 알마티 고급당학교 부총장이자 저명한 학자인 한 구리 보리소비치를 언급하지 않을 수 없습니다. 그에게 카자흐스탄의 모든 정치 엘리트들이 가르침을 받았었는데, 그중 한 명이 바로 유명한 코치이자 저명한 사회 및 국가정치인(카자흐스탄 의회 상원의원), 그리고 성공한 기업가였던 최 율리야 안드레예비치입니다.

현재 상원의원인 김 게오르기 블라지미로비치와 김 로만 우헤노비치 의원들 역시 영향력 있는 고려인입니다. 김 로만 우헤노비치는 1990년대 당시 시장을 역임한 유일한 고려인입니다. 그는 "고려인의 수도"라 불리는 우시토베가 중심인 알마티주의 카라탈지구의 행정책임자를 역임했습니다. 우시토베의 이러한 별칭은 소련 시대 때 불린 말인데, 현재 우시토베에 남은 고려인은 매우 적습니다.

문화, 교육, 스포츠 및 예술분야에서 영향력 있는 고려인이 많이 있습니다. 예를 들어, 잘 알려진 시나리오 작가 로렌스 손은 어린 시절 추억의 국민 드라마인 '제루이크'를 썼습니다. 이 드라마는 카자흐 민족의 환대와 고향을 떠나 외국으로 추방당한 다른 여러 민족의 비극을 반영하고 있습니다. 또한 런던에서 카자흐스탄에 4개의 금메달을 안겨 준 역도 올림픽 챔피언 니 알렉세이도 있습니다.

Q. 대표 민족(카자흐 민족)의 고려인에 대한 태도는 어떻습니까? 언어 또는 민족 때문에 겪는 괴로움이 있습니까?

A. 제가 앞서 이미 말했듯, 고려인들은 빠르게 도시화 되었습니다. 2009년의 인구 조사에 따르면 이들 중 약 85%가 도시에 살고 있으며, 대다수가 큰 도시에 거주하고 있습니다. 고려인 세 명 중 한 명 꼴로 알마티에 거주합니다. 민족학교, 유치원, 또는 대학이 없었기 때문에 모두 러시아어로 교육을 받았습니다. 고려인들은 선택의 여지없이 모국어를 잊어 버렸습니다. 그들은 러시아어를 사용하는 환경에서 살고 공부하고 일해야 했으며, 자연스럽게 러시아어를 할 수 밖에 없었습니다. 이것은 단연 고려인뿐만 아니라 카자흐 민족을 포함한 다른 모든 민족도 마찬가지의 상황이었습니다.

최근 상황이 눈에 띄게 바뀌기 시작했고, 이제는 카자흐어가 어디를 가든지 들립니다. 우리 고려인 모두는 함께 살고 있는 이 나라의 국가 언어를 배워야 합니다. 가장 중요한 것은 동기 부여 입니다. 저는 차세대 고려인들이 카자흐어에 유창할 것이라고 확신하고 이는 매우 자연스러운 과정일 것입니다.

고려인들 사이에서 다른 민족과의 결혼은 (주로 카자흐민족, 러시아민족 결혼) 매우 흔한 일이라는 것에 주목합니다. 알마티에서 타 민족과의 결혼 비율은 약 35%~40%입니다. 예를 들어 제 손자의 성은 김씨지만 손자의 피에는 한국인의 피가 4분의 1, 혹은 12.5% 밖에 흐르지 않습니다. 왜냐하면 제 아내는 카자흐인이며 제 사위와 며느리도 카자흐인이기 때문입니다. 이는 2세대의 다문화 가족의 한 예입니다. 그리고 이러한 다문화 가족은 적지 않습니다.

우리는 혈연관계와 우정을 매우 중요하게 여깁니다. 그래서 우리는 카자흐인들을 우리의 가족과 같은 존재로 받아들이고 있습니다. 우리 고려인과 카자흐인들 사이에서 갈등이 발생한 적은 한 번도 없었으며 갈등이나 오해는 앞으로도 없을 것이라고 저는 확신합니다. 물론 사적인 사건이 있을 수 있지만 저는 이에 대해 "바보와 무법자는 같은 국적입니다"라는 고려인의 한 속담을 빌어 이야기하고 싶습니다.

Q. 카자흐스탄에서 고려인의 미래 전망은 어떻습니까?

A. 저는 자주 이런 말을 듣곤 합니다. 독일인들은 독일로, 유대인들은 이스라엘로, 그리스인들은 그리스로 떠난다고 말입니다. 이러한 말에 저는 언제나 미소로 대답합니다. "그런 일은 일어나지 않을 겁니다!" 물론 아무도 우리를 카자흐스탄에서 몰아낼 수는 없습니다. 심지어 그것을 바라는 사람도 없습니다. 우리 고려인은 우리의 고향인 카자흐스탄에 계속 살 것입니다.

카자흐스탄 고려인협회 부회장인 저에게 얼마 전에 우시토베 고려인 젊은이들이 조언을 구했습니다. 그들은 우시토베 지역에 이슬람사원을 짓고 그 옆에 운동장 건설을 계획하고 있습니다. 우시토베에 실업과 약물중독과 같은 문제가 있다고 말하더군요. 그들은 종교와 스포츠를 통해 젊은 사람들이 삶의 의미를 얻고 삶의 가치를 이해하도록 돕고자 합니다. 저에게 있어, 이것은 젊은 고려인들이 더 나은 삶을 위해 해외로 나가는 것이 아니라, 조국인 카자흐스탄에서 더 나은 삶을 위한 새로운 기회를 찾기 위해 어떻게 노력하고 있는지를 보여주는 생생한 예라고 봅니다. 저는 가까운 미래에 어떠한 특별한 문제가 없을 거라 생각합니다. 가까운 미래에 대해 말해 보자면 저는 100년 뒤 우리 카자흐스탄 고려인 세대들은 카자흐어를 모국어처럼 구사할 것이라고 생각합니다. 아마도 그들 중 일부는 이슬람교로 개종할 수도 있을 것입니다. 그들은 카자흐관습을 존경할 뿐만 아니라 카자흐예식도 따를 수 있을 것입니다. 저는 고려인들이 디아스포라로서 문제없이 다음 세기에 동화 될 수 있다고 추측해봅니다. 그러나 역사는 이와는 다른 사실을 말하고 있습니다. 천년 동안 디아스포라는 환경에 용해되지 않았고 자신들의 독특한 특징을 유지하고 있습니다.

제가 확신하는 바는 우리의 짧은 성은 그대로 남아있을 것이라는 것입니다. 카자흐인들이 자신들의 뿌리를 일곱 번째 세대까지 기억하는 것처럼, 우리의 후손들도 우리를 기억할 것입니다. 우리는 우리의 선조들이 우리에게 준 것들, 우리의 좋은 이름을 보전해야 합니다. 이러한 것을 지키는 것에 저는 책임감을 느낍니다.

다음은 카자흐스탄 고려인 청년운동 리더인 김 데니스(Ким Денис)와의 인터뷰 내용이다. 그는 다음과 같은 의견들을 전해주었다.

A. 오늘날 젊은 고려인들은 동료들과 함께 자신이 선택한 분야에서 전문가가 되려는 욕망을 갖고 있습니다. 저는 지금 대학생들에 관해 이야기하고 있습니다. 초중고학생들은 그들이 평생 몸담고 그들에게 미래의 일을 인도해 줄 그 길의 교차점에 서 있습니다. "최고가 되어 성공하자"-이는 현재 젊은 세대의 트렌드 입니다. 지금 현재 세대들의 나이 때와 우리를 기억해 본다면, 당시 우리들의 꿈은 그 시대의 상황으로 인해 모두 제한되었습니다. 오늘날 카자흐스탄에는 젊은 지도자의 성장과 발전을 위한 모든 조

건들이 갖춰져 있습니다. 카자흐스탄 대통령의 정책 덕분에 국민 모두는 평등하게 기회를 갖게 되었음을 느낍니다. 그것이 카자흐스탄 민족통합의 원리이기도 합니다.

우리 선조들이 이주한지 벌써 80년이 더 지났습니다. 카자흐스탄 고려인과 CIS의 모든 고려인들은 자신들의 역사를 형성했고 이 역사는 러시아어가 모국어인 고려인의 역사가 되었습니다. 모든 고려인청년들은 카자흐스탄 땅에 우리의 선조들이 살았고 이 땅에 묻혔으며, 그리고 우리의 자손들은 계속해 여기에서 살아갈 것이라는 사실을 이해하고 있습니다.

미래에 대해 이야기할 때, 오늘날 젊은 세대의 가장 중요한 우선순위는 우리의 기존업적을 모두 보존하고 우리 젊은 세대의 성장을 위해 좀 더 나은 조건의 환경을 조성하는 것입니다. 저는 미래가 국가언어(카자흐어)와 관련되어 있다는 사실을 말하고 싶습니다. 우리는 카자흐어를 배워야 하며 이를 위해 국가는 충분한 모든 조건들을 이미 구비해 놓았습니다.

물론, 젊은 고려인들은 취업, 젊은 세대를 위한 거주지, 빈곤층을 위한 교육, 직업선택 등 표준화된 문제들을 가지고 있습니다. 그러나 저는 이러한 문제는 모두 각개인의 삶에 대한 접근과 직접적 관련이 있다고 생각합니다. 어느 날 저는 학생과 선생님 간의 대화를 우연히 듣게 되었습니다. 학생은 물었습니다. "선생님, 어떻게 하면 성공할 수 있을까요? 저는 특별한 능력이나 기술이 없는데요...." 이 질문에 선생님이 답했습니다. "너에게는 한 가지 특별함이 있어. 그건 바로 일할 수 있는 능력이야." 저는 "일할 수 있는 능력"이 있는 한 카자흐스탄 젊은이들이 모든 문제를 해결할 수 있다고 생각합니다.

4. 카자흐스탄 고려인의 문화다양성

　독립선언과 함께 신생공화국 카자흐스탄은 새로운 가치체계의 정당화, 시민의식의 급진적 변화, 다양한 민족문화 간의 상호이해와 같은 새로운 과제에 직면했다. 이러한 중요한 문제들을 극복하기 위해 국가 정책은 이전의 이데올로기에서 탈피해 새로운 가치 있는 문화를 건설했다. 전체주의 이데올로기의 옛 교리와 고정관념과의 이별은 카자흐스탄의 여러 문화를 재발견하고 재건하는 것을 가능케 했다. 이러한 것들 중 주요 업적 중 하나는 카자흐스탄의 민족문화 부활과 발전이다.

　현대 카자흐스탄 사회는 풍부한 문화적 다양성을 갖고 있다. 카자흐스탄에서 수많은 민족들 및 종교그룹들이 이곳에서 자신들의 조국을 발견했다. 카자흐스탄에서 벌써 몇 세대에 걸쳐 살고 있는 고려인들은 대체로 지역에 동화되어 카자흐스탄을 조국이라 생각한다. 소련 붕괴 이후 독립과 함께 고려인들은 그들의 문화적 특성을 복원하고 이를 다음 세대의 후손들에게 전달하기 위해 노력하고 있다.

　문화는 민족의 존재를 위해 필요한 필수조건이므로 보편적인 자산으로 간주할 수 있다. 모든 인간적 업적들은 그 목표를 갖고 있으며, 문화의 세계는 가치의 세계이기도 하다.

　문화는 민족과 인종의 통합으로 서로 관계를 맺음으로써 나타난다. 카자흐스탄은 다민족과 다종교의 국가이다. 따라서 이러한 특징을 가진 카자흐스탄 사회의 통합에 있어 민족 간 조화와 안정은 필수요소이다. 통합의식의 형성은 민족문화센터의 출현과 그 안에서 문화와 언어를 부흥시키고자 하는 활동으로 표현되고 있다.

　문화의 다양성은 인간의 자기인식에서 매우 중요한 조건이다. 인간이 배우는 문화가 많을수록 자신을 더 잘 이해하고 정신세계 또한 더 풍성해질 수 있다. 문화의 대화-이것은 관용, 통합과 같은 가치의 형성과 강화를 위한 기본적이고 중요한 전제조건이다.

문화는 전체적이고 유기적인 현상이다. 문화는 인위적으로 구축될 수 없고 변형되지 않는다는 사실을 알아야 할 필요가 있다. 문화를 인위적으로 구축하고 변형하려고 한다면 문화는 손상되고 파괴될 것이다. 다양한 문화의 발전의 특이성과 다양성에 대해 주장되는 이데아가 있다. 각각의 이데아는 세계문명화 과정에서 자신만의 방식으로 지어졌으며 자신의 깊은 정신적 및 도덕적 원형에 의존한다. 인간세계는 여러 가지 색이며 흥미로운 세계이다. 왜냐하면 인간세계를 이루고 있는 민족들의 문화는 각자의 문화적 보물을 만들어 가며, 이는 어떠한 논리적 근거를 필수로 하지 않으며 다른 문화권의 언어로 적절히 번역되지도 않기 때문이다.

그러나 이것이 낯선 것들을 거절해야 한다는 것은 아니다. 다른 사람의 경험을 배우는 것은 가능하나 이 경험은 결국에는 다른 사람의 것이라는 것을 기억해야 한다. 세상에는 다양한 문화가 존재한다. 하지만 그중 어떤 문화가 "더 좋거나", "더 나쁘거나" 하지 않는다. 어떠한 샘플 또는 모델을 따라 수정하거나 개선하고자 하는 것은 실수라고 할 수 있다.

고려인의 문화는 다른 민족들과의 관계 속에서 민족고유의 정체성을 담고 있다. 모든 민족 집단들은 소련시기에 심각한 경험을 겪고 상당한 피해를 입었다. 민족들은 전혀 다른 이데올로기와 문화적 가치 수용을 강요당했었다.

소련 시기에 민족문화를 발전시키겠다는 의지는 당국에 의해 민족주의로 간주되었다. 이 모든 것이 가치의 과대평가로 이어졌으며 이로 인해 사람들의 대부분이 본인의 문화적 뿌리에서 멀어지게 되었다.

그들의 기억에서 민족의 관습, 전통, 모국어는 사라져갔다. 그러나 고려인은 이러한 "소련국민"의 통합을 형성하기 위한 모든 실험에도 불구하고 그들의 민족적 독창성을 유지했다.

고려인들은 카자흐스탄 땅에서 80년 이상 살면서 자신들의 문화적 요소에 러시아, 카자흐, 그리고 다른 민족의 생활방식도 받아들였다. 새로운 삶의 방식은 이러한 환경의 이중문화의 특성을 반영하고 있다. 우리가 카자흐스탄의 문화에 관해 말할 때, 우리는 문화의 혼합이 아닌 그것의 다양성에 대해 말한다. 각 민족의 문화는 존재하고 발전할 권리가 있다.

카자흐스탄은 다양한 문화가 공존하는 공동체로서 늘 자신의 의견을 말하며 새로운 발전을 할 수 있는 곳이다. 만약 우리가 카자흐스탄에서 살고 있다면, 카자흐스탄은 우리의 조국이다. 조국은 그 자체로 조국이며 우리는 이에 순종해야 한다.

고려인은 다양한 문화들과 상호작용 한다. 이러한 상호작용에서 이원적 성향은 두드러진다. 러시아 문화요소들의 상호습득은 통합과정, 즉 연결강화, 이중언어 확산, 다른 민족과의 혼합결혼을 증진시키며, 한편으로는 민족적 자의식의 강화가 동반된다. 민족적 수준에서 문화 상호작용의 다양한 외적 및 내적요인에 따라 다양한 형태를 취할 수 있으며, 민족문화 접촉 시 있을 수 있는 다음의 대안들로 이어질 수 있다:

1. 추가-고려인 문화의 단순한 양적변화, 다른 문화와 접촉하며 그 문화의 일부를 습득
2. 복잡화-보다 발달한 문화와의 접촉에 의한 문화의 질적 변화
3. 뺄셈-더 발달된 문화와의 접촉의 결과로서 자신의 문화의 손실
4. 빈곤화-충분히 안정되고 발전된 자신의 문화가 없을 시 외부의 영향을 받아 문화자체가 파괴되는 것

일반적으로 민족 간 상호작용에서 일어나는 과정은 민족집단과 그들의 문화(동화, 통합)의 통일뿐만 아니라 분리(전이, 대량학살)와 같은 다른 형태로도 이어질 수 있다. 카자흐스탄 문화에는 적응된 문화들도 많지만 또한 독특하고 다양한 민족문화들도 많이 있다. 카자흐스탄은 다민족의 나라이기 때문에 다양한 관습, 전통, 종교, 예술, 음식 등을 포함한 많은 문화의 영향을 받는다. 거의 모든 민족이 고려인 문화의 발전에 영향을 미쳤다. 그 첫 번째가 러시아인이었고, 그 다음은 카자흐인과 다른 형제 민족의 영향이었다.

카자흐스탄의 독립은 카자흐스탄 고려인에게 민족 부흥과 문화적 가치의 발전, 세계 문화 과정으로의 진입을 위한 기회를 열어주었다. 그리고 카자흐스탄은 한반도의 역사적 조국과 고려인 사회 간의 문화 협력을 위한 기회를 열어주었다. 카자흐스탄이 독립을 획득함으로써 소련 시대에 다른 민족과 동화되었지만 독창성과 자의식을 간직하고 있던 고려인들은 "뿌리 찾기" 또는 "민족정체성의 귀환"이라는 과정을 걷기 시작했다.

카자흐스탄에 존재하는 문화의 다양성은 주로 문화전통의 다양성 때문이다. 전통은 사회와 사회 집단의 집단적 기억을 형성하여 자기 정체성과 발전의 연속성을 보장한다. 카자흐스탄은 민족 문화가 풍부하며, 서로에게 호기심이 많다. 그중 하나가 고려인 문화이다. 고려인의 풍부한 문화는 종종 독특하다고 묘사된다. 고려인은 과거 민족문화의 가치를 찾아 돌아 왔고, 일부 물질문화와 살아있는 전통문화 보유자, 전통, 관습, 직업윤리, 종교, 민족의 역사적 기억이 살아남은 덕분에 자신의 민족 문화로의 복귀가 가능할 수 있었다.

고려인은 카자흐스탄의 독립 이전까지 지배민족인 러시아인 민족의 문화(러시아 문화)를 흡수하며 살았다. 하지만 독립된 카자흐스탄 땅과 새로운 문화에서 기존의 동화는 완전히 해체되고 있고, 이는 문화적 정체성이 상실 될 때까지 계속 될 수 있다. 카자흐스탄 국가에 의한 민족 간 통일로 이끄는 문화 상호작용의 과정은 다른 한편으로는 고려인들로 하여금 문화적 자기인식과 자신의 문화적 가치를 보존하려는 열망을 갖게 한다. 물론 고려인의 연령대에 따라 외부 영향에 대해 다르게 반응할 수는 있다. 문화적 다양성의 문제로 세계관의 차이와 문화 간 소통의 불일치가 생길 수도 있다. 그러나 이 모든 문화적 다양성 속에서도 고려인들은 카자흐 문화와 국가적 가치를 따라가고 있으며, 그런 한편으로 고려인의 민족적 정체성과 민족문화 보존에 최선을 다하고 있다.

제3장

계속되는 중앙아시아 고려인의 개척 신화

1. 고려인의 직업 및 노동 가치관

CIS에 거주하고 있는 고려인들은 2017년 가을에 극동에서 중앙아시아로 강제 이주 되어 온 지 80주년을 기념했다. 하나의 민족 전체를 "수상한 일본 스파이"로 규정하는 것은 인류상 찾아보기 어려운 유일한 경우라고 할 수 있다. 잘 알려진 바와 같이 스탈린(Сталин И.)과 몰로토프(Молотов В.)가 서명한 소련 인민위원회 및 공산당 중앙위원회의 1937년 8월 21일자 «극동지역 국경에서 고려인을 이주시키는 것에 대한 결정»(No. 1428-326cc)은 소련에서 거주하던 고려인들의 비극적인 운명을 결정하였다. 그것은 민족의 문화와 언어의 상실과 인구적 손실을 가져다주었다.

그 비극적인 날부터 지금까지 이미 80년 이상 지났는데, 이 오랜 시간은 한 개인을 놓고 보면 존경받을 만한 한 시간이며, 한 민족을 위해서도 미래의 창조가 가능한 시간이라 할 수 있다. 소련에서 살았던 고려인들은 80년 동안 어떻게 되었을까? 약해지고 의지를 잃고 운명에 굴복했을까? 아니면 봉황새처럼 잿더미에서 다시 일어났을까? 고려인의 역사는 먼지처럼 사라지지 않았고, 오히려 단단한 문명 민족이 되었으며, 오늘날 세계의 문명 속으로 당당히 우뚝 서 있다.

소련의 붕괴와 고려인의 노동 활동. 강제이주 초기부터 스탈린의 죽음 이전까지 고려인의 경제활동은 콜호즈를 기반으로 한 농업활동이었다. 하지만 1950년대 중반부터는 거주제한이 풀리면서 중앙아시아를 벗어나 유라시아 전역의 큰 도시들에서 교육받을 수 있는 가능성이 열렸다. 고려인 젊은이들은 대학에서 적극적으로 학문을 배우기 시작했다. 등록거주지에서만 살아야 한다는 부끄러운 족쇄에서 풀려난 것이다. 많은 이들이 모스크바와 레닌그라드, 키예프, 민스크, 노보시비르스크 및 기타 주요 도시로 노동이주를 해나갔고, 젊은이들은 대학교에서 공부를 했다. 젊은이들의 경우 졸업 후에는 모두가 고향으로 돌아가지는 않았다. 그들은 소련의 곳곳에서 교육이주와 노동이주의 주인공들이 되어 갔다.

물론 다수는 카자흐스탄 지역에 남았다. 고려인들은 소련뿐만 아니라 카자흐스탄에서도 리더십과 학식을 겸비한 사회 구성원이 되어갔다. 현대 카자흐스탄 국가 형성 과정과 시장경제 체제 발전 과정에서 누구에게나 어려운 상황이 진행 중이다. 고려인 신세대는 이러한 복잡한 변화 및 변화 과정을 거치면서 나라의 개혁에 대한 적응과 변화를 요구받는 사회집단 중 하나로 등장했다.

이미 지적했듯이, 고려인들의 교육수준은 다른 민족 집단보다 훨씬 높다. 그래서 고려인들은 새로운 경제상황에 적응할 수 있는 더 많은 기회를 갖게 되었다. 그들이 이미 진리로 받아들여지고 있는 이론과 사회적 패러다임에 대해 걱정하지 않고 선입견 없이 사업에 접근하고, 빠르게 배울 수 있으며, 한 아이디어에서 다른 아이디어로 전환할 수 있다는 것이다. 고려인 밀집거주 지역에서 실시된 조사에 따르면, 카자흐스탄 고려인 젊은이들 사이에는 자연적 과정으로서의 사회적 계층화에 대한 평가가 우세한 것으로 나타났다.

동시에 젊은 세대의 상당수는 사람들이 실력과 능력 면에서 서로 다르다는 점을 인식하고 불평등 문제에 대해 자유주의 접근법을 견지하고 있다. 사회적 불평등에 대한 자유주의 접근법이 18~29세 응답자의 22.8%, 50~59세의 응답자는 13.1%에서 관찰되었다는 것은 주목할 만하다. 또한 젊은 층 응답자의 28%는 국가가 국적에 관계없이 모두에게 동등한 출발 기회를 제공해야한다고 생각했고, 60세의 응답자 중 16.6%만이 이 입장에 동의했다.

그럼에도 불구하고 18~29세의 응답자 중 45.6%가 경제 및 노사관계는 어렵다고 평가했다. 그리고 사회영역의 현재 상황을 18~29세 응답자의 39.5%가 어렵다고 판단했다.

이 연구에 따르면, 카자흐사회의 가장 시급한 문제점은, 고려인의 견해로는, 임금지급, 국내통화 팽창, 실업, 건강관리 및 교육문제였다. 따라서 고려인뿐만 아니라 사회전체의 사회적 긴장수준은 정상적인 생활방식을 보장하는 문제와 직접적으로 관련이 있다.

소수민족, 언어, 이주, 법률 및 기타 문제와 같은 사회시스템의 보다 복잡한 상호작용의 문제들은 덜 우려된다. 일반적으로 카자흐스탄의 현재 사회정치적 상황에 대한 차세대 고려인의 다수는 긍정적으로 평가한다. 설문 조사에 따르면 응답자의 49.3%가 그렇게 생각한다고 응답했다.

최근 몇 년 동안 고려인의 사회정치 활동이 크게 증가하기는 했으나 전반적으로 고려인의 사회적, 정치적 활동 수준은 감소했다. 현재의 젊은 세대는 정치적 사건에 대해 비정치적이고 중립적이다. 고령자와 비교했을 때 고려인 청소년들은 정치에 대한 관심이 적다. 이것은 사회에서 정치를 하는, 정치와 직접 관련이 있는 사람들만 정치에 관심이 있는 것으로 설명되는 것 같다. 젊은 세대와 중간 세대는 자신의 전문적 능력을 결정하고 향상하는데 더 많은 노력을 기울이고 있는데, 즉 그들은 비즈니스와 상업에 더 관여하고, 자신의 창의성을 더해 시장에서 경쟁하기를 더 원했다.

청년층과 중년층의 정치적 의식, 특히 소유권 형태의 우선순위에 관한 정치적 의식은 어느 정도의 자유주의로 구별되고 있다. 국가 소유권을 선호하는 노년층에 대해서 마찬가지라고 할 수 없다. 나이가 든 고려인들 중, 특히 사회적으로 가장 취약한 계층은 힘든 삶에 지쳐 있기 때문에 강한 권력에 의존하는 경향이 있다. 그러나 젊은이들 사이에서 어떤 형태의 권위주의를 세우려는 생각은 환영받지 못한다. 또한 대부분의 고려인들은 객관적인 규칙을 존중하면서 정치적 다원주의를 지지한다.

젊은 층과 중장년층의 68%는 정치적 과정에 대한 자유민주주의적 이해를 지지한다. 또한 젊은 세대와 중장년 세대는 권위주의 경향이 적고, 50세 이상은 어느 정도는 "철의 질서"를 인정하려는 경향이 있다.

사회학적 조사에 따르면 대다수의 젊은이(27%)가 우선 비즈니스에서 자리 잡고 싶어 했다. 그리고 25.7%는 가족, 16%는 생산과 같은 인간 활동영역이 우선시 되었다. 젊은 세대의 상당부분은 삶의 영역을 평가하기 위해 가족을 설정했다. 대다수의 고려인 청소년들은 정치에서 잠재력을 실현할 수 있는 기회가 적다고 보았다.

정치활동을 위해서는 물질과 필요한 교육, 특정한 자질 및 청년이 아직 충분히 소유하지 않은 기타 여러 요소가 필요하다. 위의 모든 조건들이 많은 사람들을 놀라게 한다고 가정하면, 젊은 사람들이 덜 위험하고 안전하며 안정적인 활동분야를 선택한다는 것은 매우 당연해 보인다. 반면에 청소년의 정치에 대한 관심의 감소는 당국의 정책에 대한 실망과 관련이 있고, 사업 및 소비에 대한 관심증가와 관련이 있다.

시장개혁의 도래로 차세대 고려인들은 자본주의의 개념을 문명국가로의 진화를 위한 자연스러운 원칙으로 받아들였다. 가격의 법칙은 만유인력의 법칙처럼 작용되며, 모든 것은 시장에 의해 규제되어야 한다. 민주주의와 개인의 자유의 깃발아래 고려인들이 부자연스럽고 기계적으로 단일성을 이루는 있는데, 이는 우리시대의 사회문화적 필수요건이 되었다.

고려인의 문화적 삶에서 서구화에 굴복하는 것이 관찰된다. 카자흐스탄의 경제발전으로 인해 고려인들은 정신적 및 문화적 동화의 추세로 점차 옮겨가고 있다. 이와 관련하여 현재 지식이 있는 청소년이 민족적 특성을 상실한 지식인으로 변화할 우려가 있다. 특별한 역사적 문화와 특수성을 갖지 않는 민족이 점점 더 젊은이들을 위한 발전모델이 되어 가고 있는 듯하다.

고려인의 사회적 계층화 구조 문제에 대한 사회학적 분석에 따르면, 한 사회 구조에서 다른 사회 구조로의 전환과 새로운 사회계층의 출현, 중산층의 형성 및 다른 계층의 빈곤화 등 몇 가지 변화가 있었다. 최근에 고려인들 중에서 새로운 계층, 즉 기업가와 사업가, 전문 프리랜서, 협력자 등의 계층이 크게 활동하고 있다. 이는 젊은이들을 포함하여 고려인의 사회적 구조가 비이성적(신화적) 성찰로부터 보다 "균형적인" 정체성으로의 전환, 즉 카자흐스탄 사회에서 자신의 위치를 보다 합리적으로 이해하기 시작한 것으로 나타나고 있다.

카자흐스탄의 독립 선언은 고려인을 포함한 많은 민족들의 새로운 공존 조건들을 결정해주었다. 소련 지배에서 벗어나 사회적 부흥을 위해 카자흐 민족은 오랜 시간 동안 잃었던 것들을 찾고자 몸부림쳤다. 무엇보다 국가차원의 "카자흐화"를 위한 혁신적인 추진은 이전 소련시대의 "러시아화" 정책보다 더 강하고, 사람들의 적응력을 앞지르고 있다. 이는 각 민족들로 하여금 자신들의 문화적 운명에 대해 불안을 야기하는 면도 있다. 물론 이러한 우려가 얼마나 근거가 있을지에 대해서는 대화가 필요하지만 생각해 볼만한 것이기는 하다.

카자흐스탄의 주권 달성과 신생국가의 형성은 소련 구성국가들 간의 경제적, 개인적 관계가 붕괴된 어려운 경제적 위기시기에 이루어 졌다. 모든 시민들, 특히 역사적인 조국 밖에서 살아가는 고려인들의 경우 어려운 시기를 보내야 했었다. 고려인을 포함해 많은 소수민족들이 자신들의 정체성, 즉 자신들의 진짜 조국은 어디이며, 조국이 어디에 있는지 다시 한 번 고민을 해야만 했었다.

과학과 기술, 문화, 비즈니스의 진보와 더불어 고려인들도 해결해야 할 과제를 안고 있다. 가장 중요한 문제 중 하나는 잃어버린 역사적 조국의 모국어와 문화의 부활인데, 현재도 진행형이다. 나머지 문제는 다른 민족들과 밀접한 관련이 있다. 고려인이 카자흐스탄에서 살아오는 동안 더 성공했다거나 혹은 어떤 문제가 더 많다거나 할 수는 없다. 또한 한 민족이 다른 모든 민족보다 더 성공했거나 더 낫다고 평가하는 것도 바람직하지는 않다. 카자흐스탄의 고려인은 공화국의 일부이며, 다른 민족과 모든 기쁨과 불행을 같이 하고 있다. 카자흐스탄의 국가정책은 위대한 현대작가 술레이메노프(Сулейменов О.)가 지적했듯이 "초원을 칭찬하면서 산을 모욕하지는 마라"는 원칙에 따라 이루어지고 있다.

이처럼 고려인의 미래는 쇄신의 길을 따라가는 국가의 깊은 변화와 유기적으로 연결되어 있다고 말할 수 있다. 그리고 이 과정이 국가를 강화하고, 위대한 문명을 제공하는데 있어서 자연스러운 동맹자가 되었다고 말할 수 있다. 그 결과 카자흐스탄의 사회경제적 질서에 발생한 중대한 변화를 맞이하는데 다른 민족들과의 공동노력이 필요하게 되었다.

시장경제로의 전환과 함께 여러 면에서 고려인 사회 앞에 크고 중요한 기회가 열렸다. 고려인의 미래는 전적으로 카자흐스탄의 발전, 즉 사회발전에 달려 있음을 인식하는 것이 중요하다. 트렌드 구현에는 귀족이 없다. 고려인들은 그 인고의 세월 속에서도 많은 것들을 보여주었다. 중요한 것은 전문적인 자질, 즉 자신의 분야에서 숙달될 수 있는 능력을 지니고 있는 것이다.

물론 저자는 카자흐스탄 고려인의 전문적 영역의 구조에 대해서는 아직 많은 것을 언급하지 않았지만 목표는 독자에게 주요 전문 활동들에 대해 전하는 것이었다. 독립 후 나라에 많은 변화가 있었고, 고려인들은 자신의 지위를 바꾸기 위해 "전진"해야 했다. 또 시장 관계와 상황에 따라 전문적인 활동을 바꾸어야 했다. 많은 사람들이 이를 성공적으로 수행해 왔으며 성공한 기업가, 은행가 및 다양한 산업계의 대표가 되었다.

고려인은 이미 80년 동안 카자흐스탄에서 살고 있다. 지난세월을 돌아보았을 때 과거와 현재는 하늘과 땅 차이다. 고려인은 가장 불행하고 가난했으며, 문학과 학문에 대해 말할 수도 없었다. 무엇보다 생존하는 것이 우선이었다. 그들은 살아남았고, 가치 있고 존경받는 시민이 되었다. 고려인들이 창조적인 활동이 미치지 않은 영역은 없다.

고려인은 스스로의 업적을 자랑스럽게 생각한다. 유명한 학자와 성공한 기업인과 사업가, 예술인, 조국에 영광을 가져다 준 위대한 운동

선수들이 무수히 배출되었다. 1937년 그 난리통에 누가 감히 고도로 숙련된 외과의사 배 유리가 노동영웅이 되고, 김 넬리가 5연속 올림픽 챔피언이 되며, 텐 데니스가 소치올림픽 및 세계피겨스케이팅 챔피언십의 수상자가 될 것이라고 꿈을 꿀 수 있었겠는가! 이제 우리의 임무는 이전 세월의 업적-월계관에 머무르는 것이 아니라 더 많은 노력을 통해서 고려인의 민족적 위상을 높이며 국가의 번영에 이바지 하는 것이다.

노무현 대통령은 고려인의 카자흐스탄 정주 70주년 기념축하 편지에서 "지난 70년은 어려운 시련과 성공의 역사가 되었습니다. 여러분은 먼 낯선 땅으로 강제추방을 당했고, 큰 어려움을 견뎌야 했습니다. 그러나 여러분은 엄청난 노력을 기울였고 카자흐스탄의 존경받는 사람들로 성장해 올 수 있었습니다. 동시에 여러분은 한민족의 전통과 문화의 독창성을 보존하고 계속 발전시키고 있습니다. 이것은 고귀한 일이며 자랑할 만합니다. 우리는 동포들이 양국관계를 강화하는 데 있어서 신뢰할 수 있는 다리가 되어 최전선에 서게 되기를 바랍니다. 대한민국 국민과 정부는 여러분이 역사적 조국을 자랑스럽게 여길 수 있도록 최선을 다할 것입니다".

우리는 카자흐스탄의 고려인들이다. 시간이 가고 나라는 변화한다. 고려인들에게 정체성과 단합은 직접적인 의미를 가진다. 우리도 시간이 지나면 카자흐어로 이야기를 하게 될 것이다. 새로운 세대가 올 것이고, 카자흐어가 모국어가 될 것이다. 이것은 자연스러운 과정이다. 세계는 끊임없이 변화하고 있으며, 계속 변화할 것이다. 고려인들도 변화하고 있다.

고려인들의 제일 중요한 특징 중에 하나는 근면성과 함께 분쟁을 일으키지 않은 것과 목적지향성이라고 한다. 역사학 박사인 김 게르만 교수는 인터뷰에서 "고려인들은 본질적으로 매우 열심히 노력하며 개인적인 성공에 초점을 맞추고 있지만 동시에 그들이 거주하는 국가에 충성하고 자기 의무에 충실하다. 그 어떤 분야에서 일을 하든지 고려인들은 성공을 거두고 승진한다. 그들은 비판을 듣는 경우는 거의 없으며, 남에게 방해하지 않고 살아간다"고 했다. 카자흐스탄과 고려인 사이에 공포와 두려움이 없다고 말할 수 있다.

21세기가 빠른 속도로 지나고 있다. 부지런한 고려인은 카자흐스탄의 산업과 농업, 학문 및 문화, 교육의 발전과 상호이해 및 민족 간 조화를 강화하는데 기여해 나갈 것이다. 또한 고려인들은 카자흐스탄의 땅과 여러 민족들에게 감사와 존경의 마음을 가지고 살아갈 것이며, 그들과 시련을 함께 해왔기에 앞으로도 경제활동과 사회활동도 함께 하며 더 강한 카자흐스탄을 창조해 나갈 것이다.

2. 계속되는 고려인 노동영웅 신화

통계에 따르면, 독립 후 카자흐스탄인들의 소득과 지출 사항은 다음과 같이 나타났다. 카자흐스탄인들의 79.9%가 소득이 식비와 기타 생활비에만 충분한 정도라고 답했고, 3.1%는 식품을 살 수 있는 소득조차 없었고, 11.6%는 자금의 일부를 힘든 날을 대비해 저축을 하며, 5.4%만이 소득을 자본화하는 정도였다.

카자흐스탄의 새로운 개혁은 인구의 사회적 구조를 변화시켰다. 잠재적인 중산층 사이에서는 계층 변화가 생겼다. 카자흐스탄에서 가장 수익성이 높은 분야로 민간에서는 식품 판매업, 다양한 서비스업, 보험 및 연금 저축 펀드 분야가 주목을 받았다. 주목할 것은 경제적 변화의 결과로 고려인 사회에서도 하위층, 중산층 및 부유층이 등장하고 있다는 점이다. 고려인들 사이에서 개인 사업에 대한 의식이 커진 것은 일자리 부족과 광범위한 생산 감축으로 카자흐스탄의 경기가 좋지 못한 것이 주요 원인이었다. 그런 상황에서 신세대 고려인들이 비즈니스 전선에 뛰어들기 시작했고, 이는 결과적으로 고려인들 사이에서 중산층의 형성과 기업가와 자본가의 출현으로 이어지게 되었다.

중산층의 주된 대상은 지식인, 즉 학자, 교사, 의사, 엔지니어, 예술가들로, 이들은 고려인 사회에서 뿐만 아니라 카자흐스탄 사회를 정신적으로나 경제적으로 사회를 이끌어 나갈 능력이 있는 부류들이다. 이에 대해서 저명한 고려인 학자 김 게르만 교수와 염 나탈리아(Ем Наталья) 교수의 연구 자료를 참고할 수 있다. 이들 학자들은 다음과 같이 고려인들의 사업 활동을 설명하고 있다:

첫째, 공부하고 있는 학생의 비율이 높으며, 전체 고려인의 20% 이상을 차지한다.

둘째, 고려인 도시인구의 절대적 우세 상황은 지적인 고려인 노동인구가 광범위하게 사회계층을 구성하고 있음을 확인해 주고 있다.

셋째, 숙련된 산업 노동자와 육체적인 농업노동자의 수는 매우 적다.

넷째, 도시화된 농경 환경에서 거주하는 요소는 고려인의 사회적 소속의 기준이 아니다.

다섯째, 시장으로의 전환은 고려인 인구의 사회적 역동성을 가속화시켰다. 중소기업가층은 미래의 학자, 문화 및 예술계 종사자, 교육자 등을 흡수하여 크게 성장했다.

최신 인구조사에 따르면, 고려인의 30%가 경제 분야에서 종사하고 있다. 그리고 카자흐스탄 전체적으로 취업자 중 8.3%가 관리직에 종사했는데, 민족별로 구분해서 보면, 고려인은 17.3%가 관리직에 종사했고, 카자흐인은 7.9%, 러시아인은 9.3%, 선두 자리를 유태인이 27.5%

로 차지했다.

고급기술 전문가는 카자흐스탄공화국 전체적으로 12.9%인데, 이 중 고려인이 18.4%, 카자흐인이 14.5%, 러시아인이 12.1%를 차지했으며, 비숙련 노동자는 민족별로 고려인 9.8%, 카자흐인 6.5%, 러시아인 9.4%, 유태인 10.2%였다. 고려인 취업자를 직업 종류에 따라 구분하면, 이들 중 가장 많은 수는 주택-공동서비스 분야에서 종사하고 있으며, 무역에 17.5%, 농업에 12.2%, 산업, 건설, 운송 및 통신에 7.6%가 종사하고 있는 것으로 나왔다.

이와 같이 카자흐스탄에 거주하는 고려인 중소기업 계층이 크게 성장했다. 알파라비 카자흐국립대 김 게르만 교수의 최근 연구 자료에 따르면, 1,178개의 고려인 공공 기업 및 공공 기관, 개인 기업들 중에서 개인 회사는 940개, 78.8%를 차지하고 있다. 또한 이 중 고려인 여성들(272명)이 최고경영자로 널리 알려져 있으며, 이는 전체 카자흐스탄을 볼 때 23%를 차지한다.

16~60세 사이의 전체 고려인 노동인력은 60,000명으로 전체 인구의 약 60%를 차지한다. 알마티에서는 많은 수의 학생과 대학생 및 연금 수급자가 있어 실제로 고용된 사람들의 비율은 평균 국가 숫자보다 낮다. 가설적으로 알마티 고려인 2만 명 중에서 노동 인구는 절반에도 미치지 못한다. 따라서 알마티에서 고려인 취업자 중 약12~15%가 다수를 차지하고, 카자흐스탄 전체적으로 보면 17.3%를 상회한다.

고려인 기업가들은 카자흐스탄 시장에서 금융 및 은행업, 건설, 도소매, 가전제품 제조, 판매, 의료, 법률, 컨설팅서비스, 레저부문에서 높은 지위와 점유율을 차지하고 있다. 몇 가지 생생한 예를 볼 수 있는데, 이 예들을 보면 고려인 기업인들이 거둔 업적이 더 생생하게 보인다.

카자흐스탄의 가장 큰 고려인 건설회사인 "KUAT"(회장 남 올렉)가 가장 대표적인데, 카자흐스탄의 어디를 가든 그의 결과물들이 곳곳에 우뚝 우뚝 서있다. 이 회사를 고려인협회 회장이었던 채 유리가 설립했었다. "KUAT"는 수도가 알마티에서 아스타나로 옮겨지면서 시작된 건설 붐으로 인해 크게 성장한 회사이다. 이외에 회사 "VERTEKS"(오가이 에두아르드 이사회 회장)와 "Almatyinzhstroy"(신 브로니슬라프 이사회 회장)도 대표적인 고려인 성공기업으로 손꼽힌다. 체인 전자 상점인 "Sulpak"은 알마티 중심의 소비자의 메카라고 불린다. "Sulpak"이라는 이름은 두 명의 공동 소유자 – 카자흐인 술탄가진(Султангазин А.)과 고려인 박 안드레이(Пак Андрей) – 의 성을 따서 만들어진 명칭이다. 판매 규모에서 이 회사는 해당 분야에서 2위를 차지하고 있다. 또 다른 고려인인 김 뱌체슬라프는 카자흐스탄의 전자제품 유통네트워크 중 가장 큰 "Planeta Electronics"를 소유하고 있다. 한편 해당 업계에서 3위는 "Technodom Plus"인데, 이 또한 고려인 김 에두아르드 (Ким Эдуард) 사장이 경영자이다.

고려인 사업의 주된 부분은 건설 및 유통회사에 있다. 고려인 기업들이 이 산업에서 독점하고 있다. LG전자와 삼성전자는 중앙아시아 전자시장을 주도하고 있으며, 18개 건설회사도 이 지역에서 사업을 주도하고 있다. 고려인이 소유한 기업은 처음에 한국기업과 파트너가 되어 귀중한 비즈니스 경험을 얻었고, 이후 그 경험을 발판으로 카자흐스탄 시장에서 점유해 나갈 수 있었다.

그 동안의 노력으로 많은 고려인들이 가난에서 벗어났다. 농경지역에 살고 있는 고려인들도 상대적으로 경제상황이 나쁘지 않다. 고려인 사회에 최빈곤층은 없으며, 나오기도 어렵다.

알마티에는 소수민족 고려인의 저력과 복지를 상징하는 건물이 있다. 바로 "KUAT"에 의해 지어진 유명한 건물 "Korean House"이다.

카자흐스탄 고려인협회에 소속된 건물의 입구와 창문은 전통적인 한국식으로 꾸며져 있다. 내부에는 고려인협회를 비롯,『고려일보』신문사와 고려인청년회 등 고려인 단체들이 상주해 있다. "Korean House"는 한국과 카자흐스탄 정부의 재정지원 없이 건설되었다는 점도 매우 주목할 만하다. 카자흐스탄 고려인협회 회장은 "우리에겐 재원이 있어 한국정부에 도움을 요청할 이유가 없다"고 말하기도 했는데, 그만큼 고려인 사회는 이제 스스로 자신들의 길을 헤쳐나갈 저력과 자본을 축적하고 있다.

언론계에서는 종종 카자흐스탄 백만장자의 반열에 30~40대 고려인이 많다는 사실이 종종 언급되고 있다. 그런데 적어도 하나의 이름이 누락되어 있다는 점이 당혹스러운데, 아마도 백만장자를 언급하다 보니 억만장자를 언급하는 것을 잊어버린 모양이다(재산 공개자들 중에서). 바로 "Kazakhmys" 김 블라디미르(Ким Владимир) 회장으로, 그의 자산은 지난 해 3월에 포브스(Forbes) 잡지가 2,800억 달러로 평가했다.

지난 기간 동안 카자흐스탄에 거주하는 고려인들은 상당한 사업적 성공을 거두었다. 이는 국가전체 인구에 부여된 공통적인 법적, 사회적 및 경제적 전제 조건뿐만 아니라 다른 이유에서도 고려인들의 경제 분야에서의 성공의 이유들을 찾아볼 수 있다. 이에 대해서 김 게르만 교수는 다음과 같이 설명하고 있다:

첫째, 교육 수준과 전문적 경험 및 조직 능력이 고려인들로 하여금 경제 부문의 특정 분야를 차지할 수 있게 해주었다. 또한 노력과 인내력, 대인관계 기술, 새로운 비즈니스 관계에서 필요한 사람들과 어울리는 능력 등이 성공의 요인으로 작용했다.

둘째, 초기 시작단계에서 고려인들은 계절적 농경활동으로 소련 시기에 일정한 자본을 확보했기 때문에 이점이 있었다.

셋째, 기업 및 국가 기관의 주요 직책에 있었던 고려인들의 일부는 소련 붕괴 이후 민영화 과정에서 이에 참여할 기회를 갖고 있었다.

넷째, 카자흐스탄과 한국 간의 외교관계 수립과 역동적인 경제적 관계의 발전은 합작회사 창립과 동포 간의 협력에 유리한 전제조건이 되어주었다.

다섯째, 대도시를 중심으로 카자흐스탄에 거주하는 고려인은 이미 도시화된 사업 활동에 종사하고 있었고, 이 또한 성공 요인에 포함될 수 있다.

여섯째, 다수의 고려인이 수천 명에 이르는 다국적 근로자 회사를 창단하고 이끌 수 있었다. 그 예로 1990년대 초반 조 빅토르(Тё Виктоp)가 이끌었던 "KRAMDS"와 김 블라디미르(Ким Владимир)의 "Kazakhmys Company", 채 유리가 이끌었던 회사 그룹, 그리고 남 올렉의 "Kuat Construction Corporation"을 들 수 있다.

일곱째, 고려인 기업인들은 카자흐스탄 시장에서 다음의 분야들에서 상당히 강한 입지를 차지하고 있었다: 재무 및 은행업무, 건설, 도소매업, 가전제품 및 전자제품 생산 및 판매, 의료 및 법률, 컨설팅 서비스 제공, 서비스 및 레저 분야

독립 국가 시기에 발생한 사회 구조와 직업 구성, 궁극적으로 고려인의 재정 및 재산 상태의 변화는 카자흐스탄 전체 인구의 일반적인 경향을 반영하고 있다. 고려인들 사회에서도 모든 사회에서와 같이 부유층(고소득층), 중산층, 하위층(저소득층)으로 구분된다.

대다수의 기업인들은 알마티에서 사업적 성공을 거두었고, 이후 아스타나로 영역을 확대해 나갔다. 1990년대 초 고려인들이 설립한 기업의 수는 약 1,000개에 이르렀는데, 이후 사라진 기업들도 있고, 혹은 명

칭이 변경되기도 했다. 새로운 고려인 기업들 계속해서 생겨났고, 2000년대 초반에도 고려인 기업의 전체 규모(수)는 1990년대와 유사한 수준이었다.

카자흐스탄에 있는 한국 기업들과의 협력도 계속되고 있다. 언급한 대로 고려인 기업들의 성공에는 한국기업들로부터 얻은 경험과 노하우도 무시할 수 없다. 카자흐스탄 땅에서 한국 기업들의 활동도 계속되고 있다. 1990 년대 한국은 카자흐스탄의 외국인 투자자 명단 중 첫 번째 자리를 차지했다. 삼성, LG, 현대, 대우 등 유수의 다국적 기업들이 카자흐스탄에 왔다.

카자흐스탄 고려사람에 대한 한국의 긍정적인 인식은 카자흐스탄에서 한국기업의 성공에 기여하는 요인 중의 하나이기도 하다. 근면성과 함께 고려인들의 대표적 특성 중 하나는 흔히 원만한 성격과 뚜렷한 목적의식인데, 카자흐스탄에 한국 비즈니스가 신뢰할 수 있는 기둥이 있다면 바로 고려인, 고려사람이라고 할 수 있다. "KUAT", "Sulpak", "Kaspi Bank" 등을 포함한 많은 고려인 기업들이 한국 기업들과 더불어 카자흐스탄 시장을 주도해 나가고 있다. 그런데 한국 기업들과 카자흐스탄 경제계, 그리고 고려인 기업들 간의 관계 발전에는 고려인협회의 기여가 적지 않다. 협회는 종종 특정 공동 프로젝트를 시작하기도 하고, 보통은 첨단 기술, 통신 및 농업을 포함하는 프로젝트들을 수행하며 고려인 기업에 힘을 실어주기도 한다.

2014년 기분으로 볼 때 전체적으로 약 300개의 합작 회사가 카자흐스탄에서 운영되었다. 한국 기업들은 카자흐스탄 국내 시장의 변화하는 상황에 신속하게 대응하는 능력이 있다. 한국의 투자자들은 첨단기술, 통신, 건설, 농업, 엔지니어링 및 에너지 분야를 선호한다. 카자흐스탄과 한국 사업가들 간 공동 노력 덕분에 2013년부터 코스타나이 지역에서 한국 브랜드인 쌍용자동차가 조립되기 시작했다. 그리고 우스트-카메노고르스크에서는 한국 브랜드인 기아자동차가 조립생산되고 있으며, 알마티주에서는 현대 트럭이 조립되고 있다. 카자흐스탄에서 활동하는 한국기업으로 삼성, LG 전자, LG 상사, SK㈜, NTC, Ritex, 건설회사인 우림, 성원, 한진 등이 있고, 금융 분야에서는 국민은행과 신한은행 및 신한 파이낸스, 우리 은행 등이 들어와 영업망을 확대해 나가고 있다.

양국 간에는 대규모 공동투자 프로젝트에 대한 문제도 국가차원에서 논의가 되어왔다. 양국 간의 마지막 정상 회담에서는 발하쉬(Balkhash) 발전소 건설과 아트라우 지역의 가스화학 단지 건설, 쫌블 유전개발 등과 같은 대형의 국가프로젝트가 논의되었고, 일부는 시행단계에 있기도 하다. 여기에 한국이 아스타나에서 열린 세계박람회 EXPO 2017에 적극적으로 참여했다는 사실도 매우 중요한 의미를 가진다.

한국의 투자 및 기술을 전수받는 중앙아시아 국가들 중에 카자흐스탄은 선두주자는 아니라는 점을 인식할 필요가 있다. 예를 들어 중앙아시아 국가들 중에서 우즈베키스탄은 한국과 협력관계를 매우 잘 유지하고 있다. 우즈베키스탄에서는 한국 기업들이 활발하게 활동하고 있는데, 특히 대우자동차는 20년 이상 우즈베키스탄에서 자동차를 생산해왔고, 한국은 칸듬(Kandym) 가스전 그룹의 개발과 가스정제공장 건설에 참여하고 있다. 여기에 우즈베키스탄의 두 번째 도시인 사마르칸드(Samarkand)에는 100MW급 태양광발전소 건설이라는 야심찬 프로젝트가 진행 중이다. 여기에 한국과 함께 우즈베키스탄 기업들은 농업 분야에서도 농업생산을 현대화시키려는 계획을 실행하고 있다. 관련하여 특히 전지역에 걸쳐 소규모 관수 시스템으로의 전환이 이루어지고 있다.

그렇게 볼 때, 카자흐스탄은 다양한 투자행사를 통하여 지속적으로 한국의 투자를 유치해야 하고, 양국 간의 균등한 연계가 이루어질 필요가 있다. 가령, 카자흐스탄에서 "카자흐스탄-한국 비즈니스 포럼"이 거의 매년 진행되지만 양국 간의 광범위한 사업 연계가 실제로는 카자흐스탄에서만 이루어지고 있다. 한국 시장의 치열한 경쟁이 카자흐스탄 기업들의 한국 진입에 원인이 되기도 한다.

한편 카자흐스탄의 석유 및 가스 분야에서 한국 기업들의 대표성은 높지 않은 편이다. 그래도 중국과 러시아 같은 두 거인 사이에 있는 카자흐스탄에게는 수출품을 다변화시키고 원재료 구매자를 확대하는 것이 중요하다. 이와 관련하여, 한국은 지역의 주요 대표주자로 비중 있는 외부균형추가 될 수도 있다고 본다. 카자흐스탄에서는 한국을 매우 지지하고 있고, 이것은 향후에도 한국 사업가들을 고무시키는 요인이 될 수 있다. 카자흐스탄은 한국을 포함하여 책임 있는 투자자와 신뢰할 수 있는 파트너에 관심을 많이 갖고 있다.

카자흐스탄에 거주하는 고려인의 인구 조사 데이터와 국내 연구자가 수행한 최근 연구 자료에 근거해서 볼 때, 고려인 사회의 높은 수준의 도시화와 높은 교육수준, 책임감 및 근검(절약정신), 기업가 활동의 수행과정에서의 민족 및 가족 네트워크의 형성이 카자흐스탄 고려사람의 기업환경에 주요 성공요인이 되었다고 본다. 기성세대 고려인과 신진세대 고려인들이 서로 힘을 합해 카자흐스탄 시장에서 "고려인 비즈니스 파워"를 실현해 나가고 있다. 향후에도 카자흐스탄에서 고려인들의 "비즈니스 날씨"는 맑아 보인다.

3. 신진세대 영웅 텐 데니스에 대한 추억

피겨 스케이팅 영웅 텐 데니스의 생전 모습

2018년 7월 19일, 카자흐스탄 역사상, 그리고 고려인 사회에는 더욱 충격적인 뉴스가 카자흐스탄 전역에 전달되었다. 바로 너무나 어이없는 사건으로 인해 고려인 사회와 카자흐스탄의 희망이자 자존심이었던 유명한 피겨 스케이팅 선수인 텐 데니스 유레비치(Тен Денис Юрьевич)가 사망했다는 소식이었다. 지극히 생각없고 철없던 어느 청년에 의해 고려인의 희망이었던 데니스는 우리들의 곁을 떠나고 말았다. 매우 안타까운 죽음이 아닐 수 없다. 그는 신세대 고려인의 우상이었고 상징이었다. 카자흐스탄 전체가 슬퍼했고 한반도에서 그를 아는 모든 이가 애도를 표했다. 그의 짧았던 생애는 카자흐스탄 신세대 고려인들에게 귀감이 되었다. 굵고도 짧았던, 그렇지만 앞으로도 카자흐스탄 신세대 고려인들의 밝은 등불이 되어 줄 텐 데니스의 삶을 되돌아보는 시간을 가져보자.

텐 데니스는 1993년 6월 13일에 알마티에서 태어났다(사망하기 겨우 한 달 전에 그는 25세가 되었음). 그는 유명한 의병장 민긍호의 후손이다. 6세 때부터 스케이트장에 들어서기 시작했던 그는 피겨 스케이팅 뿐만 아니라 테니스, 수영, 체조, 태권도와 댄스에도 소질이 많은 팔방미인이었다.

데니스의 성공에는 정신적으로 물질적으로 뒷바라지를 해주신 어머니의 공이 절대적이었다. 어머니는 아들이 자라서 본인이 하고 싶어 하는 것을 정할 때까지 한 가지 종류의 스포츠에만 머무르기 보다는 오히려 다양하게 즐기며 자신의 것을 찾아가기를 원하셨다.

새로 이사한 모스크바에서 데니스는 전문 스포츠학교가 아닌 일반 학교를 다녔다. 식구들 모두 그런 데니스의 재능과 취미 생활을 지지해 주었다. 보컬로도 성공 가능성이 보였을 정도로 데니스는 다재다능했고, 미술, 음악 분야에서도 재능이 있었다. 2002년에 카자흐스탄 합창단 멤버로서 부산 노래대회에서 은메달을 딴 적도 있었다.

고려인 피겨 스케이팅 영웅, 텐 데니스; 의병장 민긍호 후손

데니스는 성년이 되어가며 하나를 선택해야 했다. 그는 피겨 스케이팅을 선택했고, 마침내 피겨 스케이팅 선수가 되기 위한 집중적인 훈련에 돌입했다. 데니스의 아버지도 특수기계를 구입하여 직접 스케이트 관리가 가능하도록 해주었다. 2014년에 데니스는 체육 및 관광아카데미를 우등생으로 졸업했고, 이어 카자흐 영국기술대학교 경영학과에 입학했다. 그가 이 분야를 전공했었던 이유는 피겨 스케이터로서의 생활이 아주 짧다는 것을 자각하고 있었기 때문이었다. 그래서 그는 컴퓨터 프로그래밍부터 행사 준비 같은 다양한 분야의 일에도 관심을 갖고 있었다.

그가 유명 선수가 되었을 때, 주변의 모든 이들이 그를 열렬히 응원하고 지지해 주었으며 친구가 되어주었다. 카자흐스탄의 유명한 배구선수 알튼베코바 사비나(Алтынбекова Сабина)와 아짐바에바 아이술루(Азимбаева Айсулу), 박트바에바 디나라(Бактыбаева Динара)와 유명한 배우들, 사피예프 세릭(Сапиев Серик) 등이 그의 절친한 친구들이었다. 한국의 피겨 스케이팅 영웅 김연아도 그중 한 명이었는데, 여러 차례 행사에서 친분과 교류를 나누었으며, 소치 올림픽 때에도 갈라쇼에서 파트너로 함께 공연을 선보인 적도 있었다.

데니스는 카자흐스탄 챔피언십에서 12세에 우승을 차지했다. 이때부터 그는 모든 이들의 스포트라이트를 받기 시작했다. 그 우승은 주니어 챔피언십이 아닌 나이도 경험도 많은 선수들과의 경합에서 얻은 결과였다. 1년 후 데니스는 국제무대 전환에 필요한 나이에 이르렀고, 네덜란드에서 열린 주니어 대회에서 10위를 차지했다. 그렇게 그의 프로생활은 시작되었다. 데니스는 'Haabersti Cup'(전세계 다양한 나라에서 열리는 주니어 경기)과 'Dragon Trophy'(러시아 피겨 스케이팅 대회), 'Four Continents Figure Skating Championships'(4대륙 피겨 스케이팅 챔피언쉽)같은 프로페셔널 대회들에 참가했다.

세계 선수권 데뷔는 2009년에 있었다. 그는 10명의 우수 선수 중 한 명으로 밴쿠버 올림픽에 참가했고, 남자 중에서 가장 어린 선수로 11위에 올랐다. 1년 후 데니스는 운동 트레이너를 부야노바 엘레나 대신에 구스코프 유리(Гуськов Юрий)로 교체했고, 이후 미국 올림픽 트레이너 프랭크 캐럴로 교체하여 훈련에 박차를 가했다.

아시아권 대회에서 기량을 쌓아나간 데니스는 미국과 캐나다에서 열린 대회에서 5위를 차지했고, 자그레브 골든 스핀 토너먼트에서는 2위를, 이스탄불 컵에서는 골든상을 수상했다. 이어 2011~2012년도 시즌 세계 주니어대회에서 카자흐스탄 역사상 최초로 동메달을 획득했고, 니스 프로페셔널 대회에 참가하여 최고의 개인 기록(229.70 점)를 수립했다.

1년 후에 있었던 세계선수권 대회는 전세계에 텐 데니스를 알리는 계기가 되었다. 그는 세계선수권 대회에서 높은 기량으로 은상을 수상했고, 카자흐스탄 참가 선수들 중에서 최초의 메달리스트가 되었다. 데니스의 큰 업적은 정부 차원에서도 인정을 받아 그는 2013년에 카자흐스탄공화국의 '공훈 스포츠 마스터'(Master of Sports) 칭호를 부여받았다.

2014년에 텐 데니스는 소치 동계올림픽에 참가했다. 그 대회에서 데니스는 우수한 기량을 선보였고, 관계자들의 높은 평가와 관심을 받았다. 그는 선수로서의 인성과 매너로도 언제나 주목을 받았다. 많은 관객들과 피겨스케이팅 전문가들이 데니스 공연의 중요한 포인트는 관람가들과의 상호관계를 꼽았다. 그는 항상 "운동선수가 팬들에게 보이는 최악의 행동은 지는 것이 아니라 무관심이다"라고 했을 정도로 그는 관객들과 잘 소통하고 팬서비스에도 최선을 다했던 멋진 선수였다.

텐 데니스는 2022년 알마티 동계올림픽 개최 캠페인의 카자흐스탄 홍보대사였다. 그의 코치들로 라파엘 아루튜냔, 타라소바 타티아나, 부아노바 엘레나였으며, 마지막 몇 년은 모로조프 니콜라이와 프랭크 캐롤이었다. 데니스와 같이 일했던 안무가들로는 모로조프 니콜라이와 쉬에린 부른, 로리 니콜, 그리고 스테판 람비엘이었다.

텐 데니스는 이제 카자흐스탄 고려인 사회의 또 하나의 역사가 되었다. 그는 진정한 영웅이었고, 신세대 고려인을 대표한 긍지요 자부심이었다. 그는 강하고, 의리 있는 젊은이였으며 좋은 아들이고 멋진 친구였다. 그는 고려인 사회를, 그리고 저멀리 역사적 조국을 알리는데 최선을 다한 애국자였다. 의병장 민긍호의 후손답게 그는 카자흐스탄 고려인의 이름을 드높이고 역사 속으로 사라졌다.

4. 카자흐인과 고려인: 계속되는 우정(도스틱)

카자흐민족과 고려인은 먼 친척지간이라 서로 말한다. 어쩌면 아주 옛날에 두 민족이 가까운 곳에서 지냈다고 추측해 볼 수도 있다. 카자흐인들의 뿌리는 동쪽에서 시작한다. 거기에서부터 유목민 투르크가 발생했다. 그쪽에서는 우리 사고방식과 생활방식이 비슷한 한국인과 일본인같은 민족들이 산다.

김 게르만 교수는 방송 인터뷰에서 이러한 재미있는 관찰결과를 시청자들에게 알렸다. 지방에서 카자흐 학교를 졸업한 카자흐인 학생들이 러시아 학교를 도시에서 졸업한 고려인 학생들보다 한국어를 쉽게 배운다는 것이다. 이런 기이한 현상의 이유는 한국어와 카자흐어의 비슷한 어음과 구조 때문이라고 보았다. 똑같은 비슷한 점이 카자흐어와 일본어도 있다. 모스크바 국립국제관계대학이 출판한 라브란테프(Лав рентьев Б.П.)의 '일본어 독학'(모스크바, 1982)의 예를 들어 러시아어 문장으로, "나는, 최근에, 읽었다, 소설, 일본인 작가의, 인생에 대하여, 노동자들의"이 있다면, 일본어 구문으로는, "나는, 최근에, 일본인 작가의, 노동자들의, 인생에 대한, 책을, 읽었다"가 된다. 그런데 이것을 카자흐어로 번역하면 이런 문장이 나온다. "나는, 최근에, 일본인, 작가의, 노동자들의, 인생에, 대한, 책을, 읽었다". 이것은 한국인들과 일본인들의 사고방식이 카자흐인들과 비슷하다는 뜻이기도 하다. 이로부터 카자흐인과 한국인이 먼 친척이고, 또 두 민족이 과거에 극동 문명에 속했다고 생각해 볼 수도 있다.

카자흐 민족, 즉 투르크 민족과 한민족 간의 접촉을 말해주는 또 하나의 구체적인 증거물이 하나 있다. 바로 우즈베키스탄 사마르칸드 주변에 있는 서기 7세기에 만들어진 아프라시아프 궁전의 벽화가 그것이다. 그 벽화에는 당시 통치자인 소그디아나 바르후마크(Sogdiana Varhumak)가 사마르칸트에서 당시 여러 국가의 사신들을 맞이하는 장면이 나오는데, 그중 2명이 조우관에 환두대도를 차고 있는 모습이 묘사되어 있다. 현재 이들은 고구려 사진으로 평가되고 있다. 또 하나는 751년에 현재 카자흐스탄 영토인 탈라스 강에서 있었던 전투를 들수 있다. 당시 당나라는 차차(타시켄트) 공격을 위해 원정군을 보냈는데, 원정군의 지휘자가 바로 고구려의 후손 고선지 장군이었고, 그때투르크와 한민족 간의 첫 접촉이 이루어진 것이다.

한민족의 뿌리는 중앙아시아와 알타이와 관련이 있다고 생각하는 인류학적, 언어학적 데이터가 많이 있다. 즉 한민족과 카자흐 민족이 비슷한 점이 많다는 의미일 것이다. 카자흐인들에게는 또한 한국이나 일본, 베트남같은 동아시아 족들과 비슷하게 아직도 조상숭배 믿음이 있다. 즉 카자흐 민족과 동아시아 민족들과의 공통점이 외모에만 국한된 것이 아니라는 의미이다.

아직까지 1930년대를 기억하고 있는 강제이주 세대들이 극히 적지만 생존하고 있다. 그들은 비극적인 강제이주의 산증인들이고 그때를 기억하고 있다. 역사학자들은 강제이주는 민족정체성의 박멸을 목표로 한 스탈린 정책의 결과였다고 한다. 카자흐스탄 역사가 아부오프 누르불라트(Абуов Нурбулат)는 추방당한 민족들이 카자흐스탄의 농업 발전에 기여했으며, 고려인과 지역 주민들의 창조적인 노력 덕분에 카자흐스탄 지도에는 새로운 거주지가 생겨나고, 또한 문화, 학술 단체들이 조직되었으며, 이를 바탕으로 타민족들의 기관이나 단체들도 생겨나기 시작했다고 주장하고 있다. 이런 주장에 필자 또한 전적으로 동의한다.

강제이주 된 고려인들에게 닥친 문제는 당연히 발생할 수밖에 없는 전형적인 문제들이었다: 식량 부족, 주거 및 직장 부족, 연료, 의류, 교육 문제, 거주지 이동 제한 등. 바로 그 상황에 주변의 카자흐인들은 자신의 열악한 처지에도 불구하고 고려인들에게 기꺼이 도움의 손길을 내밀었다. 가장 힘들었던 것은 어린이와 노약자 계층이었다. 한 정치학자가 말했듯이, 지금도 모든 고려인은 "시베리아", "카자흐스탄", "중앙아시아"라는 단어들을 무심코 "추방"이라는 단어와 연상시키기도 한다. 어찌되었든 "국민의 적"이 되어버린 고려인의 지위에도 불구하고 카자흐 민족은 고려인들을 따뜻하게 받아들였다. 그리고 아무도 "고려인"이라는 이유로 모욕하지 않았다.

국회의원 김 로만의 말처럼 "그 때 카자흐스탄의 풍만한 땅이 많은 빈곤한 자들의 고향이 되었습니다. 전체주의를 경험한 카자흐 민족도 굴욕과 고난을 경험했습니다. 카자흐스탄 여성들은 고아가 된 이민자 자녀들을 따뜻한 엄마의 마음으로 품어 주었습니다. 만약 카자흐스탄

고려인 사회가 카자흐 민족에게 감사의 의미로 세운 감사기념비

으로 추방 된 고려인 세대들에게 물어 보면 카자흐스탄의 환대와 관용, 동정에 대해서만 이야기할 것입니다."

현지인들과 고려인 이주자들이 마찰을 피하면서 서로 상호관계 속에서 새로운 현실에 적응하여 삶의 모든 분야에서 상호작용 메커니즘을 구축하기 시작한 이유는 무엇일까? 이것은 카자흐 사람들의 오랜 세월의 전통, 내재적인 관용에서 찾을 수 있는데, 이것은 유목민 생활방식의 특징이기도 하다. 양자는 갈등 보다는 조화와 공동의 공간을 찾아나가야 했다. 초원의 환대 전통이 1937년의 역사적 사건 앞에서 이주고려인들을 대상으로 다시 발휘가 되었고, 양자는 가까워질 수 있었다. 이것은 동화도 아니고 흡수도 아니며, 공통의 지리적 공간에서의 공존이었으며, 향후 독립 카자흐스탄의 국가 정책의 주요 요소가 되었다.

즉 가장 중요한 목표인 카자흐스탄 사람이라는 통합된 국민을 형성하기 위한 구성 요소가 되었던 것이다.

자연과학 국제학술원 모스크바 분회 회원이자 철학 박사인 교수 한구리 보리소비치는 "고려인들은 카자흐인들 덕분에 살아남았다"라고 했다. 그는 4명의 딸의 아버지이자 9명의 손자의 할아버지이고, 4명의 증손자의 증조부이다. 그의 생각은 확고했다. 당시 카자흐스탄은 고려인 이주자를 수용할 준비를 하고 있었지만 90,000명이 넘는 수의 이주자를 수용할 준비는 되어 있지 않았다. 늦은 가을이었기 때문에 정착에는 많은 어려움이 따랐다. 게다가 극동에서 당국자들이 도착지에 모든 것이 있으니 필요한 물건만 챙기라는 명령을 내렸고, 대부분의 사람들이 농토와 집, 가축, 살림살이 등 대부분을 버리고 이주되어 왔었던 것이다.

카자흐스탄에서 "감사의 날"이라는 새로운 공휴일이 생겼다. 3월 1일이 모든 민족들이 서로에게, 그리고 억압당한 민족들을 받아준 카자흐 국민에게 감사를 표현하는 "감사의 날"로 지정된 것이다. 또한 억압받은 민족의 희생자들을 위한 추모의 날이기도 하다. 매우 의미 있는 공휴일이라 평가해 볼 수 있다. 운명적으로 각각 다른 해에 카자흐스탄 땅에 오게 된 우리 고려인들과 체첸인, 독일인, 쿠르드인 및 그 밖의 민족들은 항상 카자흐 민족에게 감사한 마음으로 살고 있다. 고려인 최초의 정착지로 알려 진 우시토베, 그리고 우랄스크에 세워진 카자흐인들에 대한 감사기념비가 그 증표 중의 하나이다. 또한 카자흐스탄 고려인협회 남카자흐스탄 지부의 주도로 쉼켄트에도 이러한 기념관이 추가로 세워질 예정이다.

나자르바예프 전 대통령과 고려인협회 회원들; 1997년 고려인 정주 60주년 행사에서

1997년에 알마티에서 카자흐스탄 고려인 정주 60주년 행사가 성대하게 진행되었다. 이때 행사장에 4천여 명이 모였었는데, 특별히 카자흐스탄 나자르바예프 대통령도 참석했다. 나자르바예프 대통령은 공식 환영사에서, "카자흐스탄 고려인들은 그 어려움 속에서도 역사 속으로 사라지지 않고 살아남았습니다. 그리고 카자흐스탄의 정치와 문화, 경제에 적극적으로 참여하여 많은 기여를 해왔습니다. 오늘날 고려인이 참여하지 않는 분야가 없으며, 유명한 학자와 변호사, 기업가들을 배출했습니다. 또한 고려인들은 카자흐스탄을 대표하여 극장에서 공연하고 올림픽 게임에서 대표 선수로 나오고, 세계적으로 우리나라를 알리는 데 힘을 쓰며, 카자흐스탄의 번영을 위해 최선을 다하고 있습니다"라며 고려인 사회를 높이 평가해주었다.

다시 한번 한 구리 보리소비치 교수에게 질문을 해보자.

Q. 교수님은 명문대학교에서 교수이시고, 카자흐스탄 고려인들에 대해 몇 권의 책을 출판하셨습니다. 역사가이자 철학자, 정치학자의 입장으로 고려인 디아스포라가 발전하는데 지울 수 없는 흔적을 남긴 사건이 있다면 말씀해 주실 수 있습니까? 물론 지울 수 없는 흔적이라고 좋은 뜻으로 말씀드린 것입니다.

A. 그런 사건은 많았습니다. 나는 자신에게 자주 묻습니다. "오늘날 고려인은 어떤 의미인가? 나는 누구냐?" 다른 민족들과 달리 고려인들은 모국어와 문화, 역사에 대한 갈망이 있습니다. 관련해서 1990년 3월 17일, 카자흐스탄에서 개최된 첫 카자흐스탄 고려인 총회가 기억납니다. 그런 총회는 그 이전 시대에는 아예 불가능한 일이었는데, 저를 민족주의 혐의로 기소할 수도 있는 사안이었습니다. 고려인 총회 이후에 모든 다른 민족들도 비슷한 포럼이나 총회를 개최했습니다. 이것은 오늘날에 모든 민족들이 스스로를 한 민족의 대표로 자유롭게 알리고 인정할 수 있음을 의미하는 것이기도 했습니다.

Q. 3월 1일을 어떻게 기념할 생각이신지요?

A. 이미 좋은 사례가 있습니다. 1993년에 제가 고려문화센터 회장으로 있었을 때, 우시토베에서 고려인 첫 이주열차 수용을 기념하기 위해서 카자흐인들에게 감사의 표현으로 행사를 진행했던 적이 있습니다. 그 당시 한국대사관 김창근 대사님도 적극적으로 지원을 해주셨는데, 우시토베 중앙로와 운동장 공사 수리비를 지원해 주셨고, 행사 공연 참가자들에게 선물도 지원해주셨습니다. 또 1997년의 가을도 아직까지 기억하고 있습니다. 당시 행사의 시작을 알리는 기관차 경적이 울렸고, 이어 카자흐스탄 대통령의

환영사를 들었고, 이어 김영삼 대통령의 녹음된 인사말씀을 들었습니다. 그때 우리 참가자들 모두가 그 행사를 즐겼고, 어두웠던 시간들에 대해서 회상도 했습니다. 고려극장 예술단의 멋진 콘서트도 공연되었고, 우리 모두 즐거운 의미 있는 시간을 보냈습니다. 강제이주 기념행사는 이제 카자흐스탄에서 살고 있는 모든 민족들이 만나는 친목과 교류행사처럼 되어가고 있습니다.

Q. 또 기억나는 일들이 있습니까?

A. 우리 가족은 운이 좋았습니다. 강제이주 열차를 탔을 때는 10월이었고 저는 당시 7살이었습니다. 거의 한달 동안의 여정 끝에 우리를 맞이한 것은 카자흐인들이었습니다. 나는 당시 그들이 입고 있던 전통 옷과 시장에서 파는 참외, 그리고 쾌청했던 날을 다 기억하고 있습니다. 노약자들을 황소 수레에 태웠고, 나머지 사람들은 걸어갔습니다. 일정한 킬로미터 구간마다 초원에 말뚝들이 박혀 있었고, 몇 가구씩 마을을 이루고 있었습니다. 우리는 그렇게 텅 빈 초원을 십여 킬로미터 지나갔습니다. 또 기억나는 것은 그때 우리는 아직도 움막집에서 살고 있었는데, 다음 해에 공부할 수 있는 학교를 어른들이 세운 것을 기억합니다. 덕분에 1938년 가을에 학교가 문을 열었고 우리는 공부할 수 있었습니다. 우리 콜호즈의 수확도 가장 풍요하고 좋았는데, 그때 9명의 노동영웅은 저와 같은 동향인들이었습니다.

Q. 교수님께서는 재능 있는 학자이자 교수가 되셨습니다. 당시 어떤 제한이 있었습니까? 교수님 세대는 다른 나라에서 한민족들이 어떻게 살고 있는지 본 적이 없었잖습니까?

A. 나는 아주 운이 좋은 사람입니다. 유럽이나 아시아에서 개최된 국제회의들에 참석했고 13번이나 한국을 방문했었습니다. 알제리에서의 세미나를 기억합니다. 첫 발표를 마친 우즈베키스탄 대표가 고개를 숙인 채 연단에서 내려왔습니다. 발표 연설을 하는 동안 청중들의 반응은 무표정이었는데, 그때 제가 "카자흐스탄 영토는 규모가 6개의 프랑스 크기이다"라고 언급한 뒤부터 청중들은 저의 말에 귀를 기울이기 시작했고, 어떤 말을 하든 반응을 해주었던 기억이 있습니다.

Q. 다른 나라에서는 어떤 일을 기억하시는지요?

A. 일본에서는 가부키 극장을 보았던 적이 있습니다. 그 극장에서는 여성을 포함한 모든 역할이 남성에 의해 소화되었습니다. 이것은 독특한 배우단이라고 할 수 있는데요, 옛날 일본의 여성들은 무대에 서는 것이 금지되었습니다. 그러나 이것은 놀라운 일이 아니다. 놀라운 것은 이후 남성 배우단 대안으로 여성 배우단이 생겼다는 것입니다. 여성들이 남녀평등을 증명하기 위해 남성역을 요구했고, 여성 배우단 조직으로 이어졌던 것입니다.

Q. 주변에서 교수님을 민족주의나 친족주의, 동향주의 같은 개념이 없는, 나아가 타인의 소속(민족)을 보지 않는 사람으로 간주합니까?

A. 저를 그렇게 생각하는 것 같습니다. 저희 집안에서는 민족 간의 조화가 이루어지고 있습니다. 가령 저의 사위들 중에 카자흐인, 우크라이나인, 러시아인, 고려인 모두가 있습니다. 나는 사람을 민족이나 부의 수준으로 평가하지 않고 인간성으로 평가해야 한다고 보며, 또 하는 일과 관련해서만 평가할 수 있다고 생각합니다.

Q. 마지막 질문이 있는데요, 교수님은 스스로를 카자흐스탄에서 "고려인"으로 느끼시나요? 서운하게 생각하지 마시고 솔직한 답변을 부탁드립니다.

A. 이런 질문에 저는 항상 답이 준비되어 있습니다. 나의 심장은 한민족적이고, 마음은 소비에트적이며, 사고방식은 국제주의적입니다.

5. 카자흐스탄과 한국: 번영과 상생

카자흐스탄공화국과 대한민국 간의 외교 관계는 소련 붕괴 이후부터 시작되었다. 카자흐스탄은 현재 유럽과 아시아 태평양 지역의 연결고리이며, 국가 정체성 확립과 경제발전을 최우선과제로 설정하고 국제무대에서 국가의 위상을 강화하는데 전력하고 있다. 그 일환에서 카자흐스탄-한국, 양국은 관계를 강화하고 정치와 경제, 문화, 교육 등 다각적인 교류와 협력을 추구하고 있다. 양국의 외교정책은 시장경제와 민주적 정치체제에 기반을 두고 있다. 그것은 적극적이고 균형 있는, 실용적, 건설적인 대화와 다자간 협력이다. 한국에게 중앙아시아는 자연자원이 풍부하고, 철도를 통한 수송 및 수송 잠재력이 뛰어나며, 매우 유망하고 역동적인 곳이다.

지난 30년 동안의 결과를 보면, 카자흐스탄은 인종 및 지역 공동체의 발전을 도모하고, 국가 전체의 에너지를 국가적, 개인적인 성공으로 이끌어 갈 수 있는 토대를 성공적으로 구축해 왔다. 또한 커다란 경제적 잠재력을 지닌 카자흐스탄 지도부의 외교 정책의 효율성과 개방성은 한국의 정치 및 비즈니스계로부터 주목을 끌어 왔다. 여기에 한국의 경제적 발전 경험은 자유시장, 자유로운 아이디어 개발, 즉 민주사회의 기본원칙이 작동하는 독립된 카자흐스탄에서 양국 간의 유익한 협력을 이끌어 낼 좋은 전제조건이 되고 있다.

외교관계 초기에 한국은 카자흐스탄을 오직 중앙아시아의 일부로서, 그리고 세계 강대국과의 관계에서 부차적인 것으로만 보려는 측면이 있었다. 하지만 카자흐스탄을 포함한 중앙아시아의 에너지 자원과 경제적인 잠재능력은 한국에 해당 지역에 대한 새로운 인식을 가져다 주었다. 물론 1990년대 후반의 재정 및 경제 위기로 인해 한국자본의 유입이 중단되고, 유망한 공동 사업이 붕괴되는 등 어려움도 있었다. 하지만 한국 기업들은 여러 가지 공동 프로젝트에 투자하고, 급격한 금융적자 및 무역적자를 겪고 있는 신생국 카자흐스탄을 위해 어려운 고품질의 제품을 수출함으로써 카자흐스탄 시장진입에 있어 일본과 중국에 앞서 나갔다. 이러한 적극적이고 역동적인 협력을 통해 서울은 강력한 자본과 선진기술을 갖춘 카자흐스탄의 신뢰할 수 있는 경제적 파트너라는 긍정적인 이미지를 창출해 올 수 있었다.

현재 양국 간 관계는 질적으로 새로운 전략적 동반자 관계로 전환되어 이어지고 있다. 양자 관계는 김대중, 노무현, 이명박, 박근혜, 그리고 현재는 문재인 대통령을 거치며 진정한 동반자 관계가 확대 심화되고 있다. 카자흐스탄은 오늘 유럽과 아시아를 연결하는 평화, 우정과 진보의 다리가 될 수 있다. 카자흐스탄은 대한민국에게 거대한 시장이자 중앙아시아 국가들의 다리이며, 한국은 카자흐스탄에게 황해와 동해 연안을 통해 세계 해양에 접근할 수 있는 관문이 되어줄 수 있다. 이러한 조건은 카자흐스탄과 한국의 지정학적 위치에서 가장 중요한 특징 중 하나이며 국제 협력의 명분을 확고히 해 줄 새로운 발견이기도 하다. 덧붙여 정치적인 측면에서, 카자흐스탄 정부는 한반도의 핵무기

비확산과 관련 비핵지대 전환에 대한 분명한 입장을 취하고 있는데, 북한 핵 문제에 대한 평화적 해결을 위해 점점 더 많은 노력을 기울이고 있다. 동시에 한국 정부는 카자흐스탄 정부의 이러한 노력에 매우 감사하며 향후 카자흐스탄이 북핵 문제의 평화적 해결을 위해 지속적으로 건설적인 기여를 하기를 희망하고 있다.

대한민국은 아시아에서 선두이며 경제발전에서 세계 지도국가 중 하나이다. 한국 없이는 아시아의 운명에 영향을 미치는 결정을 내릴 수 없다. 카자흐스탄-한반도 협력은 카자흐스탄의 국제 사회에서의 입장 강화와 카자흐스탄의 전반적인 개발과 발전에 기여할 것이다.

한국은 해방 이후 국제관계에서 특히 큰 성과를 거두었고, 이것이 국가적 역량 강화에 큰 기여를 했다고 볼 수 있다. 이는 카자흐스탄이 본받을 만한 행보라고 할 수 있다. 가령, 한국은 냉전기에 서구와 대립 국면이 치열해짐에 따라 서구권 국가들 사이에서 자리를 공고히 해나갔다. 외교 관계를 확대하고 전통 동맹국들과의 관계를 강화하며 "제3세계국가들"과도 협력하기 위해 모든 노력을 기울였다. 더불어 UN에서의 활동을 적극적으로 해나갔고, 급기야는 2006년에 UN 사무총장에 외무장관을 지낸 한국의 반기문이 선출되는 엄청난 결과를 달성하기에 이르렀다.

따라서 카자흐스탄으로서도 1945년 독립 이후 눈부신 성장을 해온 한국의 사례를 주시할 필요가 있다. 카자흐스탄 또한 상호이익을 목표로 하면서, 양국의 전략적 목표를 상호 달성하기 위해 적극적인 외교노력을 통해서 유리한 외교조건을 만들어 나가는 것이 필요하다. 이러한 정치적 과정에서 카자흐스탄의 고려사람(고려인)은 양국 간의 중재자 역할을 할 필요가 있다. 카자흐스탄에서 카자흐스탄의 타 민족들과 함께 자란 고려인은 카자흐스탄-한국 간 교류와 협력, 상호발전의 살아있는 가교역할을 훌륭히 해 낼 역량과 경험을 갖고 있기 때문이다.

여기에서 과거 카자흐스탄과 한국, 아니 카자흐스탄-한반도 간의 국제관계에서 고려인 디아스포라의 역할에 대해 정치적 측면에서 잠시 뒤돌아보도록 하자. 2차세계대전이 끝난 직후, 소련의 고려인들은 스탈린 정권에 의해 이북지역으로 많이 유입되었다. 상황을 보면, 1946년에 모스크바에서 카자흐사회주의공화국과 우즈벡사회주의공화국 공산당 중앙위원회에 지시가 하달되었는데, 즉 한국어(조선어, 한글)나 중국어가 가능하고 고등교육을 받은 콤소몰 회원, 공산주의자, 당원 후보자들이 등록, 소집된 것이다. 전체적으로 카자흐스탄에는 약 1천 명의 사람들이 소집되었고, 북한으로 보내기 위해 카자흐사회주의공화국 공산당 중앙위원회가 교육을 진행했으며, 이후 재교육을 위해 모스크바로 보내졌다. 북한에 파견되는 것은 전적으로 전소련방공산당(볼셰비키) 중앙위원회의 지시에 따른 특별파견출장으로 간주되었고, 카자흐사회주의공화국과 우즈벡사회주의공화국의 2,000명의 고려인 중 400명 이상이 여러 그룹으로 나뉘어 평양으로 파견되었다.

당시 전쟁 후 북한 내 인력은 매우 약한 편이었다. 그로 인해 당과 국가, 관리 및 문화 활동에 폭넓은 경험을 가진 소련에서 파견되어 온 고려인들이 북한에서 주요한 위치를 차지했었다. 게다가 당시 소련군 정청은 가능한 모든 곳에서 자신들의 사람들을 세웠고, 그로 인해 소련 출신 인사들은 북한 내의 정치 및 군부에서 영향력을 행사하는 위치에 있게 되었다. 이후 소련 출신 고려인들은 1950~1953년 한국전쟁에도 직접 관여했고, 그중 일부는 최고 군사 훈장인 '북한영웅'을 받으며 명성을 얻고 북한군 장성이 되기도 했다. 그러나 전쟁이 끝나자마자 김일성에 의해 대부분이 추방되었다. 즉 김일성에 충성하는 일부만 남게 되었고 대부분은 추방되거나 숙청되었다. 스탈린에 대한 "인민의 아버지" 숭배에 대한 격하운동이 벌어지고 소련-중국관계가 악화되는 시점에서 모스크바와 평양의 관계는 다시 회복이 되었다. 그리고 1960~70 년대 카자흐스탄에서는 조선의 해방절과 같은 기념일을 서로 기념하던 시기도 있었다. 하지만 북한이 본질적으로 고려인 디아스포라의 삶에 그다지 큰 영향을 미친 것은 없다.

소련 붕괴 이후 카자흐스탄은 대사관 수준에서 남북한과 외교관계 를 수립했다. 공식적인 정부기관 외에 1990년에 설립된 고려문화센터 협회가 남북한과의 첫 접촉 과정에서 중요한 역할을 하기 시작했다. 처 음에는 북한이 카자흐스탄과의 관계수립과 발전을 위해 경쟁적으로 나 왔다. 그 일환에서 처음으로 1989년에 평양에서 3천 권의 조선어입문 서가 보내져 왔고, 또한 평양에서 아바이 알마티국립대학교에 한국어 강사진을 파견하기도 했었으며, 태권도 강사가 카자흐스탄의 청년들에 게 태권도를 가르치기도 했다. 한편 1989년에는 북한으로부터 재정지 원을 받는 전소련조선통일진흥협회(ASOC) 카자흐스탄 지부가 조직되 었다. 초기에 이 단체는 북한에 거주하고 있는 카자흐스탄 출신 구세대 고려인들을 위한 북한방문 사업을 시작했고, 그 프로그램으로 100명 정도가 북한을 다녀왔다. 1994년 9월에 이 단체는 카자흐스탄에 재등 록되었고, 명칭이 "카자흐스탄 고려인협회《단합》"으로 개칭되었다. 《단합》은 평양으로부터 교육자료나 선전선동물 자료들, 그리고 전통악 기, 민족의상 등을 제공받기도 했다. 또 일 년에 한 번씩 소규모로 카자 흐스탄 고려인들이 "4월의 봄" 평양행사에 참가하여 김일성 생일을 축 하하기도 했다. 그러나 이후 1990년대 중반 북한 정권이 심각한 위기 상 황에 처하게 되면서 알마티 북한대사관은 폐쇄되고 외교관들 또한 철 수되었다. 따라서 카자흐스탄과 북한의 국제관계는 눈에 띄는 흔적이 남겨져 있지 않다. 그로 인해 평양은 카자흐스탄 고려인 디아스포라에 더 이상 아무런 영향을 주지 못하고 있으며, 현재 카자흐스탄과 북한 사이에는 경제적, 정치적 또는 인도주의적 접촉이 전혀 없다.

1988년에 있었던 서울올림픽 시점까지 소련의 고려인들은 이데올로기적 선전 때문에 남한(한국)에 대해 매우 희미하고 왜곡된 견해를 가지고 있었다. 하지만 서울올림픽은 소련권 고려인들의 한국에 대한 인식을 완전히 바꾸어 놓는 전환점이 되었다. 1992년 1월 28일, 카자흐스탄과 한국 간 외교관계가 수립되었다. 그 때부터 수천 명의 카자흐스탄 고려인이 역사적인 조국을 한국을 방문할 기회를 얻었고, 수천 명의 고려인들이 자신들의 눈으로 역사적인 조국의 현실을 직접 목도할 수 있게 되었던 것이다.

1992년 이래로 카자흐스탄과 한국 간의 관계는 역동적이고 다차원적으로 진행되었다. 한국은 재외동포 문제에 큰 관심을 두고 1997년에 외교부 산하에 재외동포재단을 설치하여 해외 재외동포를 대상으로 다양한 사업을 추진해 오고 있으며, 특별히 2005년 12월부터는 CIS 국가 거주 고려인을 위한 지원프로그램을 통해 폭넓은 혜택을 제공하려 노력하고 있다.

카자흐스탄의 고려인들 또한 경제와 문화, 교육, 의학, 과학 등 여러 분야에서 양국 관계 발전에 적극적으로 참여하기 시작했다. 삼성, LG, 한화, 현대 등의 한국기업들은 카자흐스탄에서 외국인 투자자 목록에서 첫 번째 줄에 서있으며, 가장 활발하게 카자흐스탄 시장에서 경제활동을 하고 있다. 그 과정에서 카자흐스탄 고려인들은 한국인과 협력투자나 비즈니스 프로젝트 등을 개발했을 뿐만 아니라, 그들과 현지 기업 간의 중개기능도 수행했다. 이를 위해 비즈니스 협력지원협회가 구성되고, 이를 통해 여러 가지 비즈니스 세미나 및 포럼이 개최되기도 했다. 초기 고려인 디아스포라의 지원으로 인해 많은 한국인 사업가들이 비지니스 활동을 시작하는데 적지 않은 도움들을 받았다. 이 부분에서 카자흐스탄 고려인협회가 중요한 역할을 해왔음을 언급하지 않을 수 없다.

한국과의 관계에서 그동안 카자흐스탄 고려인협회는 다양한 노력과 기여를 해왔다. 협회는 민족문화와 민족문화센터, 미디어센터의 보존과 발전, 그리고 한국대사관 및 총영사관, 한국교육원, KOICA, KOTRA, 한국민간단체들과의 긴밀한 협력 등 많은 노력을 기울여 왔고, 지금도 진행 중이다. 카자흐스탄에서 진행되는 모든 고려인 관련 행사와 콘서트, 축제 또는 전시회가 고려인의 참여와 관심 속에 진행되는 경우가 적지 않다. 2007년과 2018년에는 카자흐스탄 고려인협회가 한국국제예술제를 개최했고, 이 자리에 서울과 평양에서 온 예술가들이 고려극장 무대에서 상연하기도 했다. 한때는 고려인협회가 한국교육원 건물에서 함께 상주하며 기념일 등 문화행사를 공동으로 진행하던 적도 있었을 정도로 고려인협회는 고려인 사회에서, 그리고 고려인 사회와 한국 간의 무게중심 역할을 해주고 있다.

카자흐스탄-한국 간 우호와 협력관계가 이어진지 벌써 30년이 되었다. 이제는 양자 간의 협력을 강화하는 전략적인 파트너쉽 단계가 진행되고 있다. 교육, 문화, 미술, 스포츠 등 전반적인 분야에서 더 깊은 협력이 이루어질 필요가 있다. 무엇보다 카자흐 민족과 한국 민족을 구별하는 것이 아니라, 두 민족을 하나로 묶어주고, 하나로 모으고, 민족 사이의 유대를 더 강하게 하여 전략적인 동반자 관계를 공고히 해나갈 필요가 있다. 여기에 카자흐스탄과 한국 사이의 관계를 효과적으로 강화하기 위해 고려인들 또한 더 적극적으로 카자흐어와 역사적 조국의 모국어를 배우고, 정부 기관 및 단체 등 주류사회에서 그 영향력을 유지해 나갈 수 있도록 준비를 해나가야 한다. 나아가 한반도 통일에 있어서도 결정적인 순간에 중재자 역할을 할 수 있는 역량도 더 길러 나갈 필요가 있을 것이다.

참고문헌

[1부]

Кан Г.В. История корейцев Казахстана. Алматы: 1995

Корейцы Казахстана: кто есть кто.- Алматы: 2005

Корейцы Казахстана в науке, технике и культуре.- Алматы: 2002

Мен Д.В., Квон Л.А., Ким З.В., Пан Н.Г. Советские корейцы Казахстана: Энциклопедический справочник.- Алма-Ата: 1992

Ли Г.Н. Семейные устои корейцев Корё сарам.- Бишкек: 2002

Энциклопедия корейцев Казахстана.- Алматы: 2017

Корея. Справочник.- Сеул: 1993

Пак Б.Д. Корецы в российской империи.- М.: М.: 1993

Пак И.Т. Корейцы в науке Казахстана.- Алматы: 1997

Мен Д.В. Корея и корейская диаспора Казахстана: политический аспект.- Алматы: 2008

История корейцев Казахстана. Сборник архивных материалов.- Сеул: 1998.- Том1

Кан Г.В., Ким Г.Н., Мен Д.В., Ан В.И. Корейцы Казахстана: Иллюстрированная история.- Сеул: 1997

[2부]

Ким Г.Н. История иммиграции корейцев. Книга вторая. 1945-2000 годы. Часть 1.- Алматы «Дайкс-Пресс» 2006; Мендикулова Г.М. Исторические судьбы Казахской диаспоры. Происхождение и развитие.- Алматы: Ғылым, 1997

Мендикулова Г.М. Исторические судьбы Казахской диаспоры. П роисхождение и развитие.- Алматы: Ғылым.- С. 14

Мендикулова Г.М. Исторические судьбы Казахской диаспоры. П роисхождение и развитие.- Алматы: Ғылым.- С. 16

Бромлей Ю.В. Этнические процессы в современном мире.- М.: 1987.- С. 17

Миграция и мигранты в мире капитала: исторические судьбы и современное положение.- Киев: 1990.- С. 171

Кан Г.В. История корейцев Казахстана.- Алматы: 2017.- С. 150-278

Мен Д.В. Корея и корейская диаспора Казахстана: политический аспект.- Алматы: 2008.- С. 291-293

Кан Г.В. История корейцев Республики Казахстан.- Алматы: 2017.- С.134-135

Ким Г.Н. История иммиграции корейцев. Книга вторая. 1945-2000 годы. Часть 1.- Алматы «Дайкс-Пресс» 2006; Мендику лова Г.М. Исторические судьбы Казахской диаспоры. Про исхождение и развитие.- Алматы: Ғылым, 1997.

Мендикулова Г.М. Исторические судьбы Казахской диаспоры. П роисхождение и развитие.- Алматы: Ғылым.- С. 16

Мендикулова Г.М. Исторические судьбы Казахской диаспоры. П роисхождение и развитие.- Алматы: Ғылым.- С. 17

Бромлей Ю.В. Этнические процессы в современном мире.- М.: 1987.- С. 17

Миграция и мигранты в мире капитала: исторические судьбы и современное положение.- Киев: 1990.- С. 171

Хан В.С. Диаспоральные среды.- Ташкент: 2013.- С. 41-42

Ким Г.Н. Миграция или репатриация в Южную Корею // Корё ил ьбо.-21 апреля 2017 г.

Шамуратова Н.Б. и др. Миграционные процессы Казахстана в ус ловиях мировой интеграции//Известие НАН РК. Серия об щественных и гуманитарных наук.- 2014.- № 2.- С. 130-132

Досумов Ж. Иммиграция – одна из основ открытого гражданско го общества.- Мысль.- 2004.- № 8.- С. 34-35

Цхай Юрий Андреевич.- Энциклопедия корейцев Казахстана.- А лматы: 2017.- С. 650-651

Шин Бронеслав Сергеевич.- Энциклопедия корейцев Казахстана.- Алматы: 2017.- С. 677

Нам Олег Юрьевич.- Энциклопедия корейцев Казахстана.- Алматы: 2017.- С. 399

Кан Сергей Влалимирович.- Энциклопедия корейцев Казахстана.- Алматы: 2017.- С. 176-177

Ли Юрий Сангерович.- Энциклопедия корейцев Казахстана.- Алматы: 2017.- С. 353-354

Ким Владимир Сергеевич.- Энциклопедия корейцев Казахстана.- Алматы: 2017.- С. 206

Ким Вячеслав Константинович.- Энциклопедия корейцев Казахстана.- Алматы: 2017.- С. 206

Ким Вячеслав Семенович.- Энциклопедия корейцев Казахстана.- Алматы: 2017.- С. 206

Кан Евгений Петрович.- Энциклопедия корейцев Казахстана.- Алматы: 2017.- 173-176

Пак Андрей Иванович.- Энциклопедия корейцев Казахстана.- Алматы: 2017.- С. 436

См.: Государственный республиканский академический корейский театр музыкальной комедий.- Энциклопедия корейцев Казахстана.- Алматы: 2017.- С. 94-97

См.: Сольналь (сэри) в Казахстане .- Энциклопедия корейцев Казахстана.- Алматы: 2017.- С. 533

См.: Чинсон- Энциклопедия корейцев Казахстана.- Алматы: 2017.- С. 663

Корейцы Казахстана в науке, технике и культуре.- Алматы: 2005

Корейцы Казахстана в спорте.- Энциклопедия корейцев Казахстана.- Алматы: 2017.- С. 304-305

Ким Г.Н. Литература советских корейцев.- Энциклопедия корейцев Казахстана.- Алматы: 2017.- С. 358-359

Сен Ирина, Цой Ен Гын. Корейское радиовещание.- Энциклопедия корейцев Казахстана.- Алматы: 2017.- С. 387-288

Ким Г.Н. Религиозное верование корё сарам.- Энциклопедия корейцев Казахстана.- Алматы: 2017.- С. 491-492

См.: Чой Вен Чжин. Баптистские корейские миссии в Централь

ной Азии.- Энциклопедия корейцев Казахстана.- Алматы: 2017.- С. 52-53

См.: Ким Г.Н. Буддизм на территории Казахстана.- Энциклопедия корейцев Казахстана.- Алматы: 2017.- С. 62

См.: Ким Г.Н. Вон-буддизм .- Энциклопедия корейцев Казахстана.- Алматы: 2017.- С. 62

Корё ильбо.- 22 сентября 2017 г.

Корё ильбо.- 22 сентября 2017 г.

Доктрина национального единства Казахстана // Казахстанская правда.- 2009 г. – 6 ноября.

См.: Хазанов А.М. О русских в Центральной Азии и не только о них // Этнографическое обозрение.- 2008.- № 2.- С. 47.

Назарбаев Н.А. Национальное единство – наш стратегический выбор. Выступление Президента РК Н.А. Назарбаева на ХУ сессии Ассамблеи народа Казахстана // Казахстанская правда.- 2009 г.- 27 октября.

Корё Ильбо.- 2007 г., 5 октября.

[3부]

Советские корейцы Казахстана.- Алматы: 192.- С. 11-42

Абсаттаров Р.Б., Мен Д.В., Мукажанова А.Ж. Культура межэтнического общения: казахстанский опыт:- Алматы: 2012.- С. 63

Ли В.Ф. Россия и Корея в геополитике евразийского Востока.- М.: 2000.- С. 497

См.: Энциклопедия корейцев Казахстана.- Алматы: 2017.- С. 663-664

Корейцы в науке, технике и культуре.- Алматы: 2002.- С. 16-17

Альмуканова А. Роль корё сарам в установлении связи с исторической Родиной

Ким Г.Н. Казахстан – Южная Корея: по пути стратегического партнерства. Книга 1.- Алматы: 2012

Мен Д.В. Корея и корейская диаспора Казахстана: политический аспект.- Алматы: 2008

Кан Г.В., Ким Г.Н., Мен Д.В., Ан В.И. Корейцы Казахстана: Иллю
стрированная история.- Алматы: 1997.- С. 22-26

Ли У Хе, Ким Ен Ун. Белая книга. О депортации корейского насе
ления России в 30-40-х годах. Книга первая.- М.: 1992.- С.
12

См.: Абылгожин С.А., Козыбаев М.К., Татимов М.Б. Казахстанска
я трагедия// Вопросы истории.- 1989.- № 7.- С. 53-57

Ким Г.Н., Мен Д.В. История и культура корейцев Казахстана.- Ал
ма-Ата.- 1995.- С. 9

Кан Г.В., Ким Г.Н., Мен Д.В., Ан В.И. Корейцы Казахстана: Иллю
стрированная история.- Алматы: 1997.- С. 30-34

Корё ильбо.- 22 сентября 2017 г.

Корё ильбо.- 22 сентября 2017 г.

Корё ильбо.- 22 сентября 2017 г.

Энциклопедия корейцев Казахстана.- Алматы: 2017.- С. 11

Амелин В.В. Этническое многообразие и власть в российском ре
гионе. –М.: Институт этнологии и антропологии им. Н.Н.
Миклухо-Маклая.- 2004

Ильин В.И. Драматургия качественного полевого исследования.-
СПб: Интерсоцис: 2006

Народы России. Энциклопедия.- М.: Научное издательство «Бол
ьшая Российская энциклопедия».- 1994

Национальный состав и владение языками, гражданство: Итоги
Всероссийской переписи населения 2002 года.- М.: ИИЦ «
Статистика России», 2004

Российская нация: становление и этнокультурное многообрази
е.- М.: Наука, 2011

Семёнова В.В. Качественные методы: введение в гуманитарную
социологию.- М.: 2009

Тишков В.А. Стратегия и механизмы национальной политики //
Национальная политика в Российской Федерации.- М.: Н
аука, 2010

Хантингтон С. Кто мы? Вызовы американской национальной ид
ентичности.- М.: Праксисс, 2004

Корейцы Казахстана в науке и технике и культуре.- Алматы: 2002.- С. 16

Назарбаев Н.А. Послание Президента РК Н.А. Назарбаева народу Казахстана. Казахстанский путь – 2050: Единая цель, един ые интересы, единое будущее // Казахстанская правда, 18 января 2014

Корейцы Казахстана: кто есть кто.- Алматы : 2005.- С. 404

Корё ильбо.- 2007.- 28 сентября.

Мен Д.В. Корейская интеллигенция в Казахстане: История и сов ременность // Известия корееведения Казахстана.- 1996.- № 1.- С.17-27.

Назарбаев Н.А. К экономике знаний через инновации и образов ание // Казахстанская правда.- 2006.- 27 мая.

Корё ильбо.- 2007.- 5 октября

Мен Д.В. Корейская интеллигенция в Казахстане: История и сов ременность // Известия корееведения Казахстана.- 1996.- № 1.- С.17-27.

Кан Г. В. История корейцев Республики Казахстан.- 2017

Ким Г.Н. Избранные труды по корееведению.- Алматы: 2013

Стефаненко Т.Г. Этнопсихология.- М.: 2009

Солдатова Г.У. Психология этнической напряженности.- М.: 2007

Рыжова С.В. Этническая идентичность в контексте толерантнос ти. – М.: 2011

Арутюнян Ю.В., Дробыжевой Л.М., Сусоколова А.А. Этносоцио ло гия.- М.- 2011

Ташков В.А., Е.И. Филиппов. Культурная сложность современно й нации.- М.: 2016

Малаков В.С. Культурные различия и политические границы в э поху глобальные миграции.- М.: 2016

Семененко И.С. Между государством и нацией дилеммы полити ки идентичности на постсоветском пространстве // ПОЛ ИС- № 5.- 2017

Тлостанова М.В. От философии мультикультуризма к философи и транскультурации.- М.: РУДН.- 2008